中国企业教育百强学术成果丛书

中国企业培训蓝皮书 XIII

THE BLUE BOOK XIII OF CHINA CORPORATION TRAINING

荣晓慧　陈奎伟　何　健／主编

中国宇航出版社

·北京·

图书在版编目（CIP）数据

中国企业培训蓝皮书. XIII / 荣晓慧，陈奎伟，何健主编. -- 北京：中国宇航出版社，2021.10

ISBN 978-7-5159-1982-9

Ⅰ.①中… Ⅱ.①荣… ②陈… ③何… Ⅲ.①企业管理-职工培训-概况-中国 Ⅳ.①F279.232.921

中国版本图书馆CIP数据核字(2021)第203164号

责任编辑　王杰琼　　**封面设计**　宇星文化

出版发行　中国宇航出版社

社　址　北京市阜成路8号　**邮　编**　100830
(010)60286808　(010)68768548

网　址　www.caphbook.com

经　销　新华书店

发行部　(010)60286888　(010)68371900
(010)60286887　(010)60286804(传真)

零售店　读者服务部　(010)68371105

承　印　天津画中画印刷有限公司

版　次　2021年10月第1版
2021年10月第1次印刷

规　格　787×1092

开　本　1/16

印　张　22.25

字　数　363千字

书　号　ISBN 978-7-5159-1982-9

定　价　98.00元

中国企业培训蓝皮书 XIII

编委会

编委会组长

陈奎伟　中国企业教育百强组委会秘书长

编委会副组长

荣晓慧　中国航天科技国际交流中心培训二处处长

何　健　人力资源报社总编辑

刘　娜　中国企业教育百强组委会副秘书长

评审专家

李为民　中央组织部干部教育局原副局长

刘学民　中国劳动保障科学研究院党委书记、副院长

李一杨　中国成人教育协会企业教育专业委员会秘书长

高　峰　现代企业教育杂志社原社长

陈　欣　人力资源报社创始人

李　涛　新华三集团副总裁

付　伟　中国银联支付学院院长

安伟时　中国兵器人才研究院党委书记

杜学华　鞍钢集团教育培训中心（党校）校长

章国强　中广核大学（党校）原常务副校长

付战超　陕煤集团董事、陕煤思创学院执行院长

王思齐　北京同仁堂健康（企业）原大学校长

杨忠一　方正证券培训学院院长

崔学良　圣象大学校长

孙中元　海尔大学原执行校长

贾　晶　国际公益学院副院长

谷云盛　海信集团海信学院教务长

常国瑞　云瀚商学院院长

曲洪川　德信企业大学校长

张　辉　陕西国际商贸学院院长

王勇卜　山西建邦集团有限公司人力资源处处长

王继祥　河北津西钢铁集团股份有限公司党群工作部副部长

张德全　鞍钢教育培训中心（党校）党史项目组组长

丁　磊　中国航天科工集团南京航天管理干部学院工程师

竺新叶　农村教育发展中心企业管理办公室主任

杨文飞　北京无忧创想信息技术有限公司副总裁

张　晓　特利尔商学院执行院长

王　岩　在线教育资讯网（Online-edu）CEO

王笑菲　深圳市中旭企业管理股份有限公司董事长

杨华容　中国企业教育百强韶山党性教育培训基地主任

颜晓权　中国企业教育百强井冈山党性教育培训基地主任

江建勇　中国企业教育百强瑞金党性教育培训基地主任

郑伟明　中国企业教育百强古田党性教育培训基地主任

宋　雷　中国企业教育百强遵义党性教育培训基地主任

魏　艳　中国企业教育百强延安党性教育培训基地主任

陈延安　中国企业教育百强西柏坡党性教育培训基地主任

邢庆杰　中国企业教育百强沂蒙党性教育培训基地主任

王春洋　中国航天科工集团南京航天管理干部学院工程师

冯振邦　江苏道略文化发展研究院执行院长

周　宇　东南大学经济管理学院讲师

陈炳艺　福建省人力资源管理师协会会长

李国胜　新疆人力资源管理协会会长

肖劲峰　昆明市人力资源和社会保障协会处长

范殿林　内蒙古人力资源经理协会会长

曹　伟　宁夏人力资源协会秘书长

付明成　青海省人力资源服务行业协会执行秘书长

尚春平　甘肃省人力资源行业协会秘书长

张忠民　安徽人力资源管理协会党支部书记

（少数领导职务发生变动，此处未更新，排名不分先后）

前　言

2021年，中国共产党迎来百年华诞，我国踏上了全面建设社会主义现代化国家新征程。9月27日至28日，中央人才工作会议在北京召开，习近平总书记对当前的形势作了最新判断：当前，我国进入了全面建设社会主义现代化国家、向第二个百年奋斗目标进军的新征程，我们比历史上任何时期都更加接近实现中华民族伟大复兴的宏伟目标，也比历史上任何时期都更加渴求人才。

在全国深入学习贯彻习近平总书记在庆祝中国共产党成立100周年大会上的重要讲话精神和党史主题学习教育热潮兴起之际，研讨如何更好推动新时代企业人才培养工作，可以说正当其时。

人才是衡量一个国家综合国力的重要指标，国家发展靠人才，民族振兴靠人才。增强忧患意识，更加重视人才自主培养，加快建立人才资源竞争优势，我们责无旁贷。回顾过去，要从以往企业的人才工作中汲取经验；面向未来，更需为伟大事业提供坚强人才支撑。

2021年，是“中国企业教育百强”创立17周年。经过17年的沉淀，“百强”已经成为一个研究与实践、评价与推广、学习与交流的国际平台，见证了企业培训行业的巨变，有力促进了职教工作的创新与发展，取得了丰硕的成果，赢得业界的高度认可。

本届中国企业教育百强论坛，以“数智时代　赋能人才发展”为主题，聚焦人才培养新技术变革与未来趋势，围绕党建培训与干部培养、数字化学习发展新态势、数智人才培养等当前企业教育培训最新的趋势、模式、方法、工具、实践，探讨解析新时代企业人才培养最为关注的难点和焦点。本届论坛汇集的国内外百强企业首选培训服务供应商以及培训项目和精品课程，可以说更具前沿性、革命性和科学性，必将有效帮助企业高效选择和购买适合的培训服务，构建中国企业教育培训业界新生态。

中国共产党的红色精神，蕴含着开创伟大事业的理想信念、沉淀着突破艰难万险追求美好幸福生活的智慧和思想，它不仅是中国革命胜利的强大动力，也是企业高质量发展的精神源泉。国有企业基层党组织必须适应新时代、新目标、新任务的要求，紧紧围绕发展党执政兴国的第一要务，围绕党的工作大局和本单位的中心任务开展工作，切实承担起组织群众、宣传群众、凝聚群众、服务群众的职责，促进改革发展稳定的各项工作，为实现“两个一百年”奋斗目标提供坚强的组织保证。

近年来，中国企业教育百强以习近平新时代中国特色社会主义思想为指针，深入推进“红色基因+”行动计划，全面实施“中国红色精神与企业管理智慧”培训教育，在韶山、嘉兴、井冈山、古田、瑞金、遵义、延安、西柏坡、沂蒙、红旗渠十大红色圣地设立中国企业教育百强党性教育培训基地，努力发掘建党精神的宝库，催动红色基因培训的裂变。中国企业教育百强组建的红色基因传承讲师团，精心开发符合中国企业实际的“红色精神与管理智慧”系列培训教材，必将有效填补培训市场的空白。

顺应时代潮流，迎接革命性变化，不断解放企业和员工创造力，引领中国企业在教育培训中不断创新、持续壮大——我想，这就是中国企业教育百强论坛和《中国企业培训蓝皮书》存在的价值和意义。

为了更加系统地推进国有企业基层党建工作守正创新，致敬中国共产党的百年辉煌，中国企业培训蓝皮书课题组、组委会秘书处、有关国有企业培训管理部门和培训单位的业界专家，殚精竭虑、废寝忘食，共同组织编写了本册《中国企业培训蓝皮书》。

本书分为理论篇和实践篇两部分，围绕国有企业基层党建工作创新和培训业务实践展开。两个部分一脉相承、前后相继，按照“理论和实践相结合、党建与业务相融合”的原则进行系统研创。理论篇分别从“国企基层党建工作概述、国企基层党建培训业务、国企党建智库建设、国企基层党建培训工作创新和国企基层党建培训工作实践”展开介绍，逻辑清晰、内容翔实，对国企基层党建培训工作有很好的指导意义。国企基层党建创新成果篇重点收录了中国航天科技集团有限公司、中国航空工业集团有限公司等中央企业党建培训工作案例，同时收录了北京无忧创想信息技术有限公司、深圳华大集团等知名企业在人才发展工作中生动的创新案例。

本册《中国企业培训蓝皮书 XIII》内容全面、图文并茂、条理清晰、重在实用，对于国企基层党建工作创新和培训业务开展，具有重要的指导作用和参考价值。

2021 年 10 月

中国企业教育百强组委会秘书长

中国企业培训蓝皮书 XIII 编委会组长

目　录

第一篇　理论篇

第一章　国企基层党建工作概述/ 3

第一节　国企基层党建工作要求及原则/ 3

（一）国企基层党建工作要求/ 3

（二）国企基层党建工作的原则/ 6

第二节　国企开展基层党建工作的重要性/ 7

（一）党的基层组织是党的组织基础/ 7

（二）基层党建的桥梁纽带与职责使命/ 8

（三）基层党组织是开展党的活动的载体/ 8

第三节　国企基层党建工作现状与问题/ 9

（一）国企基层党建工作现状/ 9

（二）国企基层党建工作存在的问题/ 11

第四节　强化国企基层党建工作的策略/ 13

（一）积极构建基层党建工作目标管理责任制/ 13

（二）基层党建工作要强化创新能力/ 13

（三）国企党建工作与业务工作深度融合/ 14

（四）发挥党建价值，推动生产经营发展/ 14

第五节　全面深化国企基层党建工作创新/ 15

（一）以政治建设为引领，不断提高国有企业基层党组织领导力/ 15

（二）以队伍建设为抓手，不断提高国有企业基层党组织执行力/ 15

（三）以组织建设为基础，不断提高国有企业基层党组织凝聚力/ 16

（四）以文化建设为牵引，不断提高国有企业基层党组织吸引力/ 16
（五）以群团建设为突破，不断提高国有企业基层党组织向心力/ 17
（六）以廉政建设为保障，不断提高国有企业基层党组织监督力/ 17
第二章　国企基层党建培训业务/ 19
第一节　国企基层党建培训业务总要求/ 19
（一）把学习贯彻习近平新时代中国特色社会主义思想作为首要政治任务/ 20
（二）建立健全习近平新时代中国特色社会主义思想学习教育长效机制/ 21
（三）引导党员自觉做习近平新时代中国特色社会主义思想坚定信仰者和忠实实践者/ 21
第二节　国企基层党建培训业务及党员管理/ 22
（一）培训业务指导原则/ 22
（二）党员教育基本任务/ 22
（三）党员日常教育管理主要方式/ 24
（四）党籍和党员组织关系管理/ 25
（五）党员监督和组织处置/ 26
（六）流动党员管理/ 27
（七）党员教育管理信息化/ 27
第三节　国企基层党建培训工作的主要内容/ 28
（一）聚焦基本任务的党性培训内容/ 28
（二）围绕中心工作的业务培训内容/ 28
（三）体现不同领域特征的专门培训内容/ 29
（四）对准不同群体特点的专业培训内容/ 29
第四节　国企基层党建培训的开展方式/ 30
（一）规范具体的组织形式/ 30
（二）丰富灵活的教学方式/ 30

（三）高效创新的信息手段/ 30
（四）分类健全的培训制度/ 31
第五节 国企基层党建培训工作的组织领导和基础保障/ 31
（一）落实领导责任/ 31
（二）夯实基础保障/ 32
（三）加强学风建设/ 32
（四）严格考核评估/ 32
第三章 国企党建智库建设/ 34
第一节 国企党建智库内涵与特征/ 35
（一）企业党建智库内涵/ 35
（二）国企党建智库特征/ 36
第二节 国企党建智库建设的定位及存在的问题/ 39
（一）国有企业党建智库建设的定位/ 40
（二）国有企业党建智库面临的挑战/ 41
第三节 国企党建智库的主要研究内容/ 43
第四节 国企党建智库建设路径/ 46
（一）国有企业党建智库建设的方向/ 47
（二）国有企业党建智库的建设路径/ 48
第五节 国企党建智库建设的保障措施/ 50
（一）建立健全国企党建政策引领机制建设/ 50
（二）创新党建智库管理体制机制建设/ 51
（三）建立健全人才队伍建设保障机制/ 53
（四）建立健全规范化制度保障机制/ 55
（五）建立健全长效化管控机制/ 55
第四章 国企基层党建培训工作创新/ 57
第一节 国企基层党建教育培训体系创新/ 57
（一）抓点，突出教育主题/ 57

（二）布线，覆盖教育主线/ 58
（三）构面，面向教育主体/ 59
（四）建网，建构教育主网/ 59
第二节　国企基层党建教育培训组织形式创新/ 60
（一）线下党建培训组织体系/ 60
（二）线上党建培训体系建设/ 61
（三）新时代智慧党建培训体系创新/ 62
第五章　国企基层党建培训工作实践/ 65
第一节　红色精神传承/ 65
第二节　国企基层党建培训智库建设
——提供系统化党建培训解决方案/ 70
（一）基础理论研究/ 70
（二）党史党建研究/ 70
（三）线上线下系统综合培训课程开发/ 71

第二篇　实践篇

航天青年马克思主义者培养工程的创新实践
……………………中国航天科技国际交流中心　荣晓慧　于穆涵/ 75
航空工业党史学习教育培训工作的实践探索
……………………中国航空工业集团有限公司　刘　源　杜立珍/ 85
基层党支部书记实战型、分段式提升培训模式实践与创新
……………………中石化胜利石油工程公司党委党校、培训中心
沈祥民　程东东　郑召丽　徐　健　王艳红　董　伟　魏菁菁　胡宝姣/ 93
做实“四创新”打造高质量精品培训班
…………中国核工业集团有限公司党校　高立本　王永梅　苏位莹/ 107

“人才+载体实践”——“多措并举”的数字化人才培养体系
…………………………广东电网有限责任公司广州供电局数字化部
索智鑫 梁雪青 王嘉延 卢有飞/ 119

以“维修技能评价体系”为依托的复合型钢铁人才培训模式研究
………………… 山西建邦集团有限公司 王勇卜 马 元 焦 琳/ 135

六“聚焦”六“强化”为企业高质量发展汲取精神力量
…………………………… 马钢（集团）控股有限公司教育培训中心
谢志燕 孙贵华 王 蕾/ 146

工作室建设助推国企创新——华北油田打造劳模工匠创新工作室实践探索
………………………… 华北石油管理局有限公司培训中心 李 锋/ 161

基于“三建”理念的核心骨干力量培育体系的创新与实践
……………………… 青岛亿联控股集团有限公司 王林超 张 丽/ 176

创新“12345”培训工作思路 全力打造津西高素质产业工人队伍
……… 河北津西钢铁集团股份有限公司 王继祥 崔建武 张印洲/ 188

分众式党建精品课程体系开发与实施
……………………………… 国网江苏省电力有限公司管理培训中心
周 权 张义奇 侯 俊 王 朴 黄 珊/ 198

“红色文化+航天精神”党建文化移动阵地建设的探索与实践
…………………… 中国航天科工二院北京中天鹏宇科技发展有限公司
李 进 辛广辉 黄 思 田 宇 王希华 田新宇/ 214

胜利油田“1+X”党员量化管理体系的创新实践
……… 中国石化集团胜利石油管理局有限公司委员会党校（培训中心）
郭丙元 孙慧君 阳晓京 马增鹏 王锦成 谭明言 刘春花/ 230

重塑新生代员工认知框架 搭建工匠型人才培养模式
………………… 广东电网有限责任公司广州供电局培训与评价中心
杨 祺 邝东海 马 莉 幸啸天 赵 贤/ 243

基于关键能力模型的数字化专业人才发展解决方案

………………… 北京无忧创想信息技术有限公司　杨文飞　赵广乐/ 256

双轨培训模式（线上线下结合）的探索与研究

……………… 深圳市中旭企业管理股份有限公司　王笑菲　雷志平/ 279

以党的政治建设为统领　开创党校工作新局面

…………… 中共中国航天科技集团有限公司第一研究院委员会党校

周　硕　黄文岩　李　路　邹　薇　王　玥/ 291

中国共产党百年华诞“听我说”

………………………………………… 鞍钢教育培训中心（党校）

张德全　杜学华　李国志　李太旭/ 301

华大“大树”人才模型在人才发展中的应用

…… 深圳华大集团战略与学习发展中心　朱岩梅　胡怡菲　朱艳芝/ 312

兵器特色红色现场教育课程的创新发展

………………………………………………… 中国兵器人才研究院

安伟时　徐余庆　高淑明　朱福明　付雪鹰　王　蔚　陈　凌/ 325

第一篇

理论篇

习近平总书记在全国国有企业党的建设工作会议①上明确指出："国有企业是中国特色社会主义的重要物质基础和政治基础，是我们党执政兴国的重要支柱和依靠力量。新中国成立以来特别是改革开放以来，国有企业发展取得巨大成就。我国国有企业为我国经济发展、科技进步、国防建设、民生改善做出了历史性贡献，功勋卓著，功不可没。"同时，习总书记强调，要通过加强和完善党对国有企业的领导、加强和改进国有企业党的建设，使国有企业成为党和国家最可信赖的依靠力量，成为坚决贯彻执行党中央决策部署的重要力量，成为贯彻新发展理念、全面深化改革的重要力量，成为实施"走出去"战略、"一带一路"建设等重大战略的重要力量，成为壮大综合国力、促进经济社会发展、保障和改善民生的重要力量，成为我们党赢得具有许多新的历史特点的伟大斗争胜利的重要力量。要坚持有利于国有资产保值增值、有利于提高国有经济竞争力、有利于放大国有资本功能的方针，推动国有企业深化改革、提高经营管理水平，加强国有资产监管，坚定不移把国有企业做强做优做大。

① 2016年10月10日至11日，全国国有企业党的建设工作会议在北京举行。中共中央总书记、国家主席、中央军委主席习近平出席会议并发表重要讲话。

第一章　国企基层党建工作概述

新时代国有企业坚持党的领导、加强党的建设，就是要以习近平新时代中国特色社会主义思想为行动指南，以党的十九大提出的新时代党的建设总要求为根本遵循，深入贯彻落实全国国有企业党的建设工作会议精神，按照党的建设总体布局，全面推进政治建设、思想建设、组织建设、作风建设、纪律建设，把制度建设贯穿其中，深入开展反腐败斗争，不断提升国有企业党的建设质量。

第一节　国企基层党建工作要求及原则

（一）国企基层党建工作要求

习近平总书记强调，坚持党对国有企业的领导是重大政治原则，必须一以贯之；建立现代企业制度是国有企业改革的方向，也必须一以贯之。中国特色现代国有企业制度，“特”就特在把党的领导融入公司治理各环节，把企业党组织内嵌到公司治理结构之中，明确和落实党组织在公司法人治理结构中的法定地位，做到组织落实、干部到位、职责明确、监督严格。

1. 坚持和加强党的全面领导

中国特色社会主义最本质的特征是中国共产党的领导，中国特色社会主义制度的最大优势是中国共产党的领导，党是最高政治领导力量。坚持党对国有企业的领导是重大政治原则，任何时候任何情况下都不能动摇。党政军民学，东西南北中，党是领导一切的。新时代国有企业坚持党的领导、加强党的建设，就是要以习近平新时代中国特色社会主义思想为行动指南，以党的十九大提出的新时代党的建设总要求为根本遵循，深入贯彻落实全国国有企业党的建设工作会议精神，按照党的建设总体布局，全面推进政治建设、思想建设、组织建设、作风建设、纪律建设，把制度建设贯穿其中，深入开展反腐败斗争，不断提升国有企业党的建设质量。

2. 坚持党要管党、全面从严治党

党要管党、全面从严治党是党的建设一贯要求和根本方针。国有企业要紧紧围绕全面解决党的领导、党的建设弱化、淡化、虚化、边缘化问题，坚定不移推动全面从严治党向纵深发展。

3. 以政治建设为统领

党的政治建设是一项极端复杂的政治系统工作，是一个不可分割的有机整体，党的政治建设系统性与整体性要求树立整体观念和全局观念，注重从整体上、全域上、贯穿全生命周期去思考和谋划党建工作。党的政治建设决定党的建设方向和效果。国有企业加强党的政治建设，就是要发挥政治指南针作用，引导各级党组织和全体党员树牢“四个意识”（政治意识、大局意识、核心意识、看齐意识）、坚定“四个自信”（道路自信、理论自信、制度自信、文化自信），坚决做到“两个维护”（坚决维护习近平总书记党中央的核心、全党的核心地位，坚决维护党中央权威和集中统一领导），始终在思想上政治上行动上同党中央保持高度一致。

4. 以坚定理想信念宗旨为根基

思想建设是党的基础性建设。要把坚定理想信念作为思想建设的首要任务，教育引导全体党员坚守共产党人的精神追求，坚持用科学的理论武装头脑，立根固本、补钙壮骨，自觉做共产主义远大理想和中国特色社会主义共同理想的坚定信仰者和忠实践行者。

5. 落实新时代党的组织路线

全面贯彻习近平新时代中国特色社会主义思想，以组织体系建设为重点，着力培养忠诚干净担当的高素质干部，着力集聚爱国奉献的各方面优秀人才，坚持德才兼备、以德为先、任人唯贤，为坚持和加强党的全面领导、坚持和发展中国特色社会主义提供坚强组织保证。

6. 发挥国有企业党委（党组）领导作用

国有企业党委（党组）必须担负起“把方向、管大局、促落实”的重大责任。“把方向”，就是要自觉在思想上、政治上、行动上同党中央保持高度一致，坚决贯彻党的理论和路线方针政策，确保国有企业坚持改革发展正确方向。“管大局”，就是要坚持在大局下行动，议大事抓重点，加强集体领导、推进科学决策，推动企业全面履行经济责任、政治责任、社会责任。“促落实”，就是要管干部聚人才、建班子带队伍、抓基层打基础，领导群众组织并发挥其作用，凝心聚力完成企业中心工作，把党中央精神和上级部署不折不扣落到实处。

7. 建设高素质国有企业领导人员队伍

把坚持党管干部原则和发挥市场机制作用结合起来，保证党对干部人事工作的领导权和对重要干部的管理权。按照“对党忠诚、勇于创新、治企有方、兴企有为、清正廉洁”的要求，培养一支高素质企业领导人员队伍。

8. 以提升组织力为重点，加强基层党组织建设

坚持建强国有企业基层党组织不放松，从基本组织、基本队伍、基本制度严起，在打牢基础、补齐短板上下功夫。把抓好党支部作为党的组织体系建设的基本内容、管党治党的基本任务、检验党建工作成效的基本标准。加强党员教育、管理、监督，引导党员发挥先锋模范作用。认真贯彻党的群众路线，充分发挥党的组织优势，把职工群众的智慧和力量凝聚到做强做优做大国有资本上来。

9. 持之以恒正风肃纪

锲而不舍落实中央八项规定精神，继续整治“四风”问题，坚决防止回潮复燃。开展经常性纪律教育，运用好监督执纪“四种形态”（经常开展批评和自我批评，约谈函询，让“红红脸、出出汗”成为常态；党纪轻处分、组织调整成为违纪处理的大多数；党纪重处分、重大职务调整的成为少数；严重违纪涉嫌违法立案审查的成为极少数），使纪律成为党员干部的日常习惯和自觉遵循。深化标本兼治，扎紧制度笼子，严厉整治发生在群众身边的腐败问题。发挥巡视巡察利剑作用，建立巡察联动机制，推动巡察工作向基层延伸。

（二）国企基层党建工作的原则

1. 坚持党要管党、从严治党

坚持党对国有企业的政治领导、思想领导和组织领导的有机统一。落实“两个一以贯之”（坚持党对国有企业的领导是重大政治原则，必须一以贯之；建立现代企业制度是国有企业改革的方向，也必须一以贯之），抓好“四同步”“四对接”（党的建设和国有企业改革同步谋划、党的组织及工作机构同步设置、党组织负责人及党务工作人员同步配备、党的工作同步开展，实现体制对接、机制对接、制度对接和工作对接），把加强党的领导与完善公司治理统一起来，建设中国特色现代国有企业制度。坚持从严治党、思想建党、制度治党，把管党治党责任落到实处。

2. 坚持融入中心、服务大局

把党建工作放到企业改革发展稳定的大局中去谋划，坚持服务生产经营不偏离，推进党建工作与经济工作紧密融合，同频同振，相互促进，把党的政治优势、组织优势、群众优势转化为企业的发展优势、竞争优势、创新优势。

3. 坚持以人为本、促进和谐

落实党的群众路线，全心全意依靠职工办企业，把实现好、维护好、发展好广大职工群众的根本利益作为出发点和落脚点，千方百计解决职工群众的合法诉求、维护职工群众的正当权益，引导广大职工群众始终顺应时代发展、投身改革大潮。

4. 坚持与时俱进、开拓创新

坚持解放思想，主动适应全面深化国资国企改革的新形势，聚焦国企党建的热点难点问题，把握时代要求，紧跟前进步伐，树立新理念、拓展新视野，研究新情况、解决新问题，大力推进国企党建的理论创新、制度创新、实践创新，全面提升党建工作质量水平。

第二节　国企开展基层党建工作的重要性

中国共产党是具有严密组织的马克思主义政党，高度重视基层组织建设是党的优良传统和政治优势，也是中国共产党区别于其他政党的一个显著标志。《中国共产党章程》中明确指出："党的基层组织是党在社会基层组织中的战斗堡垒，是党的全部工作和战斗力的基础。"治国安邦重在基础，管党兴党重在基础。在新时代，必须要全面深刻认识和把握加强基层党组织建设的重要性，坚定不移地把党的领导落实到基层的方方面面，不断增强基层党组织的政治领导力、思想引领力、群众组织力和社会号召力。

（一）党的基层组织是党的组织基础

中国共产党是由中央、地方和基层组织共同构成、相互作用的严密而完整的组织体系，在这个体系中，基层组织是基本的细胞，中国共产党的9514.8万名党员，活跃在486.4万个党的基层组织中①。党中央通过486.4万个基层组织把9514.8万名党员组织起来，使党形成一个有统一意志、统一行动的整体。党

---

① 数据来源：中共中央组织部2021年6月30日公布的党内统计数据，截至2021年6月5日，中国共产党党员总数为9514.8万名，党的基层组织总数为486.4万个。

的基层组织使党员同志紧紧团结在党中央和党组织的周围，形成了党组织强大的创造力、凝聚力和战斗力。

党的基层组织	党的基层委员会	由党员大会或代表大会选举产生，每届任期三年到五年
	总支部委员会	由党员大会选举产生，每届任期三年至五年
	支部委员会	由党员大会选举产生，每届任期三年至五年

（二）基层党建的桥梁纽带与职责使命

党的基层组织是党在社会基层组织中的战斗堡垒，是党联系群众的桥梁纽带。党的基层组织担负着宣传和执行党的路线、方针、政策，宣传和执行党中央、上级组织和本组织的决议的职责使命，要团结和组织党内外干部和群众，努力完成本单位的工作任务。基层党建是国有企业的一项重要工作，承担着“把方向、管大局、促落实”的重任，企业人员肩负着经营管理国有资产、实现保值增值的重要职责，如果不能坚持党的领导，不重视党建工作，就不能充分发挥出广大党员干部的作用，就会使企业员工在工作的过程中逐渐丧失积极性和主动性，不利于国有企业的发展。积极开展基层党建工作，不仅可以使员工拥有良好的精神状态，还可以使其在工作中更加积极向上，与企业共同进退。在开展基层党建工作时，要对员工进行有效的思想政治教育，主动与员工进行沟通，了解员工的实际情况和现阶段存在的问题，及时解决问题，就可以消除员工的不良情绪，使其能够全身心投入到工作之中。党的基层组织的职责：党支部是党的基础组织，担负直接教育党员、管理党员、监督党员和组织群众、宣传群众、凝聚群众、服务群众的职责。

（三）基层党组织是开展党的活动的载体

党的基层组织在我国的发展建设中具有基层堡垒的坚强作用，在向人民群众宣传讲解党的最新政策主张中发挥着不可替代的作用。党的基层组织是开展党的活动的基本单位，担负着教育管理党员、发展新党员、执行党的纪律的重要责任。基层党组织能凝聚广大劳动人民的建设热情，为全面建成小康社会添砖加瓦。身处市场环境、消费需求快速变革的新时代，加强基层党组织建设是国有企业增强市场核心竞争力、确保行稳致远的重要途径。基于这个层面，必须高度重视当代基层党组织建设，在平日工作中自觉践行党的方针政策，让基层党组织应有的积极作用可以发挥出来，下大力气解决当前存在于基层党组织实际工作中的一系列问题。只有全力保障基层党组织发挥出应有的作用，才能为国企改革的顺利推进提供保障。

第三节 国企基层党建工作现状与问题

党的十八大以来，以习近平同志为核心的党中央高度重视基层党组织建设，坚定推进全面从严治党向基层延伸，讲政治、强功能、攻弱项、补短板，重创新、求实效，严格党的组织生活，加强党内监督，促进基层党组织建设取得成效。随着时间的不断推移，国有企业的基层党建工作现状是随着企业的管理思想和管理模式的变化而演进。一方面，企业管理人员不断学习先进的管理知识和思想，并逐渐意识到现阶段国有企业所面临的各项挑战，用加强基层党建工作的方式来确保企业管理迈向现代化的方向。另一方面，有些企业在落实科学管理方式时，只关注员工的职业素养、企业的效益创造等，存在忽视党的基层组织工作的情况，形式主义盛行。因此，国有企业在实际工作和员工管理时，要实事求是、认清现状，积极发挥基层党建工作的作用，将党建工作与国有企业文化相结合，确保企业的现代化管理工作水平不断提高。

（一）国企基层党建工作现状

国有企业要想持续稳定地发展，必须充分发挥党建工作引领作用。依据当前国有企业基层党建工作状况来看，极其容易受到市场环境的影响，正逢深化改革的发展阶段，导致国企内部的党建工作出现一些新问题。为了让企业在日常工作中积极发挥党建引领作用，就应不断强化党建工作人员的学习能力，转变陈旧的党建思想，积极发挥时代给予的重任。具体现状表现在以下几个方面。

1. 党建工作领导制度现状

部分国有企业党建工作组织机构设置尚不完善，专职党务工作者人员编制缺乏，人才流失严重。同时，缺乏完善的党建工作考核机制，导致许多党建工作运行机制不完善，制度规章不健全，流程措施不规范，考评指标不明确，责任落实不到位，党建工作既没有标准规范的体系，也没有相应的责任目标可参照，党建工作者缺乏明确的自身工作目标，导致党建工作时常陷入僵局。

2. 基层党组织建设现状

首先，表现在“党的组织不够强大”。基层党组织一般对组织建设重视不够，往往存在变革滞后或缺乏分支委员会和及时补选等问题。党组织建设不能跟上企业发展的需要，战斗力的作用也没有充分发挥。其次，党员意识薄弱，认同感与归属感不强。部分党员在企业内很少参加组织生活，丧失了与组织汇报沟通的机会，造成身份认同感降低。再次，政策宣贯引领不到位。基层党组织往往没有充分认识到政策宣贯解读的重要性，没能及时让基层党员了解党的政策主张和战略方向，存在部分不理解、困惑或消极焦虑的情绪。

加强基层党组织建设要以提升组织力为重点，突出政治功能。要健全基层组织，优化组织设置，理顺隶属关系，创新活动方式，扩大基层党的组织覆盖和工作覆盖。国企基层党组织工作，说到底还是做人的思想政治工作，人是企业生产经营的重要因素，是思想政治工作的对象和关键，做好职工的思想政治工作能够为企业的发展提供重要保障。维护和发展好职工的根本利益是国有企业进行思想政治教育工作的重要目的和有效实施的重要基础。国有企业党建工作要兼顾企业自身实际，坚持从关心企业和员工角度出发，坚持从解决员工关心、关注的热点问题和切身利益出发，逐步帮助广大员工树立正确的世界观、人生观、价值观，让他们积极参与到企业的发展建设中，充分发挥企业主人翁意识和干事创业激情。

3. 党建工作考核现状

党建工作的考核与党建活动开展的情况直接影响党建工作的目标计划与效

果实现。一方面，为完善党建工作机制，促进基层党建充分展现作为，许多国有企业考核趋向于以量化方式进行，党建工作考核形式化问题仍然存在。另一方面，基层党组织为应对“一刀切”的考核评价，脱离实际工作，大搞形式主义，整合拼凑各种上报材料，造成了极不好的形式化影响。

4. 以党的群众路线攻坚克难，引领企业文化建设

党在具体工作中实行群众路线，一切为了群众、一切依靠群众，从群众中来、到群众中去，把党的正确主张变为群众的自觉行动。国有企业基层党组织要在企业文化引领、人才培养以及服务员工各方面创造价值，进而发挥党员先锋模范作用，实时关注职工思想动态，对思想存在偏颇的员工做好疏导指引工作。国有企业党员要以党组织的先进性和纯洁性作为开展攻坚克难的作风优势，促进企业高质量党建工作的发展，引领企业文化建设，构建良好和谐的工作环境。

5. 妥善处理基层党建与企业生产经营相融合关系

党建工作同企业的生产经营管理工作还存在一个相互渗透与互补互利的关系，这也是增强企业市场竞争力的有效保障，企业通过提升领导班子的战斗力、加强基层党组织组织力等多种途径改变当前国有企业党建工作方法，从根本上解决国企党建工作淡化、弱化、虚化、边缘化问题，以及党建工作与业务工作“两张皮”等诸多问题。

（二）国企基层党建工作存在的问题

1. 基层党建工作责任落实不到位、考核机制不健全

新时代面临诸多新矛盾，多元化的市场发展形势要求国有企业党建工作必须落地落实，解难题、保生产、促发展。然而，许多国有企业都将安全生产经营管理工作摆放在重要位置上，将企业的经济利益摆放在最优位置，以此来获取更高的经济效益，这就导致国有企业重业务轻党建的现象不同程度存在。许多国有企业通常将各个部门中年龄偏大、且又临近退休的人员安置到党建部门，

造成党建部门工作方法过于陈旧，党建部门的工作人员理论素养无法跟上新时代党建工作要求，造成官僚主义、形式主义盛行，甚至出现部分党员教育管理工作长期处于弱化状态。另外，从国有企业长远发展的角度上分析，因其党建工作与安全生产经营工作融合度不高，忽视一些细节性问题，再加上党建考核机制不科学、不健全等，使得国有企业党建工作开展面临重重困难。

2. 基层党建工作创新不足，大量存在“形式化”问题

部分企业基层党建工作缺乏创新力，党员教育培训监督形式化，教育上宣读式、灌输式教育多，引导式、启发式教育少；管理上讲从严管理多、讲关心激励少；监督上监督工作学习多、监督日常生活少；民主集中制上搞“一言堂”，独断专行；决策议事上要么议而不决、要么决而不议，缺失组织凝聚力。国有企业在开展党建工作过程中，应全面落实党中央政策部署，组织开展学习。然而在学习过程中，通常是以读书看报或者是开展党的会议等方式进行组织学习，并没有站在国有企业经营发展角度，无法调动企业党员学习的积极性。党务工作也多沿用老旧的工作方式，在下发党的政策性文件或者理解上级党组织精神时，大多采用“形式化”的照本宣科，这种过于敷衍的“形式化”方法，无法令企业员工充分理解、入脑入心、仔细消化，无法发挥党建工作的作用。

3. 党建工作思想认识“淡化”、工作“虚化”

当前部分国有企业重视生产业务、忽视党的建设现象依然存在。由于忽视企业基层党建工作，致使企业党建工作缺少人力、财力，处于落后、停滞不前的状态，导致党建工作无法落地落实。还有部分企业只注重企业业绩不重视企业员工思想，导致企业中的党员、员工无法正确看待企业的未来发展，以及企业内部推行的人力资源改革制度，有些企业员工还出现抱怨、失落、抵触等不良情绪，导致企业内部涣散，党组织缺乏凝聚力与号召力。

另外，部分国有企业的党支部书记由企业管理层的领导兼职担任，由于其在日常工作中，大多数时间都用于处理业务上的事情，没有时间加强党务理论知识学习，对企业党建工作不能专心开展，导致党建工作停滞不前，出现“虚化”现象。尤其是在国有企业党建工作中，因党务干部政治理论学习不够深入，缺乏系统性的学习，很难与新时代发展中党建工作要求相适应，再加上支部建设参差不齐等现状，从而影响到国有企业党建工作的顺利实施。

第四节　强化国企基层党建工作的策略

（一）积极构建基层党建工作目标管理责任制

国有企业加强基层党建工作，重点要将企业管理制度与党建工作相结合，建立目标管理责任制度，强化意识形态教育和职工价值观引领，将以人为本作为管理的基本理念，促使基层党建工作与企业文化相互融合，建立共同的价值取向。基层党建工作主要是紧紧围绕党的政治、思想、组织开展，为企业提供正确的政治方向；企业文化则是企业核心竞争力的重要组成部分，是企业发展的源泉和动力，是巩固和加强党建的重要手段，通过加强企业党建工作与企业文化的深度融合提高企业的凝聚力和竞争力，进一步提高企业员工的工作积极性和向心力。

基层党建工作采取目标管理责任制，强化工作创新能力，促使党的建设与业务工作深度融合，发挥党建价值。国企基层党组织在管理过程中，要建立严格的考核机制，并将考核结果作为淘汰晋升的重要标准。企业在选拔党建工作人员时，应从选拔、培养、任用的每一环节，都采取严格监督控制，依法依规执行。此外，企业基层党建工作应建立健全反腐倡廉制度，促使企业党员领导干部时刻净化自己、提升自己，坚守理想和职业操守，充分发挥党的建设引领作用。

（二）基层党建工作要强化创新能力

国有企业在基层党建工作中，应积极发挥思想政治的基础性作用，把党的路线、方针、政策落实到每个人，充分调动企业职工的积极性，推动企业健康、稳定、可持续发展。在开展基层党建工作时，要坚持服务生产经营不偏离的原则，让企业所有生产环节都能高效运转，以此构建和谐向上的工作氛围。同时，党建工作要紧跟时代发展潮流，不断创新工作方法与思路，并逐渐创新扩展载体范围（包括企业制度载体、组织活动载体等），营造与企业发展氛围相一致的党建工作机制。通过开展丰富多彩的党建活动，多种形式的党建培训学习、线上线下相结合的党建方式，积极建设和发展企业文化，使党建活动内容与企业发展相互衔接，以高质量党建引领企业高质量发展。

（三）国企党建工作与业务工作深度融合

党中央明确指出国有企业党建工作的方向和要求，即围绕企业中心工作、服务大局，提高党建工作与业务工作的融合程度和衔接力度。国有企业党建工作要全面配合深化改革步骤，紧跟时代发展潮流、加快企业技术步伐，强化企业内部管理，推动企业在转换经营机制过程中找到适合自身发展的最优途径。所以，国有企业的党建工作要坚定党的全面领导不动摇，服务生产经营不偏离，抓基层打基础强支部不放松，推进党建与业务工作深度融合创新，以坚强有力的举措发挥党建工作的服务性能，积极配合企业生产经营管理工作，调动企业员工积极性，全力提升企业的经济效益。

（四）发挥党建价值，推动生产经营发展

国有企业要坚决做到“两个维护”，充分发挥党组织的领导作用，将“把方向、管大局、促落实”作为党组织领导管理的核心，充分发挥组织制度化、管理具体化的核心作用。处理好党组织与经理层等企业管理主体之间的关系，明确企业权责边界，对各个管理环节做到无缝衔接，充分发挥党建工作的主体地位，做到各司其职、相互协调。将中央的各项部署落实到企业生产经营各环节，确保企业管理决策紧紧跟随党中央步伐，合法合规，高效运转。

固本强基抓党建，充分发挥基层党建工作的价值效应。在开展基层党建工作时，坚持党建与业务有效结合，采取一系列改革措施，确保企业生产经营指标高效完成。在做好党建工作的同时，提高企业的经济效益，打破国有企业传

统考核模式，对党的领导中存在的宽松软问题要迅速改正，建立健全国有企业党建工作监督管理考核制度，推动党建工作与中心工作融合发展，做到国有企业改革发展同党的建设双管齐下，提高国有企业经济发展效益，助力国有企业可持续发展。

第五节 全面深化国企基层党建工作创新

（一）以政治建设为引领，不断提高国有企业基层党组织领导力

不断加强基层党组织工作力度，突出政治功能建设，提升执政引领力。要始终坚定不移地将党的政治建设作为党务工作和基层党组织建设的首要任务，引导党员干部不断提高政治站位、增强大局意识。要着重强化理论武装，坚定不移地把学习习近平新时代中国特色社会主义思想，十九大及十九届二中、三中、四中、五中全会精神和习总书记在庆祝中国共产党成立100周年大会上的重要讲话精神等理论内容融入企业的日常生产生活中。通过中心组学习、支部组织生活会等多种形式，通过线上线下不同载体，引导党员干部群众认清新形势、瞄准新目标、适应新环境、把握新要求，进一步坚定创新升级、改革发展的信心决心，通过理念认知“思路清”指导工作实践“导向明”。要巩固深化“党史主题教育”成果，加快推进主题教育的理论研究成果转化及问题解决方案落地，切实把主题教育成果体现在理论学习上和生产经营中，进一步坚定理想信念，坚守初心本色，树牢使命担当，以高质量党建引领高质量发展。

（二）以队伍建设为抓手，不断提高国有企业基层党组织执行力

党建工作的核心在于明确工作的具体方向，所有工作的落实需要以人为中心，基层党组织的作用发挥关键在于队伍建设。因此，要把强化人才培育、打造高质量骨干队伍作为长期性、重要性工程抓实抓细。要打造高质量领导班子，始终坚持党管干部原则，按照国有企业领导班子成员标准要求，配齐配强领导

班子成员，从强化党性锤炼和增强业务技能两个方面入手，不断提高主要领导人员的马克思主义理论水平和实践本领。要打造高质量党员队伍，严把党员入口关，推进学习教育常态化、制度化，深入推进“党员模范队伍”“党员先锋示范岗”等活动，从思想、理论和行动上切实发挥党组织和党员的先进性，引导和激励党员同志敢为人先、冲锋在前的激情干劲。要打造高质量人才队伍，坚定不移实施人才强企战略，敢于涉险滩、闯难关、破僵局，敢于同不良势力和利益集团做斗争，把想干事、能干事、干成事的人推到企业发展的关键岗位。同时，结合时代发展特性和企业改革需要，不断创新员工培育方式，搭建员工成长、成才平台，健全评价考核办法，深层次激发优秀人才创新创效的动力和活力。

（三）以组织建设为基础，不断提高国有企业基层党组织凝聚力

高度重视加强国有企业基层党组织的凝聚力和向心力，抓好党组织覆盖和党的工作覆盖，加大党组织组建强度和党员发展力度，积极开展党的工作，增强党的影响力。要加强基层党组织建设，盯紧组织覆盖的“盲区和空白点”，推进党的组织体系向基层延伸、向末端拓展，把党建工作的链条延伸到每一个领域，确保基层党的组织和党的工作全覆盖。始终坚持把党的全部工作落实到党支部的工作当中去，紧密结合一线员工的工作实际，让党的最新政策方针能被群众所认识和接受，切实提高党的领导力。深入推进党支部标准化、规范化建设，以党章党规相关要求作为基本遵循，分别从阵地建设、队伍管理以及联系群众等具体方面展开，从而让基层党组织能有效促进国企的高质量发展。要激发基层党组织活力，严格教育管理，探索基层党建新模式，把更多精力投入到基层党组织信息化工作创新上来，借助于线上平台超越时空限制，催生基层党建工作新活力。

（四）以文化建设为牵引，不断提高国有企业基层党组织吸引力

企业文化建设是保持国有企业核心竞争力的重点和难点，要将文化建设工作融入国有企业基层党组织建设中，从根本上促进企业的发展。必须要将企业

的经营理念融合到国企基层党组织的建设中来，认真学习并始终遵循社会主义核心价值观。要积极培育企业核心价值观，大力弘扬艰苦奋斗、吃苦耐劳、与时俱进、团结协作、实事求是、精益求精等优良品质和时代精神，引导企业党员领导干部和职工将个人发展融入企业发展中来，让他们深刻认识到个人前途和企业发展紧密相关。要把员工利益放在更加突出的位置，不断畅通意见及建议反映渠道，加强问题解决督查督办力度。要多去生产建设现场调查走访，与一线员工密切交流沟通，了解他们的实际困难，精准高效地解决问题，给员工实实在在的信任感、归属感和幸福感。

（五）以群团建设为突破，不断提高国有企业基层党组织向心力

基层党建工作中最重要的部分就是做好群团工作，其能更好地践行为人民服务的宗旨，加强党和人民群众的血肉联系。必须要大力促进基层党建工作者的思想转变，不断丰富群团工作的方式，打造更加活跃、更加贴合诉求的群团工作体系，营造广泛参与、积极向上的企业氛围。要持续扩大群团工作覆盖面，坚持做好基层党组织和群团融合建设，推动党的工作与群团工作同部署、同谋划，做到步调一致、行动统一。当前国有企业青年员工占比不断提高，群团基层组织建设要以“应建尽建、宜建则建”为原则，切实提高群团组织覆盖面。要持续增强对群团工作的领导力，加大青年优秀干部选拔培养力度，配齐配强群团工作人才队伍，通过“走出去、引进来”的方式，不断强化群团干部专业技能培养。建立健全群团工作激励考核机制，激发出群团干部对标先进补短板、立足岗位做贡献的动力活力。要持续增强群团工作生命力，以现有优势资源为依托，组织开展丰富多样的群团活动，不断提高国有企业基层党组织向心力。

（六）以廉政建设为保障，不断提高国有企业基层党组织监督力

国企基层党组织要全力贯彻从严治党的要求，重视定期理论学习和组织内部工作作风建设，建立健全廉政预警机制，重点突出“微腐败”“裙带关系”“利用职务之便协同亲友谋利”等问题的治理，实现廉政建设目标。加强教育培训和反腐倡廉警示学习，筑牢思想根基，让党员领导干部切实做到“不想腐、

不愿腐”。坚持抓早抓小，坚持标本兼治，只要发现问题，就要立刻严肃处理，同时进行通报批评。要依法依规进行治理，让有关人员在制度的约束下“不敢腐、不能腐”。不断扎紧用制度管人的笼子，紧密结合市场发展形势和上级部门最新工作要求，动态调整、完善、优化企业内部各项管理制度，为干部员工工作行为提供规范依据。坚持完善责任体系，建立健全责任清单，明确具体目标要求，推动各级党组织切实肩负起主体责任、党组织书记切实履行第一责任人职责，做到真管真严、敢管敢严、长管长严。持续加强对核心岗位、关键领域、薄弱环节的监督管理力度，建立健全“人岗匹配、岗责匹配”的约束机制，切实将监督效力落实落细。

第二章　国企基层党建培训业务

为深入学习贯彻习近平新时代中国特色社会主义思想和党的十九大精神，切实提高党员教育培训工作质量，推进马克思主义学习型政党建设，根据《中国共产党章程》和有关党内法规，中共中央办公厅印发《2019—2023年全国党员教育培训工作规划》，同时颁布实施《中国共产党党员教育管理工作条例》（以下简称《条例》）奋力开创新时代党员教育管理工作新局面。《条例》的制定和实施，对于提高党员队伍建设质量，激发党组织的生机活力，推动全面从严治党向纵深发展，夯实党长期执政基础，实现党伟大执政使命，具有十分重要的意义。每个党员，不论职务高低，都必须按照党章要求和《条例》规定，接受党组织的教育管理。党员教育管理是党的建设基础性、经常性工作。党的十八大以来，以习近平同志为核心的党中央高度重视加强党员教育管理工作，推动形成全党从严从实抓党员教育管理的良好态势。《条例》以习近平新时代中国特色社会主义思想为指导，以党章为根本遵循，总结吸收实践创新成果，对党员教育管理的内容、方式、程序等做出规范，是新时代党员教育管理工作的基本遵循。

第一节　国企基层党建培训业务总要求

为了深入学习贯彻习近平新时代中国特色社会主义思想，加强党员教育管理工作，提高党员队伍建设质量，保持党员队伍的先进性和纯洁性，根据《中国共产党章程》和有关党内法规，强化企业党建培训工作管理。党组织应当加强党员教育管理，引导党员坚定共产主义远大理想和中国特色社会主义共同理想，树牢“四个意识”、坚定“四个自信”、做到“两个维护”，增强党性，提高素质，认真履行义务，正确行使权利，充分发挥先锋模范作用。党员教育管理工作以马克思列宁主义、毛泽东思想、邓小平理论、“三个代表”重要思想、科学发展观、习近平新时代中国特色社会主义思想为指导，落实新时代党的建设总要求和新时代党的组织路线，坚持教育、管理、监督、服务相结合，推进主题教育学习教育常态化制度化，不断增强党员教育管理针对性和有效性，努力建设政治合格、执行纪律合格、品德合格、发挥作用合格的党员队伍。

开展全体党员普遍轮训，有计划分层次高质量开展党员教育培训，要实现以下工作目标。

——习近平新时代中国特色社会主义思想学习教育更加扎实深入，党的创新理论更加入脑入心，广大党员自觉践行新思想、适应新时代、展现新作为，在习近平新时代中国特色社会主义思想指引下，统一意志、统一行动、步调一致向前进。

——教育培训效果更加显著，广大党员理想信念进一步坚定、党性观念进一步增强、宗旨意识进一步强化、能力素质进一步提升、纪律作风进一步过硬、先锋模范作用进一步发挥。

——新时代党员教育培训体系更加健全，集中培训逐步走向常态，日常教育更加规范，推动形成教育和管理、监督、服务有机结合的党员队伍建设工作链条。

（一）把学习贯彻习近平新时代中国特色社会主义思想作为首要政治任务

把用习近平新时代中国特色社会主义思想武装全党作为党员教育管理的首要政治任务，引导党员充分认识学习贯彻习近平新时代中国特色社会主义思想的重大意义，自觉学懂弄通做实。各级党组织要将习近平新时代中国特色社会主义思想学习教育摆在党员教育培训最突出位置，县级以上党委每年制定学习计划，列出必读书目和篇目，明确学习要求，基层党组织要结合党员日常教育管理认真抓好落实。党员教育培训机构要将习近平新时代中国特色社会主义思想作为主课，全面纳入教学计划和教学布局。党员要把习近平新时代中国特色社会主义思想作为必修课，读原著、学原文、悟原理，深刻理解习近平新时代中国特色社会主义思想的重大意义、科学体系、丰富内涵、精神实质、实践要求，掌握贯穿其中的马克思主义立场观点方法，增强政治自觉、理论自信、情感融入，做到真学真懂真信真用。

（二）建立健全习近平新时代中国特色社会主义思想学习教育长效机制

党员领导干部应当坚持更高标准、更严要求，全面学、系统学、贯通学、深入学、跟进学，自觉用以武装头脑、指导实践、推动工作，发挥示范带动作用。以习近平新时代中国特色社会主义思想为中心内容，建立较为完备的党员教育教材体系和课程体系。加强理论教育特点和规律的研究，开发一批学习贯彻习近平新时代中国特色社会主义思想的教学案例和现场教学点。通过专题讲座、报告会、学习论坛等多种形式进行深入浅出的解读阐述，领导干部要结合分管领域、分管工作带头宣讲。发挥“两微一端”等新媒体优势，组织党员在线学习。注重发挥党支部直接教育党员的作用，落实“三会一课”等制度，对党员开展经常性教育。健全理论学习考核评估制度，采取有效措施激发党员学习热情，推动学习教育往深里走、往心里走、往实里走。坚持集中教育和经常性教育相结合，组织培训和个人自学相结合，采取集中轮训、党委（党组）理论学习中心组学习、理论宣讲、组织生活、在线学习培训等方式，形成习近平新时代中国特色社会主义思想学习教育长效机制，推动党员学深悟透、入脑入心。

（三）引导党员自觉做习近平新时代中国特色社会主义思想坚定信仰者和忠实实践者

弘扬理论联系实际的马克思主义学风，引导党员把自己摆进去、把职责摆进去、把工作摆进去，学以致用、知行合一，提高政治站位，强化责任担当，增强过硬本领，做好本职工作，自觉做习近平新时代中国特色社会主义思想坚定信仰者和忠实实践者。引导党员结合岗位职责，认真学习贯彻习近平总书记关于本部门本行业本领域工作的重要论述和重要指示批示精神，提高运用科学理论解决实际问题能力，更好推动事业发展。大力选树和宣传学懂弄通做实的先进典型，引导党员自觉用习近平新时代中国特色社会主义思想武装头脑、指导实践、推动工作。党员领导干部应当坚持更高标准、更严要求，带头学习实践习近平新时代中国特色社会主义思想。

第二节　国企基层党建培训业务及党员管理

（一）培训业务指导原则

（1）坚持党要管党、全面从严治党，将严的要求落实到党员教育管理工作全过程和各方面，党员领导干部带头接受教育管理；

（2）坚持以党的政治建设为统领，突出党性教育和政治理论教育，引导党员遵守党章党规党纪，不忘初心、牢记使命；

（3）坚持围绕中心、服务大局，注重党员教育管理质量和实效，保证党的理论和路线方针政策、党中央决策部署贯彻落实；

（4）坚持从实际出发，加强分类指导，尊重党员主体地位，充分发挥党支部直接教育、管理、监督党员作用。

（二）党员教育基本任务

1. 加强政治理论教育

突出党的创新理论学习，组织党员学习党的基本理论、基本路线、基本方略，学习马克思主义基本原理和党的基本知识，引导党员坚定理想信念，增强党性修养，努力掌握并自觉运用马克思主义立场观点方法。

2. 突出政治教育和政治训练

严格党内政治生活锻炼，教育党员旗帜鲜明讲政治，提高政治觉悟和政治能力，严守政治纪律和政治规矩，永葆共产党人政治本色，做到“四个服从”，在思想上政治上行动上同以习近平同志为核心的党中央保持高度一致。

3. 强化党章党规党纪教育

引导党员牢记入党誓词，坚持合格党员标准，自觉遵守党的纪律，带头践行社会主义核心价值观，培养高尚道德情操，培育良好思想作风、学风、工作作风、生活作风和家风。加强宪法法律法规教育，引导党员尊法学法守法用法。

4. 加强党的宗旨教育

引导党员践行全心全意为人民服务的根本宗旨，贯彻党的群众路线，提高群众工作本领，密切联系服务群众。

5. 进行革命传统教育

引导党员学习党史、国史、改革开放史、社会主义发展史和中华优秀传统文化，铭记党的奋斗历程，弘扬党的优良传统，传承红色基因，践行共产党人价值观，激发爱国主义热情。

6. 开展形势政策教育

围绕贯彻执行党和国家重大决策、推进落实重大任务，宣讲党的路线方针政策，解读世情国情党情，回应党员关注的问题，引导党员正确认识形势，把思想和行动统一到党中央要求上来。

7. 注重知识技能教育

根据党员岗位职责要求和工作需要，组织引导党员学习掌握业务知识、科技知识、实用技术等，帮助党员提高综合素质和履职能力，增强服务本领。

（三）党员日常教育管理主要方式

1. 党支部对党员的日常教育管理

党支部应当运用“三会一课”制度，对党员进行经常性的教育管理。党员应当按期参加党员大会、党小组会和上党课，进行学习交流，汇报思想、工作等情况。党员领导干部应当参加双重组织生活。党支部应当每月开展1次主题党日，贴近党员思想和工作实际，组织党员集中学习、过组织生活、进行民主议事和开展志愿服务等。党员应当按期交纳党费。党组织应当做好党费收缴、使用和管理工作。党支部每年至少召开1次组织生活会，也可以根据工作需要随时召开，一般以党员大会、党支部委员会会议或者党小组会形式进行。党支部一般每年开展1次民主评议党员。党支部召开党员大会，按照个人自评、党员互评、民主测评的程序，组织党员进行评议。党支部委员会会议或者党员大会根据评议情况和党员日常表现情况，提出评定意见。民主评议党员可以结合组织生活会一并进行。

2. 党组织对党员的日常教育管理

基层党组织应当注重分析党员思想状况和心理状态，党组织负责人应当经常同党员谈心谈话，有针对性地做好思想政治工作。基层党组织每年根据事业发展和党的建设重点任务，应当组织党员集中轮训，结合本地区本部门本单位中心工作和党员实际，确定培训内容和方式。党员每年集中学习培训时间一般不少于32学时。党组织应当按照党中央部署要求，组织党员认真参加党内集中学习教育，引导党员围绕学习教育主题，深入学习党的创新理论，查找解决自身存在的突出问题。省级党委、行业系统党组织可以根据党员思想状况和党的建设需要，适时开展专题学习教育。

党组织应当充分发挥党员的先锋模范作用，结合不同群体党员实际，通过树立、学习身边的榜样，设立党员示范岗、党员责任区，开展设岗定责、承诺践诺等，引导党员做好本职工作，干在实处、走在前列，创先争优，在联系服务群众、完成重大任务中勇于担当作为，做到平常时候看得出来、关键时刻站得出来、危急关头豁得出来。鼓励和引导党员参与志愿服务。党员应当积极参加党组织开展的志愿服务活动，也可以自行开展志愿服务活动。

党组织应当坚持从严教育管理和热情关心爱护相统一，从政治、思想、工作、生活上激励关怀帮扶党员。针对老党员的身体、居住和家庭等实际情况，采取灵活方式，进行教育管理服务，组织他们参加党的组织生活，发挥力所能及的作用。对年老体弱、行动不便、身患重病甚至失能的党员，组织活动和开展学习教育不做硬性要求，党组织通过送学上门、走访慰问等方式，给予更多关心照顾。

（四）党籍和党员组织关系管理

1. 党籍管理

经党支部党员大会通过、基层党委审批接收的预备党员，自通过之日起，即取得党籍。

对因私出国并在国外长期定居的党员，出国学习研究超过 5 年仍未返回的党员，一般予以停止党籍。停止党籍的决定由保留其组织关系的党组织按照有关规定做出。

对与党组织失去联系 6 个月以上、通过各种方式查找仍然没有取得联系的党员，予以停止党籍。停止党籍的决定由所在党支部或者上级党组织按照有关规定做出。停止党籍 2 年后确实无法取得联系的，按照自行脱党予以除名。

对停止党籍的党员，符合条件的，可以按照规定程序恢复党籍。对劝其退党、劝而不退除名、自行脱党除名、退党除名、开除党籍的，原则上不能恢复党籍，符合条件的可以重新入党。

2. 党员组织关系管理

党员组织关系是指党员对党的基层组织的隶属关系。每个党员都必须编入党的一个支部、小组或者其他特定组织。有固定工作单位并且单位已经建立党组织的党员，一般编入其所在单位党组织。没有固定工作单位，或者单位未建立党组织的党员，一般编入其经常居住地或者公共就业和人才服务机构、园区、楼宇等党组织。党员工作单位、经常居住地发生变动的，或者外出学习、工作、生活6个月以上并且地点相对固定的，应当转移组织关系。具有审批预备党员权限的基层党委，可以在全国范围直接相互转移和接收党员组织关系。党组织接收党员组织关系时，如有必要，可以采取适当方式查核党员档案。对组织关系转出但尚未被接收的党员，原所在党组织仍然负有管理责任。党组织不得无故拒转拒接党员组织关系。对没有人事档案的党员，应当由具有审批预备党员权限的基层党委建立党员档案，由所在党委或者县级以上党委组织部门保存。有条件的地方，实行党员档案电子化管理。

（五）党员监督和组织处置

1. 党员监督

党组织应当通过严格组织生活、听取群众意见、检查党员工作等多种方式，监督党员遵守党章党规党纪特别是政治纪律和政治规矩情况，遵守宪法法律法规和道德规范情况，参加组织生活情况，履行党员义务、联系服务群众、发挥先锋模范作用情况等。发现党员有思想、工作、生活、作风和纪律方面苗头性倾向性问题的，以及群众对其有不良反映的，党组织负责人应当及时进行提醒谈话，抓早抓小、防微杜渐。对党员不按照规定参加党的组织生活、不按时交纳党费、流动到外地工作生活不与党组织主动保持联系的，以及存在其他与党的要求不相符合的行为、情节较轻的，党组织应当采取适当方式及时进行批评教育，帮助其改进提高。对缺乏革命意志，不履行党员义务，不符合党员条件，但本人能够正确认识错误、愿意接受教育管理并且决心改正的党员，党组织应当做出限期改正处置，限期改正时间不超过1年。对给予限期改正处置的党员应当采取帮助教育措施。

2. 组织处置

党员具有下列情形之一的，按照规定程序给予除名处置：

（1）理想信念缺失，政治立场动摇，已经丧失党员条件的，予以除名；

（2）信仰宗教，经党组织帮助教育仍没有转变的，劝其退党，劝而不退的予以除名；

（3）因思想蜕化提出退党，经教育后仍然坚持退党的，予以除名；

（4）为了达到个人目的以退党相要挟，经教育不改的，劝其退党，劝而不退的予以除名；

（5）限期改正期满后仍无转变的，劝其退党，劝而不退的予以除名；

（6）没有正当理由，连续6个月不参加党的组织生活，或者不交纳党费，或者不做党所分配的工作，按照自行脱党予以除名。

对违犯党纪的党员，按照《中国共产党纪律处分条例》规定给予党纪处分。

（六）流动党员管理

基层党组织应当加强流动党员管理，对外出6个月以上并且没有转移组织关系的流动党员，应当保持经常联系，跟进做好教育培训、管理服务等工作。在流动党员相对集中的地方，流出地党组织可以依托园区、商会、行业协会、驻外地办事机构等成立流动党员党组织。流入地党组织应当协助做好流动党员日常管理。按照组织关系一方隶属、参加多重组织生活的方式，组织流动党员就近就便参加组织生活。乡镇、街道、村、社区、园区等党群服务中心应当向流动党员开放。流动党员可以在流入地党组织或者流动党员党组织参加民主评议。对具备转移组织关系条件的流动党员，流出地和流入地党组织应当衔接做好转接工作。对出国（境）学习研究党员，由原工作单位党组织保留其组织关系，每半年至少与其联系1次。出国（境）学习研究党员返回后按照规定恢复组织生活。

（七）党员教育管理信息化

适应时代发展要求，充分运用互联网技术和信息化手段，改进党员教育管理工作，推进基层党建传统优势与信息技术深度融合，不断提高党员教育管理现代化水平。统筹规划、整合资源，健全党员信息库，加强全国党员管理信息系统建设，推动党员干部现代远程教育和党员电化教育创新发展，推进党员教育管理网站、移动客户端等平台一体化建设，建立党性教育基地网上平台，打造党务、政务、服务有机融合的网络阵地。坚持网上和网下相结合，依托党员教育管理信息化平台，开展党员信息管理、党组织活动指导管理、流动党员管理服务、发展党员管理和党费管理等业务应用，为党员提供在线学习培训、转接组织关系、参与党内事务和关怀帮扶等服务。注重利用信息数据，对党员队伍状况和党员教育管理工作进行实时分析研判，及时发现问题，不断改进工作。

党员应当主动学网用网，依托各类党员教育管理信息化平台开展自主学习，如学习强国等学习媒体，积极参加在线学习培训，认真参加党组织的活动，自觉接受党组织的教育管理。通过网络向群众宣传党的理论和路线方针政策，听取群众意见，联系服务群众。党组织应当教育引导党员严格规范网络行为，敢于同网上错误言论做斗争，不得制作、发布、传播违反党的纪律规定和国家法律法规的信息内容。

第三节　国企基层党建培训工作的主要内容

（一）聚焦基本任务的党性培训内容

根据《中国共产党党员教育管理工作条例》，适应新时代党员队伍建设需要，突出政治功能，切实抓好习近平新时代中国特色社会主义思想教育培训，全面落实政治理论教育、政治教育和政治训练、党章党规党纪教育、党的宗旨教育、革命传统教育、形势政策教育、知识技能教育等 7 个方面基本任务，把党性教育和理想信念教育贯穿始终，以坚持和完善中国特色社会主义制度、推进国家治理体系和治理能力现代化为目标，对党员进行系统教育培训。

（二）围绕中心工作的业务培训内容

着眼统筹推进“五位一体”总体布局和协调推进“四个全面”战略布局，紧扣党和国家重大决策部署、重要会议活动、重要时间节点，有针对性地开展党员教育培训。结合党史主题教育和伟大建党精神学习实践，重点加强党的创新理论、理想信念、政治纪律和政治规矩等教育培训；围绕贯彻落实新发展理念、新发展格局、新发展方向等，重点加强党的路线方针政策、世情国情党情、总体国家安全观等教育培训；重点加强党史、新中国史、党的优良传统、中华优秀传统文化，社会主义核心价值观、爱国主义等教育培训，引导党员把思想和行动统一到党中央决策部署上来，始终保持奋斗精神和革命精神，敢于斗争、善于斗争，在时代大潮中建功立业。

（三）体现不同领域特征的专门培训内容

在不同领域根据党中央的指示精神设计专门落实课程，在国企领域主要分为国有企事业单位两类。在事业单位，重点围绕深化改革、提高绩效、促进事业发展开展党员教育培训，学校重点围绕坚持马克思主义指导地位、落实立德树人根本任务、培养社会主义建设者和接班人开展党员教育培训。在国有企业，重点围绕加强党对国有企业的领导、深化国有企业改革、实现国有资产保值增值开展党员教育培训。

（四）对准不同群体特点的专业培训内容

对基层党组织书记，重点开展党的创新理论、党建工作实务、群众工作、基层治理等教育培训，努力建设一支守信念、讲奉献、有本领、重品行的基层党组织带头人队伍。对新党员，重点开展党的基本知识、党性党风党纪、党的优良传统等教育培训，强化思想入党，提升他们的政治觉悟和理论素养。对青年党员，要进行系统理论教育和严格党性锻炼，引导他们传承红色基因、培养奋斗精神、练就过硬本领。对老年党员，重点开展党的创新理论、形势政策等教育培训，引导他们保持革命本色、发挥传帮带作用。对流动党员，重点开展党员意识、组织观念、纪律规矩等教育培训，引导他们主动接受党组织的教育管理，自觉参加组织生活，充分发挥作用。对下岗失业人员中的党员，要将党的理论教育和党性教育与开展政策学习和技能培训结合起来，帮助他们增强就业创业信心和能力。

第四节　国企基层党建培训的开展方式

（一）规范具体的组织形式

坚持集中培训、集体学习、个人自学和组织生活、实践锻炼有机结合，增强党员教育培训工作的规范性、针对性、系统性。要结合实际，研究确定重点项目、对象和专题，采取省级示范培训、市级重点培训、县级普遍培训、基层党委兜底培训的形式，开展党员集中培训。各级党组织要通过理论学习中心组学习、“三会一课”、主题党日等，抓实集体学习。党员领导干部要定期为基层党员讲党课。引导党员根据自身实际和工作需要，利用业余时间开展自学。坚持民主生活会和组织生活会、民主评议党员、谈心谈话等制度，认真开展批评和自我批评，咬耳扯袖、红脸出汗，让党的组织生活真正起到教育提高党员的作用。通过设岗定责、承诺践诺，引导党员立足岗位、创先争优。鼓励和引导党员参与结对帮扶、志愿服务等，为党员搭建实践锻炼平台。注重心理疏导和人文关怀，帮助解决实际问题，增强党员政治荣誉感、组织归属感。

（二）丰富灵活的教学方式

灵活运用讲授式、研讨式、模拟式、互动式、观摩式、体验式等教学方法，探索“课堂+基地”实训模式，增强教育培训的吸引力、感染力。加强案例培训，选好用好各条战线各个领域各个行业的生动鲜活案例。开展典型教育，引导党员学习重大先进典型和身边榜样，运用反面教材加强警示教育。组织党员就近就便到红色基地学习、重温入党誓词、过“政治生日”。

（三）高效创新的信息手段

推动党员教育信息化平台一体化建设，完善学用功能，构建更为便捷高效的网络学习阵地。建设全国党员教育资源库，建立党性教育基地网上平台，发挥全国党建网站联盟作用，用好“共产党员”教育平台、“学习强国”学习平台等载体。统筹推进远程教育、电化教育、网络新媒体平台教育，提高党员教育培训现代化水平。依托全国党员管理信息化工程，探索建立党员学习电子档案。注重党员教育信息化建设整体设计，避免重复建设。坚持线上线下相结合，探索适应信息化发展趋势和受众特点的教育培训有效方式，注重运用大数据对党员学习情况进行动态分析，精准推送教育内容，引导党员主动学网用网。

（四）分类健全的培训制度

完善需求调研制度，通过问卷调查、谈心谈话、走访调研、大数据分析等方式，精准掌握党员学习需求和参训意愿。坚持集中轮训制度，各级党委（党组）每年就党员集中轮训工作做出安排，分期分批组织实施；组织基层党组织书记每年至少参加 1 次集中轮训，对新任基层党组织书记一般应在半年内进行任职培训；预备党员在预备期内和转正后 1 年内一般要各参加 1 次由上级党组织组织的集中培训；大力实施基层党员系统学习落地。落实学时制度，党员每年参加集中培训和集体学习时间一般不少于 32 学时，基层党组织书记和班子成员每年参加集中培训和集体学习时间不少于 56 学时、至少参加 1 次集中培训。党员领导干部除执行干部教育培训有关规定外，要带头参加所在单位的党员教育培训。

第五节 国企基层党建培训工作的组织领导和基础保障

（一）落实领导责任

各级党委（党组）要认真履行党建主体责任，党委（党组）书记要履行第一责任人职责，加强对党员教育培训工作的组织领导。党支部要落实抓党员日常教育工作的直接责任。各级党员教育管理工作协调机构要落实党员教育培训联席会议制度，组织部门要发挥牵头抓总作用，相关职能部门要密切配合，形成工作合力。

（二）夯实基础保障

各级组织部门和党员教育培训机构要建立开放式党员教育培训师资库。落实党员教育讲师聘任制，选聘一批政治素质过硬、实践经验丰富、理论水平较高的党员教育讲师，实行动态管理，注重发挥党员教育讲师的积极性、主动性、创造性。鼓励建立党员教育培训志愿者讲师队伍。抓好党员教育工作者专业化能力培训。充分发挥各级党校（行政学院）在党员教育培训中的主渠道、主阵地作用，要将党员集中培训作为重要任务。加强和规范基层党校和党员教育培训基地、现场教学点建设。利用党员活动室、党群服务中心、远程教育站点、新时代文明实践中心等开展党员日常教育培训。中央组织部要联合有关部门加强党员教育培训教材建设规划，组织编写新时代党员教育培训基本教材，摄制重大题材专题教育电视片，定期开展党员教育培训教材展示交流活动。各单位党委（党组）可结合实际，开发各具特色、务实管用的党员教育培训教材。各级党组织要为党员推荐学习书目，提供学习资料。严格按照《中国共产党党员教育管理工作条例》有关规定，落实党员教育培训经费，保证工作需要。

（三）加强学风建设

各级党组织要认真落实党中央关于加强学风建设的要求，加强指导和监督，严肃工作纪律，力戒形式主义、官僚主义，防止教育培训表面化、程式化、庸俗化，防止学用脱节、空洞说教，防止不分层次对象“一刀切”“一锅煮”，防止多头调训、重复培训、长期不训，防止检查过多、过度留痕。党员教育培训机构要坚持从严治校、从严治教、从严治学。党员要端正学习态度，严守培训纪律。党员领导干部要先学一步、学深一层，发挥示范表率作用。

（四）严格考核评估

要将党员教育培训工作作为党委（党组）书记抓基层党建工作述职评议考核的重要内容。结合组织生活会、民主评议党员等，组织党员述学评学。将党员教育培训考核结果，作为党组织和党员评先评优的重要依据。各地区各部门各单位党委（党组）要结合实际抓好规划的贯彻落实，要定期对规划实施情况开展总结评估工作。各单位党组（党委）领导本单位党员教育管理工作，贯彻执行党中央关于党员教育管理工作的方针政策和部署要求，定期研究党员教育管理工作，分析党员队伍状况，有针对性地提出工作措施。

基层党委履行抓党员教育管理的基本职责，推动落实上级党组织工作安排，组织做好党员集中培训、组织关系管理、表彰激励、关怀帮扶、组织处置、纪律处分等工作，指导所辖党支部做好党员日常教育管理工作。党支部按照党章和党内有关规定，履行相关工作职责。党小组应当落实党支部关于党员教育管理工作的要求和任务。

国有企业基层党组织按照规定配备一定数量的专兼职组织员，由党委组织部门进行业务指导和管理，承担指导督促发展党员和党员教育管理等工作。实行党员教育讲师聘任制，从优秀党校教师、基层党组织书记、先进模范人物、党务工作者、专家学者、实用技术人才、离退休干部等人员中选聘党员教育讲师。有计划地组织安排党员教育讲师到基层授课。注重发挥党群服务中心、党员干部教育培训基地、新时代文明实践中心的作用。加强对党员教育管理工作的检查考核，在基层党建工作述职评议考核中，对党组织负责人抓党员教育管理工作情况做出评价。对在党员教育管理工作中失职失责的，按照有关规定予以问责追责。

第三章　国企党建智库建设

2015 年中共中央办公厅、国务院办公厅印发了《关于加强中国特色新型智库建设的意见》，对建设中国特色新型智库做出了全面部署。2016 年 3 月 22 日，习近平总书记对全国党建研究会第六次会员代表大会做出重要指示，要求全国党建研究会发挥党建高端智库作用，为构建中国化的马克思主义党建理论体系，为加强和改善党的领导、确保党始终成为中国特色社会主义事业的坚强领导核心做出新的更大贡献。发挥党建高端智库作用，是落实全面从严治党要求、提高党的建设质量的现实需要。发挥党建高端智库作用，可以更好地团结凝聚全国党建研究机构和党建研究工作者，增强党建研究的合力，多出高水平的研究成果。发挥党建高端智库作用，是加强中国特色新型智库体系建设的必然要求。党建智库是中国特色新型智库体系的重要组成部分，发挥党建智库作用是建设中国特色新型智库体系的内在要求。

2018 年 11 月，中共中央组织部印发《关于进一步发挥全国党建研究会党建高端智库作用的意见》（以下简称《意见》），对进一步发挥全国党建研究会党建高端智库作用提出了明确要求、做出了全面部署。

该《意见》指出，要做好党建咨询服务工作，为党的建设决策当好参谋助手。要深入研究长期未得到解决的难点问题和干部群众普遍关注的热点问题，向党中央及有关部门报送研究成果，提供对策建议。要为地方党委和基层党组织开展党建工作提供智力支持，根据地方和基层党建工作的理论和实践需求，有针对性地开展调查研究，提供理论指导和对策建议。

《意见》指出，要加强党建基础理论研究，为构建中国化的马克思主义党建理论体系做出贡献。积极推进党建学科体系、学术体系与教材体系建设。总结党的建设新做法新经验，从理论上进行提炼概括，完善党建理论话语体系。

《意见》指出，要加强党建课题研究，积极推进研究成果转化应用。加强重大课题研究。根据党和国家中心工作和党的建设重点任务，组织策划中长期重点研究课题和年度重点课题。组织开展好自选课题研究，每年设置若干自选课题，组织各专业委员会、会员单位和特邀研究员开展研究。加大研究成果的转化应用力度，建立健全研究成果分级审核、把关、报送机制。

《意见》要求，要建设党建研究专家队伍，发挥党建高端智库广泛凝聚人才的作用。要采取适当方式，经常听取顾问和老领导、老专家对党的建设的意见建议，发挥他们的聪明才智。发挥好特邀研究员的作用。加强智库专职人才队伍建设。

《意见》要求，要健全管理体制，完善组织机构。健全智库组织架构和领导体制。完善法人治理结构和运行机制，建立党建高端智库学术委员会，加强全国党建研究会会员代表大会、理事会、常务理事会建设。健全课题研究的组织管理机制、重点课题首席专家负责制和重点课题申报制度，完善自选课题的选题策划等制度。建立与中央和国家机关、高等院校、科研机构合作机制，对重大党建问题开展跨学科、跨领域合作研究。探索建立符合智库特点的研究成果表彰奖励办法。

第一节　国企党建智库内涵与特征

（一）企业党建智库内涵

智库（Think Tank）即思想库，是一种稳定的相对独立的政策研究和咨询机构。其研究人员运用科学的研究方法，对广泛的政策问题进行跨学科的研究，在与政府、企业和公众密切相关的政策问题上提出咨询。国有企业党建智库就是由企业创办的具有智库功能的党建研究咨询机构，主要为企业党的建设、思想教育、经营决策者处理战略、研发、制造、营销、人力资源、财务、法律、金融、公共关系等方面问题提供最佳理论、策略、方法、思想或相关第三方服务。从战略定位上，企业智库主要涉及“目标服务对象是谁；主要功能是什么；研究领域是什么；价值主张是什么”四个问题。

如果把民间智库比喻为沟通政府与公众的一座桥梁，大型国有企业智库，尤其是国有企业党建智库则是融合政府、企业和民众的三通连接器。目前很多国有企业根据自身定位和发展要求，设立了党建智库机构。这类智库不仅立足企业的党建和业务领域工作，为企业自身发展服务，还在社会、经济、产业、政治、环境等方面有自己独特的研究视角和研究方法，形成大量的研究成果，为政府决策或产业发展提供了许多有价值的咨询建议。

国有企业党建智库以党校、党群事业部和党建中心为依托，以服务政府、服务企业为研究宗旨，以习近平新时代中国特色社会主义思想为指导，资政启智、建言献策，为国家治理和企业管理提供更多的智力支持和决策服务。

目前可将国有企业的内部智库分为两种：一种是技术型智库，主要专注于基础技术研究、前沿理论与实践研究，推动新技术产品化、产业化，机构表现形式有产业技术研究院、研究中心等；另一种是社会经济型智库，主要负责研究解决政策类、管理类和商务类问题，机构表现形式有属于总部职能部门的政策研究室、企业管理处、发展研究部、体制改革办公室等，也有国企直属或所属单位管理的经济技术研究院（所、中心）、咨询中心、党校（管理学院、领导力中心）等。国有企业党建智库属于典型的社会经济型智库类型，为国有企业党建和转型发展贡献研究力量。

（二）国企党建智库特征

1. 国有企业党建智库的双重职能

国有企业直接隶属于国资委管理，其智库的部分研究成果可通过国资委影响政府决策过程，进而影响社会。与此同时，国有企业党建智库还承担为企业服务、塑造国有企业形象和发挥国有企业社会责任的功能。因此国有企业党建智库兼具为自身服务的企业功能，还有为政府和社会服务的社会功能。

2. 国有企业党建智库的价值作用

目前大部分国有企业都处在直接关乎国家经济命脉的重要行业或产业，故其党建智库的研究范围涉及党建、党群、人事等基本业务外，还涉及金融、地产、能源、船舶、航天以及通信等国民经济的核心领域研政策究，承担党的建设、产业发展、改革等方面的研究任务，对政策更敏感，且更能影响政策，研究影响力和独立性比较突出。另外，大多数国有企业在本行业内有着长期的数据管理以及数据研究经验，利用自身的数据优势和情报优势，国有企业党建智库可以产生出更有价值的研究成果，为决策者提供的建议更具实践性和可操作性。

3. 国有企业党建智库的资金来源

国有企业在自身的经济领域通常处于行业领先地位，可以为自己的智库提供充分的研究资金或研究上的物资支持。因此，大多数国有企业党建智库的研究资金来源于隶属的上级单位或企业总部，这是和一般的咨询公司以及社会智库最为明显的区别。完全市场化运作的咨询公司，本质上无法放弃对利润最大化的追求，研究成果及其客观性很大程度上受制于资本的支持。国有企业党建智库资金来源的稳定性及独立性，一方面使国有企业党建智库专家从烦琐的课题申请和经费筹措中解脱出来，另一方面在一定程度上保障了研究的独立性以及研究结果的客观性。同时，国有企业党建智库还有党建专项资金的支持，可以最大化的发挥党建智库的引领作用。

4. 整合智库资源

握指成拳，才有力量。建设高端智库，必须掌握高端资源，特别是高端智力资源。只有掌握高端的机构资源、高端的人才资源，才能取得高端的研究成果。党建高端智库发挥在党建研究领域中的“领头羊”作用，在凝聚整合研究资源上具有独特优势。着眼于高端定位，打通“条条”与“块块”之间的壁垒，消除部门、区域、学科、机构相互之间的屏蔽，有效整合党政部门、党校系统、科研院所、学术团体、高等院校，以及社科研究基地等资源，推动党建智库要素跨部门、跨领域、跨地区聚集，避免智库“孤岛”，促成智库“群岛”。借鉴国际成熟的经验，立足党情、国情，完善党建智库组织架构体系，创新智库内部治理结构和组织形式，加快形成灵活高效的管理体制和运行机制。面向全国合理布局研究基地，统筹配置研究资源，搭建高端研究平台，完善区域布局、专业布局、层级布局，避免分散封闭、交叉重复的现象，杜绝同质化、碎片化的问题，从而实现智库资源配置的集成创新。

5. 注重协同研究

在全面从严治党深入推进的新形势下，随着党的建设理论和实践的深化拓展，党建领域的重大问题越来越显示出其鲜明的全局性、综合性、整体性、复杂性，涉及的方面多、层次深、覆盖广。对这些问题的表现形态、原因诊断以及解决路径的思考，不能仅仅局限于某一个或某几个学科的视角，而要依赖于尽可能多的不同学科的同时介入，相互协作，联合攻关，凝聚各方智慧。当代智库的一个显著特征，就是开展多学科、跨学科协同研究，国际著名智库的重大研究成果大都是通过“联合作战”取得的。因此，学科协同是智库进行决策研究时奉行的一种基本方式。一定意义讲，方法决定质量。在强调学科协同的同时，也要注重研究方法的综合应用。目前要强调引用定量分析、统计分析、模型分析、大数据分析，以提高咨询研究的科学性，从而推出更多的原创性成果。

6. 突出专业特色

当前，全面从严治党进入关键时期，党的执政环境和所处的历史方位正在经历深刻变化，治国理政面临的风险和考验集中显现，如何不断提高党的执政能力和执政水平，增强拒腐防变和抵御风险能力，使党始终成为中国特色社会主义事业的坚强领导核心，迫切需要加强党建领域的高端智库建设，着力提高专业化水平，在服务党和国家战略需求、服务中央决策上发挥引领作用。搞好党建高端智库建设，必须有担当有格局有谋略，关键是要坚持走专业化路子，在瞄准前瞻性、着眼应用性的基础上，突出专业性，彰显大智慧。要强化问题意识，坚持问题导向，紧紧围绕党的建设重大理论问题研究、重大现实问题研究、重大实践经验总结，自觉聚焦“题眼”，精准发力攻关，推进理论创新，加强对策研究，形成“人无我有、人有我特、人特我精”的专业优势。

7. 加强智库与媒体互动

智库与媒体相对独立，功能定位不同。但两者都是智慧高地，之间具有兼容性，完全可以融合发展。就成果的传播力而言，现代智库具有一定的媒体功能，因为智库生产的智慧产品，需要影响社会，不可能也不应该自守“斗室”。就传播的影响力而言，媒体也有一定的智库功能，特别是一些媒体的“内参”可以发挥更大作用。有人这样打了一个比方：智库是不叫媒体的媒体，是“亚媒体”；媒体是不叫智库的智库，是“亚智库”。为此，党建高端智库一方面要开发自办媒体，如要报、出版物等，还要积极搭建网站、微信、微博等新媒体平台；另一方面要注重利用好专业化媒体和社会化媒体的影响，加大智库成果的推介报道力度，不断扩大和增进社会认同，为公共决策增强群众基础。

第二节　国企党建智库建设的定位及存在的问题

国有企业党建智库建设需要母体企业和社会各界的大力支持，更需要自身的努力。诚然，咨政建言是智库重要的成果产出，但对于起步不久的国有企业党建智库，宜采取循序渐进、稳步推进的建设基调，将决策咨询研究作为发展方向的同时，也可结合企业实际，丰富国有企业党建智库功能，通过提供有效服务，吸引智库用户的关注，使其逐渐养成智库使用习惯，从而促进建立与相关决策层的沟通机制，提升其对决策咨询研究成果的重视和采纳程度，推动形成具有较高咨政水平及社会影响力的国有企业党建智库产品。

随着党员队伍和组织队伍的发展壮大，如何做好党建工作和主题教育工作，关系到组织和企业的成长进步，需要组织部门和党群工作部门高度重视，深入开展研究与实践调研。党建咨询工作在这其中扮演着非常重要的角色，其发展也有很大空间。

（一）国有企业党建智库建设的定位

国有企业党建智库能够帮助企业实现的功能定位，推动抓好企业党建落实落细，主要包括三个层面：

1. 党委层面

贯彻落实党中央的部署和要求，深入领会并传达上级组织要求和各种精神，统筹推进组织和企业的发展方略。轻松进行组织管理，班子建设，实现党建数据统计实时化、即时化。智能终端与党建系统无缝融合，服务党建工作的方方面面，提高管理效率。各党组织可根据各自的需要灵活配置系统。通过党建"全域化"，利用互联网技术+智能设备实现党委班子与最基层党支部连接，实现党委书记到支部书记的连接。突破时空限制，促进上下级良好互动和监督，管控，发挥基层党建的战斗堡垒作用。

2. 支部层面

指导支部开展各项学习、活动和教育培训，使其更符合党建要求和规范。轻松管理党员档案，便捷开展支部活动，支部会议以及党员发展工作。通过会议、活动、学习等众多数据，多维度构建"党建指数"，形成可量化、可对比、可促进的党建评估体系。建设"移动化"党建平台是党建工作创新的重要抓手，帮助党委、支部、党员更加高效开展党建工作，突破空间、时间限制，利用碎片化时间，开展党建工作，为党建工作开启了新的方式。

3. 党员层面

指导党员的学习和自我修养，加强理想信念教育和基本知识掌握。随时随地了解组织资讯，轻松参与各项组织生活，24 小时参与网上课堂学习、考试，实现知识共享。利用人脸识别技术，实时获取党员干部的在岗情况、党员活动签到情况、监督结果与党员先锋指数挂钩。建设软件+硬件一体化的“智慧化”党建平台，充分整合人脸识别技术，智能触摸屏等智能硬件，提升党建工作的科技化水平。通过会议、活动、学习等众多数据，多维度构建“党建指数”，形成可量化、可对比、可促进的党建评估体系。

4. 群众层面

让群众指导怎么监督党员和党组织，指导群众向党组织靠拢，明确入党流程和日常工作的注意事项。轻松找到组织，随时随地阅读党建资讯，开展话题讨论，对党员及党组织提出意见建议。

（二）国有企业党建智库面临的挑战

国有企业党建智库有实力雄厚的母体企业支撑，为党建智库奠定了良好的发展基础。2016 年，中国企业智库联盟及央企智库联盟的成立，为国有企业党建智库建设迎来了新的发展契机。然而，母体企业的特殊性，也为国有企业党建智库建设带来了天然挑战，需要下大力气进行解决完善。

1. 党建研究视角不够开阔

作为国有企业的内部机构，国有企业党建智库基本局限于对本部、总部或上级单位的支撑服务，过于聚焦内部，较难站在对全局、行业乃至对国家贡献的角度思考问题。而放眼于全局、行业的角度及国家的高度洞悉规律，恰恰是智库发挥决策咨询作用需要秉持的视野。只有基于该视野，研究成果才能为党建全局、行业发展及国家出台政策带来重要参考。

另外，国有企业党建智库在提供服务的过程中，往往结合党建要求和企业发展中的重大事件，或者当前遇到的瓶颈，成果通常应用于内部和当下，缺少对外部和未来的预见性，再加上对全球经济发展状况的了解有待加强，对市场整体竞争环境的察觉能力需要进一步提升，使得国有企业党建智库在支撑决策方面效用不足。

2. 对智库作用的认识不足

虽然国有企业重视智库在经营管理中的作用，但在实际操作中常常缺乏使用智库的习惯，尚未与现有决策方式有机衔接。国有企业党建智库本身也容易局限于完成既定的党建支撑任务，为决策者预判需求、开发针对性产品或服务的活力有待增强。这些直接导致国有企业党建智库的一些研究成果没有得到重视，其表现有“目前中国国有企业党建智库数量估计近百家，但在研究与评价工作中没有反映出来；少数优秀的国有企业党建智库有创新性的研究成果及方法，但并未受到经营管理决策者和研究者们的关注”。

3. 基层的价值需充分体现

国有企业党建智库通常被定位成本部、总部或上级单位的执行机构，围绕其党建需求开展工作，因此涉及政策理论层面的研究较多，对于基层的关注较少，缺乏服务一线的咨政成果及工具型成果，很容易进入只追求“高大上”，不注重“接地气”的误区。

同时，缺乏相应的工作保障机制，也使国有企业党建智库难以清楚了解基层一线的问题或挑战，造成研究成果可能具有脱离企业实际的风险。目前，国有企业党建智库尚未完全意识到自身具备的“枢纽优势”，未能找到恰当的方式促使信息从上至下、从下至上通畅传递，进而打破区域化、部门化的信息孤岛。面对既能站在更高视角思考问题，又能为一线工作贡献价值的功能期待，国有企业党建智库通常处于一种“上不去、下不来”的尴尬境地。

4. 智库人才队伍建设有待完善

从智库人员构成看，我国党建智库没有建立起严格的从业资格准入制度。对于国有企业党建智库来说，大多数党建研究人员学术背景以文科居多，而且真正研究党的建设的专业人才很少，导致定性研究多，定量研究少，智库人才的专业性水平有待进一步提高。从智库人才管理机制看，由于党建智库还没有一套较为成熟的学习培训、交流考核、晋升激励、淘汰退出机制，从国际高端智库的发展经验来看，智库的人才构成跨学科性和科研活动协同综合性是其显著特征，而国有企业智库建设相关人才缺乏在党建实践领域的多岗位、多部门历练，实践经验有待进一步丰富。

第三节 国企党建智库的主要研究内容

国企党建智库建设致力于党建理论、党建业务、党建培训、人才培养等方面的系统研究，党建培训研究是其中至关重要的一环。其主要研究内容如下。

1. 国有企业党建工作责任体系

（1）国有企业党建工作责任，包括：党组织主体责任、党建工作领导小组责任、书记第一责任、专职副书记直接责任、班子成员“一岗双责”和监督与检查。

（2）国有企业党组织书记抓基层党建述职评议考核，包括：述职评议考核范围与形式和述职评议考核方法步骤。

2. 国有企业基层组织建设

（1）国有企业基层党组织设置，包括：设立党的基层组织、基层党组织隶属关系、基层党组织工作职责。

（2）国有企业党的工作机构，包括：党的工作机构设置、党务工作人员配备、党务工作机构职责。

（3）国有企业党组织运行机制，包括：党委运行机制、纪律检查委员会工作规则、党总支运行机制、党支部运行机制。

（4）国有企业党组织换届，包括：党组织换届选举规定、党委换届选举、党总支（党支部）委员会换届选举、换届选举特殊情形。

（5）国有企业党支部组织生活制度，包括：“三会一课”制度、组织生活会制度、民主评议党员、主题党日制度、报告工作制度、党员汇报制度、谈心谈话制度。

3. 国有企业领导人员队伍建设

（1）国有企业领导人员选拔任用，包括：领导人员范围、职数及任职条件、选拔任用。

（2）国有企业领导人员教育管理，包括：领导人员教育培训、领导人员兼职。

（3）国有企业领导人员监督，包括：领导人员监督检查机制、领导人出国（境）管理和提醒、函询和诫勉。

（4）国有企业党员领导干部民主生活会，包括：民主生活会制度、民主生活会内容、民主生活会程序、民主生活会督导、双重组织生活制度。

（5）国有企业离退休干部工作，包括：离退休制度、退休干部工作及领导机构、离退休干部政治待遇和生活待遇。

（6）国有企业负责人履职待遇及业务支出，包括：履职待遇、业务支出、履职待遇有关规定。

4. 国有企业人才发展工作

（1）党对国有企业人才发展要求，包括：总体要求、基本要求。

（2）国有企业人才发展体制机制和目标任务，包括：完善体制、健全机制和重点人才发展任务。

（3）国有企业人才的培养引进，主要包括：培养人才、集聚人才、共享人才。

5. 国有企业党员队伍建设

（1）国有企业发展党员工作，主要包括：发展原则、发展党员流程、发展党员注意事项。

（2）国有企业党员教育管理，主要包括：党员教育、党员管理、党员组织关系转接和处置不合格党员。

（3）国有企业党员发挥作用的活动载体，主要包括：党员设岗定责活动、承诺践诺活动、党员示范岗、党员责任区、党员志愿服务活动、“三亮三比三评”活动。

（4）国有企业党费与党组织工作经费，主要包括：党费收缴、使用和管理、党组织工作经费。

6. 国有企业宣传思想政治工作

（1）国有企业意识形态工作，包括：党对意识形态工作的领导、意识形态工作责任制、意识形态工作重点内容。

（2）国有企业思想理论建设，包括：思想理论建设责任体系、思想理论建设工作内容、思想理论建设工作方法与途径、党委理论学习中心组学习、国有企业党校建设。

（3）国有企业思想政治工作，主要包括：企业思想政治工作的责任体系，企业思想政治工作内容，企业思想政治工作方法途径。

（4）国有企业精神文明建设，包括：精神文明建设工作责任体系、精神文明建设主要内容、精神文明建设方法途径。

（5）国有企业新闻舆论工作，主要包括：新闻舆论工作责任制、新闻舆论工作重点、新闻发言人制度、新闻舆论危机处置。

（6）国有企业文化建设，主要包括：企业文化建设责任体系、企业文化建设主要内容、企业文化建设方法途径。

7. 国有企业全面从严治党

（1）国有企业纪检监察工作，包括：监督工作、信访举报工作、审查（调查）工作、问责工作。

（2）国有企业党内监督工作，包括：党内监督的重点对象和重点内容、党内监督责任体系、党内监督整改和保障。

（3）国有企业党务公开工作，包括：党务公开原则、党务公开的组织领导、党务公开事项、党务公开形式、党务公开工作机制。

(4) 国有企业巡视巡察工作，主要包括：巡察工作组织机构，巡察工作对象、内容、方式，巡察工作程序，巡察成果运用。

8. 国有企业党的统战、群团工作

(1) 国有企业党的统战工作，包括：党对国有企业统战工作的领导、党的统战工作责任体系、国有企业统战工作主要内容。

(2) 国有企业工会工作，包括：党对工会工作的领导、工会组织的设置形式、工会组织的工作职责、工会组织的运行机制。

(3) 国有企业共青团工作，包括：党对共青团组织的领导、团组织设置、国有企业团组织工作职责。

(4) 国有企业厂务公开工作，包括：厂务公开责任体系、厂务公开范围与内容、厂务公开形式与程序、职工代表大会制度。

9. 国有企业信访与保密工作

(1) 国有企业信访工作，包括：信访主要工作、信访业务流程。

(2) 国有企业保密工作，包括：保密工作要求、保密工作责任。

第四节　国企党建智库建设路径

国有企业党建智库建设需要从问题根源着手，即在发挥母体优势的同时，解决母体特殊性引致的局限。具体来说，要在综合考虑各利益相关者基础上，对党建智库服务对象进行梳理和区分，多方位开展针对性突破，有意识地细化自身的功能定位。可将国有企业党建智库建设分为不同层次，分别满足各层次需要，并通过制度体系加以保障。其意义在于，丰富国有企业党建智库的功能，使其在满足党建工作和决策咨询研究核心功能的同时，针对企业实际需要，适当进行功能延伸。

现阶段国有企业党建智库建设仍处于探索阶段，通过多层次分步走，可不断调整、明晰发展方向，挖掘特色建设路径，使国有企业党建智库焕发出更强的生命力。

（一）国有企业党建智库建设的方向

国有企业党建智库建设可立足服务国家发展、服务企业决策和服务专业工作三个方向进行发展建设路径探索。

1. 服务国家发展

综合性的大型国有企业（央企）党建智库，建设方向可以是以服务国家发展为侧重点，为党建、行业、产业研究提供支持，这也是《关于加强中国特色新型智库建设的意见》为企业智库重点指出的方向。大型国有企业党建智库应注重发挥国有企业作为国家经济命脉的角色，以梳理反映国有企业党建工作、经营生产情况的资料或典型案例为基础，开展党的建设发展、产业发展规划、国有企业改革等研究；或围绕特定工作领域，开展国有企业与党政机关、事业单位的差异比较研究，为国家出台有关政策提供鲜活的研究素材。同时，国有企业党建智库还应积极参与国家党建与行业标准和国际标准制定，强化标准引领，促进党建政策落实、产业上下游标准对接，以标准全面提升带动先进性建设、技术创新和产业升级。

2. 服务企业决策

服务企业决策侧重为国有企业决策层面提供支持，这是智库决策咨询职能的拓展运用。国有企业党建智库应在充分调查和研究基础上，开展趋势研判，形成实用有效的咨询报告，为上级决策提供重要参考。同时，要注重调整自身定位和工作方式，不局限于完成上级部门交代的任务，主动寻找研究问题，把开展前置性研究作为常态化业务。由于预测性研究选题在具有回报性的同时，也伴随不确定性和风险性，因此既需要国有企业党建智库敢于探索，积极发挥前瞻性作用，摒弃“因噎废食”的思想包袱，也需要智库用户对研究成果具有包容精神。此外，国有企业党建智库要重视数据库建设，这是分析规律、开展决策咨询研究的基础，也是打造核心竞争力的重要途径。

3. 服务专业工作

服务专业工作侧重为党建专门化和实践层面提供支持，尤其是具体问题，例如国企收并购的民企中如何发挥党组织作用？这也是智库实用性的体现，也为智库在企业落地生根创造土壤。国有企业党建智库应加强党建专业领域资料库建设，为思想和经验传播奠定基础。

同时，可紧密围绕工作中的迫切需求，在借鉴吸收内外部经验基础上，推出针对性的产品和服务，为各层级专业工作提供工具、方法等支持，促进有关领域专业化程度和工作效率提升。另外，要注重对一线实践进行挖掘，形成论文、专著等理论成果，发挥智库理论提炼以及咨政建言的作用。

（二）国有企业党建智库的建设路径

1. 始终坚持党的领导，确保正确政治方向

国有企业党建智库为党而立、为党而言、为党而兴，坚持党的领导，把党的建设融入中心工作各个环节中去。党建研究是党的事业扎实推进的重要基础和保证。党的十八大以来，面对错综复杂的国际环境和艰巨繁重的改革发展稳定任务，以习近平同志为核心的党中央围绕党要管党、从严治党提出了一系列新思想新观点新要求，深刻回答了全面从严治党的重大理论和现实问题，为新形势下全面推进党的建设指明了方向、提供了遵循，也为国企党建智库建设把握正确政治方向指引路径。

党的十九大深刻分析中国特色社会主义进入新时代党的建设面临的新形势新任务，站在统揽伟大斗争、伟大工程、伟大事业、伟大梦想的高度，对党的建设做出全面部署。推动这些部署在国企落地见效，必须切实做国企党建智库建设与研究工作，从理论、实践、政策解读、文件整理、规划起草、教育培训、课程设计、文化建设、组织发展等各方面进行智库的智力支撑，发挥党建引领作用。

2. 突出国企党建特色，强化实际问题引领

深入研究解决党的建设的理论和实际问题，紧紧围绕贯彻落实全面从严治党这个总要求，才能推出高水平的研究成果。国有企业党建智库建设的根基在服务党建工作，必须要突出党建专业化和系统规范化的特色优势，从理论研究、政策理解、党建落实、组织学习、先进性教育、干部管理、人才培养和复杂问题解决等多方面进行党建系列化研究，形成智库品牌成果。

同时，党建智库建设要强化问题引导，突出从严治党这个主题。国有企业党建智库必须要深入学习习近平总书记关于全面从严治党的重要论述，及时总结、回顾十八大以来党的建设的伟大历史进程，包括及时总结基层在落实全面从严治党战略部署方面的新实践新经验，以及分析思考所遇到的新情况新问题，提出针对性的建议措施和整改方法。

3. 系统整合党建资源，充分发挥组织优势

由于党建长期缺乏系统性归纳汇总，一直存在党建研究只有“盆景”、没有“风景”，“星光闪闪、不见月亮”的现象，所以，国企党建智库机构要充分发挥人才和组织优势，整合党建智库资源，主动进行经验的总结归纳，把在全面推进党的建设实践中汇集的大量好做法、好经验、好模式进行系统梳理，并择优进行推广宣介。

进入新时代，我国面临的矛盾更加复杂，要开展的斗争更加艰巨。国有企业党建智库要发挥思想引领传播和资源整合优化的功能，引领人们坚决反对一切削弱、歪曲、否定党的领导和社会主义制度的言行，更加自觉地坚持党的领导和中国特色社会主义制度。坚决反对一切损害人民利益、脱离群众的行为，更加自觉地维护人民利益。坚决破除一切顽瘴痼疾，更加自觉地投身改革创新时代潮流。这些都需要专业化党建智库人才开展专业化的工作进行思想引领。

同时，更要通过党建智库的教育引领，使广大党员群众充分认识到伟大斗争的长期性、复杂性、艰巨性，发扬斗争精神，提高斗争本领，同任何贪图享受、消极懈怠、回避矛盾的思想和行为做斗争，有效应对重大挑战、抵御重大

风险、克服重大阻力、解决重大矛盾，不断夺取伟大斗争新胜利。

第五节　国企党建智库建设的保障措施

智库建设成败的关键在政策和机制上，加强对国企党建智库建设发展的顶层设计和政策引领是建设国企党建的首要保障措施。其次，要加强体制机制建设保障，良好的人才保障和制度保障是国有企业党建智库建设的基石，也是促进智库良性运转的重要环节。

（一）建立健全国企党建政策引领机制建设

政策制定、制度设计引领着智库发展，关系着智库未来的走向与成败，必须要建立健全政策引领机制建设。

1. 健全完善配套政策文件

坚持问题导向，科学分解推进党建智库建设的各项任务，厘清部门责任清单、政策需求清单，积极推出促进国企党建智库发展的配套制度和政策文件，提升制度供给能力。

2. 突出党建智库的企业特色

结合企业实际，立足于服务企业党委和管理层的决策，研究制定国企党建智库建设的中长期发展规划，明确目标，统筹安排，科学布局，分类施策，分步推进党建智库建设，通过不断努力，集中优势力量培育有影响力的党建智库产品，重点建设若干涵盖企业党建、发展战略、企业治理、公共政策、公共服务等重点研究领域的专业化高端智库成果。

3. 深化对党建智库建设重要性的认识

对党建智库建设的重要性认识不够是导致党的政策文件落地执行走样、执行不到位的主要因素之一。党建智库在助推实现法治企业建设目标进程中具有不可忽视的价值。党建智库有利于提高企业决策的科学化、民主化、法治化水平，有利于助推企业提升治理能力。有效发挥党建智库作用，需要深入开展党委、党组、各级经营管理层与智库之间的合作，将问政于智库纳入党委和管理层的决策参考体系之中，完善企业决策的程序机制，把智库参与决策咨询作为企业决策必经的法定程序。

4. 加强党建智库服务于决策的科学引导

引领党建智库立足党建工作和企业实际，妥善处理理论研究与对策研究的关系，重点针对制约党建、企业经济和发展的理论和实践问题开展研究，提出专业化、建设性的政策建议，体现政策研究的对策性、战略性和前瞻性。

5. 增强政策文件的贯彻执行力

避免政策文件流于形式、“只开花不结果”，通过开展政策文件落实情况第三方评估、加强督导检查等方式，倒逼政策文件真正落地、见到实效。

（二）创新党建智库管理体制机制建设

体制机制是智库生长发展的土壤，党建智库的健康发展需要良好的体制机制环境保障。

1. 创新优化党建智库改革路径

与其他智库相比较而言，国企党建智库在运行机制上更多地依赖于企业党委和组织的政策支持。在推进党建智库建设过程中，企业党委和组织要充分尊重智库的建设发展规律，不断创新和优化国企党建智库管理体制机制的改革路径，促进国企党建智库实现科学发展、健康发展。

2. 创新党建智库管理运行体制

积极探索不同类型智库的发展方式，搭建国企党建智库建设的体系架构、管理架构，逐步规范智库的工作机制和运行机制。比如，深化党校和科研院所体制改革，改革党建智库现有组织形式，减少管理的层级，建立智库型内部治理制度，形成有利于多出成果、多出人才的可持续发展机制，以此提升智库的综合竞争力。

3. 创新党建智库参与决策机制

加强党的领导和组织建设，为企业政策提供高质量的决策咨询服务，是国企党建智库推动企业治理能力提升的重要方式。党委、组织是智力市场的主要需求方，智库是智力市场的产品供给方。推动智库发展，需要搭建党委、组织部门与智库之间的需求供给链，加强决策需求侧与智库供给侧的紧密联系，改进决策需求信息发布、决策意见征集、决策任务委托的方式方法，尽快制定相关制度，完善组织购买决策咨询服务的供给体系，逐步形成长期的、稳定的需求供给链，从而实现供需有效对接、工作一体联动，保证智库按需开展咨政研究，尽可能地避免出现供需错位情况。同时，要注意开通党建智库咨政成果的专报绿色通道，及时向智库回应、反馈咨政成果的采纳情况。

4. 创新咨政成果评价机制

作为知识产品的一种，智库的研究成果也需有科学合理的评价机制和激励机制，从而形成良性的竞争机制和学术环境。要积极探索决策部门参与咨政成果评价的途径和方法，构建用户评价、同行评价和社会评价相结合的评价体系。把咨政成果是否进入党委、企业管理层和有关部门的决策，以及成果的质量创新和实际贡献，作为成果评价的重要考核指标。将咨政成果纳入企业评价体系，建立咨政成果与基础理论研究成果评价上的对接机制，研究制定咨政成果与基础理论研究成果并行的科研考核评价标准。

5. 创新信息资源共享机制

国企党建智库开展科学研究、提出切实可行的政策建议，离不开全面、可靠、及时的数据支撑。如果没有大量的实际数据来支持，即便提出了政策建议，其科学性、可行性也会大打折扣。为此，要加大党建智库研究成果共享平台建设力度，发布企业党建智库研究工作动态和研究成果，促进研究成果和信息资源共享。建立面向全企业的智库专家信息公开制度，在确保不泄露国家和企业秘密的基础上，简化智库专家向有关部门申请使用规划、数据等相关材料的标准和程序。

6. 创新合作协同发展机制

合作协同是集聚智库力量、重构智库发展体系的现实要求。要积极搭建决策咨询的服务平台，积极构建新型智库合作体系。比如，通过成立国企党建智库联盟和国企战略研究联盟机构等方式，承担重大决策咨询和各类智库联系的服务职责；支持各类智库进行联合研究，促进智库资源从分散化向集聚化转变，从封闭转向开放，从独立转向协同创新，推动形成地方智库研究合力。

7. 创新经费管理使用机制

深化科研经费管理改革，研究制定符合党建智库运行特点的、相对灵活的经费管理使用制度，把人力资本作为经费配置的首要因素，充分体现智库研究的智力报偿，支持内部成果购买和后期资助奖励，破除传统报销制度对科研活力的禁锢，从根本上解决科研人员经费使用难问题。设立党建智库发展基金，出台鼓励社会向智库投入的优惠政策，通过政策引导社会福利资金的参与，促进形成多元化的智库筹资运行机制，破解智库经费来源渠道单一问题，提升智库生存发展能力。

（三）建立健全人才队伍建设保障机制

人才资源是智库建设发展的第一资源。加强国企党建智库建设，必须高度重视智库人才队伍建设，应围绕重点领域，突出需求导向，加快形成服务于党委和企业组织决策的高端人才库。

1. 建立复合型专业研究人才队伍机制

国有企业党建智库要主动畅通人才交流渠道，通过建立柔性的人才管理机制，引进具有丰富工作经验的骨干作为智库成员，还应为智库成员创造岗位锻炼等接触实践的机会，促进智库成员前瞻和预判能力提升。同时，要注重为每个研究项目配置多元化的项目成员，保证多元化的研究视角。

2. 建立高端人才与党建智库协作机制

采取双向选择方式，引导高端人才更多参与国企党建智库的咨政研究工作和发展建设工作。坚持以习近平新时代中国特色社会主义思想为指导，全面贯彻落实党的十九大和十九届五中全会精神，深入贯彻落实新时代党的组织路线，认真贯彻落实公司干部人才工作会议精神，坚持党管干部、党管人才，努力打造一支政治过硬、能力突出、发展需要的高素质干部人才队伍。

3. 打造更加灵活的党建智库人才管理机制

探索建立重点智库的机动编制，用于引进学术带头人或者紧缺专业人才，比如，可以本着先松后紧的原则，允许智库在一定程度内超编引进高层次人才，超编问题逐步由单位内部自然消化解决。

4. 鼓励党建智库柔性引进外部智力

推动党建智库单位建立智库外聘专家管理制度，在外聘专家的职称评聘、劳动报酬、课题经费使用等方面做出明确规定，以提升人才引进的吸引力。

5. 坚持开放办智库理念

在事业单位去行政化背景下，推动党建智库科研人员与党政机关人员之间的无障碍流动，需要制度性的保障，应学习借鉴国内外等优秀的智库建设经验，加快研究出台具体措施，探索国企党建智库人员流动与激励制度。完善党建智库人才到企业党政机关部门挂职锻炼、党政机关部门业务骨干到智库机构挂职锻炼机制，推动解决某些政策不接地气、智库研究成果与决策需求之间脱节等问题。

6. 推行党建智库人才培养工程

立足企业实际需求，有针对性地培养智库人才。发挥党校人才培养优势，拓宽党建智库人才培养通道，培育既有深厚理论功底又有解决实际问题能力的人才，形成老、中、青相结合的梯形智库人才队伍，助推党建智库发展水平提升。

（四）建立健全规范化制度保障机制

制度保障是国企党建智库管理运营和可持续发展的关键，必须要在规范化制度建设的基础上，建立健全制度保障机制。

1. 健全运营管理机制，提高运营管理水平

通过规范服务流程、明确职责分工，降低临时性、零散性、可替代性高的业务比重，达到加强运营管理、提升服务质量、畅通成果归集渠道的效果，为智库长远发展蓄势积能。

2. 建立过程保障机制，提升创新探索活力

创设同服务对象沟通和反馈的渠道，并在研究过程中积极取得服务对象在信息资源方面的支持，营造鼓励思想创造的空间，促使研究定位更加精准，思想更加开放，视野更加广阔。

3. 完善成果激励机制，提供持续运转动力

加强对研究成果的梳理总结和优化展示，适时推动成果转化与落地。有效衡量研究贡献，设计合理可行的共享激励方式，增强智库成员的价值认同，激发其工作动力。

（五）建立健全长效化管控机制

国有企业党建智库建设要立足长效化管控机制建设，从工作规范、流程管

控和合作机制等方面进行保障建设。

1. 建立健全工作规范机制

建立党建智库工作规则，规范了事前审批、项目准备、正式实施、成果提交、效果评估、资料归档等工作流程，同时也明确了服务过程中的职责分工和纪律要求，提高了智库需求方和供给方的重视程度，促进委托任务层次和交付成果质量提升。

2. 建立健全流程管控机制

建立协同研究工作机制，推进公司组织人事系统课题研究，发挥专业优势、加强全流程管控，促进研究成果质量提升。

3. 建立健全对外合作机制

积极利用国企党建智库建设平台，加强与内外部的合作联动机制。积极与智库研究机构建立合作关系，并利用多种宣传渠道扩大智库的影响力。

第四章　国企基层党建培训工作创新

第一节　国企基层党建教育培训体系创新

2018年，中共中央印发了《2018—2022年全国干部教育培训规划》，并发出通知，要求各地区各部门结合实际认真贯彻落实。干部教育培训是干部队伍建设的先导性、基础性、战略性工程，在进行伟大斗争、建设伟大工程、推进伟大事业、实现伟大梦想中具有不可替代的重要地位和作用。当前，广大党员干部要认真学习贯彻《2018—2022年全国干部教育培训规划》，围绕新时代党的建设总要求和新时代党的组织路线，以线上线下相结合的模式，通过“抓点、布线、构面、建网”，努力形成“点线面网”立体式干部教育培训体系。

（一）抓点，突出教育主题

坚持把深化教育主题作为提高干部教育实效性的重要方法，着力突出主题学习：一要突出时代热点，紧密围绕党的十九大和十九届二中、三中、四中、五中全会精神，认真落实新时代党的建设总要求，贯彻落实新时代党的组织路线，以学习贯彻习近平新时代中国特色社会主义思想为首要任务，以坚决维护习近平总书记的核心地位、坚决维护党中央权威和集中统一领导为最高政治原则，以坚定理想信念宗旨为根本，以全面增强执政本领为重点。二要突出理论重点，在大力开展习近平新时代中国特色社会主义思想教育培训的同时，组织广大干部深入学习马克思列宁主义、毛泽东思想、邓小平理论、“三个代表”重要思想、科学发展观，原原本本学习和研读经典著作，学习掌握马克思主义哲学、政治经济学、科学社会主义，学习掌握中国特色社会主义理论体系，学习掌握贯穿其中的马克思主义立场观点方法，真正做到真学真懂真信真用。三要突出实践难点，紧密围绕为决胜全面建成小康社会、夺取新时代中国特色社会主义伟大胜利、实现中华民族伟大复兴的中国梦提供有力保证的伟大实践，围绕建立源头培养、跟踪培养、全程培养的素质培养体系深化干部教育培训改革，瞄准干部队伍素质能力建设短板，着力提高培训针对性有效性，高质量教育培训干部、高水平服务党和国家事业发展。

（二）布线，覆盖教育主线

坚持把贯穿教育主线作为提高干部教育针对性的重要途径，着力贯穿主线的学习：一要贯穿党性教育主线，加强理想信念教育，教育引导党员干部挺起共产党人的精神脊梁。加强党章学习培训，教育引导党员干部自觉尊崇党章、模范践行党章、忠诚捍卫党章。加强党规党纪特别是政治纪律和政治规矩教育，引导干部知敬畏、存戒惧、守底线。加强党的宗旨和作风教育，引导干部深入贯彻以人民为中心的发展思想，践行全心全意为人民服务的根本宗旨。加强党内政治文化教育，引导干部自觉增强党内政治生活的政治性、时代性、原则性、战斗性。加强党史国史、党的优良传统和世情国情党情教育，引导干部传承红色基因，永葆政治本色。二要贯穿专业能力主线，紧紧围绕统筹推进“五位一体”总体布局和协调推进“四个全面”战略布局，聚焦贯彻落实新发展理念、深化供给侧结构性改革、数字化转型和推动“一带一路”建设等党中央重大决策部署，突出问题导向、实践导向，组织开展务实管用的专题培训，引导和帮助干部丰富专业知识、提升专业能力、锤炼专业作风、培育专业精神，不断提高适应新时代中国特色社会主义发展要求的能力，贯彻落实“干部专业化能力提升计划”。三要贯穿知识培训主线，着力培养又博又专、底蕴深厚的复合型干部，使之做到既懂经济又懂政治、既懂业务又懂党务、既懂专业又懂管理。加强党的路线方针政策和宪法法律法规学习培训，开展经济、政治、文化、社会、生态文明、党建和哲学、历史、科技等各方面基础性知识学习培训，开展互联网、大数据、云计算、人工智能等新知识新技能学习培训，帮助干部完善履行岗位职责必备的基本知识体系，提高科学人文素养。加强形势任务教育，引导干部统一思想、把握大局，居安思危、坚定信心。

（三）构面，面向教育主体

坚持把规范教育分类作为增强干部教育科学性的重要内容，着力面向主体的学习：一要面向基层层面，着眼培养守信念、讲奉献、有本领、重品行的高素质专业化基层干部队伍，以提高发展经济、改革创新、依法办事、化解矛盾、做群众工作等能力为重点，加强基层干部特别是乡镇（街道）党政正职、村（社区）党组织书记的培训。突出基层教育的实践性，提高基层干部服务群众、发展基层的能力。二要面向青年层面，着眼培养造就忠实贯彻习近平新时代中国特色社会主义思想、符合新时期好干部标准、忠诚干净担当、数量充足、充满活力的高素质专业化年轻干部队伍，突出理想信念宗旨教育、思想道德教育、优良作风教育，加强年轻干部政治训练和实践锻炼，不断促使年轻干部增强素质、增加知识、增长才干。三要面向领导层面，围绕培养造就信念过硬、政治过硬、责任过硬、能力过硬、作风过硬的执政骨干队伍，以提高政治素质、增强党性修养为根本，以提升专业能力为重点，突出党的群众路线教育，加强各级领导班子成员的培训，提升党政领导班子和领导干部统揽全局、统筹协调的本领。

（四）建网，建构教育主网

坚持把丰富教育形式作为提高干部教育多样性的重要方式，着力建构主网的学习：一要建构授学网络，立足功能定位，加强各级党校（行政学院）、干部学院主渠道主阵地建设，加强各级社会主义学院建设，坚持以教学为中心，紧扣主责主业，深化教学科研管理改革，突出教师主导作用和学员主体地位，不断提高办学质量。坚持从严从实，加强现场教学基地建设，出台党性教育基地规范化建设意见。完善社会培训机构参与干部教育培训机制，开展清单式管理试点。鼓励干部教育培训机构开展交流协作，推动优质培训资源共享。二要建构自学网络，充分利用干部在线学习等平台载体，统筹整合网络培训资源，推动干部教育培训和互联网融合发展，积极探索适应信息化发展趋势的网络培训有效方式，推行线上线下相结合的培训模式，建立健全干部自主学习的激励和保障机制，建设在线学习精品课程库，迭代开发移动学习平台，同时严把网络培训的政治关、质量关、纪律关。三要建构互学网络，根据培训内容要求和干部特点，改进方式方法，开展研讨式、案例式、模拟式、体验式等方法运用的示范培训。探索运用访谈教学、论坛教学、行动学习、翻转课堂等方法，鼓励搭建演讲赛、辩论会、读书讲坛、读书交流会等活动载体，鼓励干部上台讲学、上会互学、上场比学，构建起各地广大干部互学共进、互勉共促、互动共补的制度氛围。

“线上+线下”创新结合模式，让党旗在“云端”高高飘扬，用党员干部喜闻乐见的方式做好党建的同时又抓好业务建设。深入贯彻落实全面从严治党要求，立足宗旨意识牢、服务品质好、工作作风硬、党风政风强，创新党员教育培训方式，开展“线上+线下”党员学习教育活动，着力打造党建教育培训特色品牌。

第二节　国企基层党建教育培训组织形式创新

（一）线下党建培训组织体系

线下党建培训组织坚持“四位一体”工作方式开展，在职责定位上，坚持以习近平新时代中国特色社会主义思想为指导，认真落实《中国共产党党校工作条例》等党内法规要求，把“固根铸魂”“补钙壮骨”作为“党建培训智库”的主要任务，着力培养“四讲四有”合格党员队伍。在培训对象上，以广大基层党员、党员领导干部成员为主，同时将入党积极分子、党员发展对象纳入培训范围。在课程设置上，将理想信念教育和党性教育作为主业主课，在教学安排中不低于总课时的 70%，确保每年基层支部书记进课堂培训不少于 24 学时，普通党员进课堂培训不少于 16 学时。在教学方式上，采取“集中授课+党性教育+实践锻炼+线上学习”等灵活多样的方式，不拘一格开展党员教育培训工作。同时，通过面向社会公开竞单、提供有偿服务等模式，把社会培训机构、高等院校师资引入“党建培训”教学中，更好地满足广大基层党员日益多样化、个性化的培训需求。充分利用专题党课教育载体，组织党员上台讲课，推进“两学一做”学习教育常态化制度化，提升党员学习教育效果，强化党员在党意识。

（二）线上党建培训体系建设

“线上+业务”推动党建业务深度融合。“线上+党课”提高党员政治思想素质。坚持党员集中学习与分散自学相结合，学习党的理论与学习业务知识相结合。为进一步贯彻落实运用信息化手段加强党建工作的全新要求，深化党建教育培训工作，创新党建培训学习形式，提升党员学习的积极性和主动性，创新打造线上党建智慧学习平台，实现党建教育培训工作科技赋能，开启党员线上学习新形式。

线上党建智慧学习平台是集线下培训与线上学习于一体的智慧化党建学习平台。一方面，线下学习活动可以通过平台进行从申报、审核到开展、记录、归档等全流程的管理，做到学习全过程留痕，高效统一管理。另一方面，平台提供线上学习的试题库、资料库，管理员可以通过管理后台对学习资料进行统一管理，可以根据党组织的学习需求制定学习计划，科学规划课程。党员可以通过手机端随时随地查看学习资料，进行考试。

传统党建学习工作主要依赖于线下集体学习，模式相对单一，形式相对传统，缺乏创新性。同时，由于需要集中学习，学习时间和地方往往需要多次协调，党员也常常面对业务工作与党务工作之间的冲突，学习压力和负担较重。线上党建智慧学习平台的出现，有效解决了这些问题，管理者通过线上发布和组织学习任务，党员在规定时间内可以灵活机动地在手机端进行学习，自行调节学习的时间，不受时间和空间的限制。为党建学习工作带来了极大的便利。

（三）新时代智慧党建培训体系创新

2011年，习近平总书记在全国组织部长会议上的讲话明确提出："各级党委要高度重视信息化发展对党的建设的影响，做到网络发展到哪里党的工作就覆盖到哪里，充分运用信息技术改进党员教育管理、提高群众工作水平，加强网络舆论的正面引导。"党建教育学习工作一直是党建工作的重点内容，智慧党建的出现为党建学习提供了更加高效便捷的方法和科学化、智慧化的载体。相信在智慧党建的助力下，新时代党建工作必将迎来更好的发展。如何建立健全智慧党建已经成为各党组织的重中之重。

1. 基层党建工作普遍存在的难题

随着"四个全面"战略布局落地，以及党内一系列重大实践活动、学习教育的组织实施，基层党建呈现出良好态势。但与新形势、新任务、新要求相比，各地党建工作普遍面临三个日益突出的难题。

（1）传统党建方式存在盲区。少数地方党建创新意识不强，存在老办法不管用、新办法不会用的现象，尤其网上阵地意识不强，久而久之影响党组织战斗力。一些党建难题有待深入破解，比如非公企业和社会组织党组织"重建轻管"现象；流动党员教育培训管理出现"真空地带"，一些流动党员做起了"隐形"党员，淡化了身份意识和组织意识；党员教育培训不均衡，普通党员参与组织活动及教育管理较少。

（2）党组织平时考核不够到位。传统的教育管理模式缺乏党组织和党员活动的实时纪实，往往只是在年底考核时通过查看资料进行考评，导致部分党组织缺乏经常性活动总结，一些党组织甚至在考核前夕一夜之间形成考核材料，导致组织部门无法对党组织开展活动进行动态量化评判。

（3）党组织功能不尽完善。少数基层组织开展活动不接地气，手段陈旧，缺乏吸引力，缺少全方位互动，导致党员参与学习的热情不高、动力不足。学习教育"党味"不浓，"三会一课"制度坚持不力，甚至少数支部活动存在简单化、形式化、娱乐化倾向，影响了党组织活动的严肃性。少数党组织功能不优，党员群众时有怨言。

针对上述三大难题，坚持以改革创新的精神，积极寻求破解办法，特别是在推进党员教育信息化上率先作为，努力探索以信息化推动党建科学化的新路子。

2. 基层智慧党建培训建设思路

强化基层党组织整体功能需要加快党员教育信息化建设，党员教育信息化平台是顺应形势发展的创新载体，要研究、适应、用好新媒体，把党员教育信息化平台办出特色、办出品牌、办出影响、办出成效，为各地全面加强党员教育信息化工作提供重要指引。在此背景下，"智慧党建"模式应运而生，其主要实现了以下四个方面：

（1）构筑"互联网+党建培训"的新模式。将互联网、大数据、云计算等新技术应用到党的建设中，实现党建与现代信息技术的融合，为基层党建发展插上了"信息化的翅膀"。通过广泛宣传引导，较好引导各级党组织树立互联网思维，丰富了党建工作的时代内涵。

（2）找准建强支部的新路子。以全程纪实党组织建设情况为切入点，"倒逼"党组织建强堡垒，建立起整顿软弱涣散党组织的长效机制，建强了支部，提高了凝聚力。进一步巩固了基层党建工作的"网上阵地"，彰显"网上党支部"的功能，让党组织的影响力无处不在。

（3）顺应党员群众的新期盼。特别是结合"两学一做"学习教育，依托平台加强纪实考核，改进党员学习方式，大大提高了党内组织生活的规范化程度，充分激发了广大党员参加学习教育、争当优秀党员的内生动力。通过倾力打造"党群之家"，真正打通了"最后一公里"，满足了党员、群众多元化需求。

（4）实现了党员教育管理智能化。真正打破了束缚基层党建工作的障碍壁垒，创新党员教育管理方式，搭建"空中课堂"升级版，推动学习教育方便、快捷、灵活，大大提高了组织生活的规范化程度，也多方面展示了党员队伍的良好精神风貌，顺应了党员、群众的新期盼。

3. 基层智慧党建培训工作体系

"智慧党建培训"是个宏伟工程，必须以创新理念健全完善工作体系，主要体现在设计、应用、保障和人才队伍建设等方面。

1）顶层设计是基础

智慧党建要运行好，制度设计是基础，首先必须要有一套完善的制度体系，同时又要发挥使用者的主观能动性。制度的设计要兼顾时代的特征，对服务内容、服务形式、服务时效等制定简单划一的工作标准，又要有体现时代特色、具有个性化的服务标准。

2）普及应用是目的

智慧党建的普及应用是服务基层党建工作的最终目的，而要加大智慧党建宣传力度，切实提高智慧党建的应用水平和普及程度，必须要实现线上线下相结合、虚拟与现实相结合，要坚持党建工作在虚拟世界与现实生活两种空间同步推进。因此，在基层党建工作中要经常性组织党务干部开展“智慧党建”平台专题培训，特别是老党员和流动党员的培训力度。建立智慧党建推广应用的长效工作机制，实现平台日常工作规范化、常态化。要按照方便党员、方便群众、方便组织的原则，要建立开放式的党组织覆盖体系，运用建立“网络支部”、区域化党组织等方式，探索把党的组织建立在网上、工作覆盖到网民党员，并依托信息化党建工作平台。

3）安全可靠是保障

党建网络的建设不同于其他网络建设，其政治性、严肃性、保密性和安全性尤为突出和重要。智慧党建的信息要做区分，哪些可以公开哪些不能公开，防止商业机构利用智慧党建信息。要严格按照党的工作的性质、原则、范围、保密程度等方面的要求，对党务信息进行分类、分级界定，确保党组织上网的安全性。

4）人才队伍建设是关键

进一步推动全面建设智慧党建工作，要建立一支由网络信息技术人才、党务工作人才、平台管理人才、新闻通讯人才组成的专业人才队伍。还要建立一支由普通党员组成的平台兼职通讯员队伍作为补充。定期加强对人才队伍的管理和业务指导和培训，提升智慧党建平台管理维护水平。

第五章　国企基层党建培训工作实践

第一节　红色精神传承

红色精神是指共产党的红色精神，最早表现为一九一九年的“爱国、进步、民主、科学”的“五四精神”，其核心是爱国主义。在中国共产党100年的历史中，形成了很多可歌可泣的“红色精神”。如“军民团结、艰苦奋斗”的井冈山精神，“不怕艰难险恶”的长征精神，“改变作风、提高素质”的延安精神，“艰苦奋斗、勇于开拓”的北大荒精神，“谦虚谨慎、戒骄戒躁、艰苦奋斗”的西柏坡精神，“自力更生、艰苦奋斗、勇攀科学高峰”的两弹一星精神。中国共产党波澜壮阔的革命史、惊天动地的建设史、披荆斩棘的改革史孕育出丰富多彩的红色资源，淬炼了昂扬向上的红色文化，构筑起绵延不断的精神谱系。在党百年华诞之时，用光辉历史涵养初心使命，用红色文化赓续精神谱系，用信仰之光谱写时代华章，恰逢其时。

习近平总书记在庆祝中国共产党成立100周年大会上，明确提出了“坚持真理、坚守理想，践行初心、担当使命，不怕牺牲、英勇斗争，对党忠诚、不负人民”的伟大建党精神。这是中国共产党的精神之源，是贯穿中国共产党人精神谱系的一条红线，是推进党的建设新的伟大工程、全面建设社会主义现代化国家、实现中华民族伟大复兴的强大精神动力。国有企业深入学习践行伟大建党精神，落实国有企业改革三年行动和数字化转型方案，摸索创新、总结经验、解决问题、推动工作，在攻坚克难上见真章、在稳扎稳打下向前进、在担当作为中求实效，把从伟大建党精神中汲取的智慧和力量转化为推进国有企业高质量发展的实际行动和成效。

以伟大建党精神为引领，国有企业要始终“坚持真理、坚守理想”，坚持实事求是、坚持发展就是硬道理、坚持发展为了人民。国有企业是公有制经济的核心，是新型举国体制的中坚力量，承担着“关键核心技术、重大社会责任、科技前沿领域”攻坚克难的使命，是“国之重器、国之利器”，为社会发展、经济独立和国家安全打下了坚实的物质基础。国有企业要坚持改革、发展不动摇，要用真理绘就理想，用理想验证真理。新时代国有企业坚持真理，最根本的就是要切实学懂弄通做实习近平新时代中国特色社会主义思想，系统把握贯穿其中的马克思主义立场观点方法，不断提高政治判断力、政治领悟力、政治执行力，始终在政治立场、政治方向、政治原则、政治道路上同党中央保持高度一致，以实事求是的定力，绘就民族复兴的伟大蓝图。

以伟大建党精神为引领，国有企业要始终“践行初心、担当使命”，把“为中国人民谋幸福、为中华民族谋复兴”铭刻在心。国有企业要始终把握正确政治方向、强化思想武装，坚持使命担当、筑牢国之重器。国有企业要坚持以人为本，始终坚持“以人民为中心”的发展理念，以担当作为取信于民，以实际行动引领群众，不断增强国企员工的使命感、责任感、成就感，增强企业的凝聚力、向心力、战斗力，以“我为群众办实事”的实际行动践行党的根本宗旨和初心使命。新时代推进国企高质量发展，必须要胸怀“两个大局”，牢记“国之大者”，聚焦习近平总书记重要讲话和重要指示批示精神落实、中央巡视巡查反馈问题整改，围绕贯彻新发展理念、构建新发展格局、推动高质量发展等党中央重大决策部署，把政治担当与生产任务相结合，深化改革、转型升级、攻坚克难、创新发展。

以伟大建党精神为引领，国有企业要始终“不怕牺牲、英勇斗争”，敢于冲锋陷阵、攻坚克难，勇于向“高精尖”端科技和前沿技术宣战。国有企业作为党和国家发展的排头兵、稳定器，必须敢负责、敢担当、勇拼搏、讲奉献，统筹中华民族伟大复兴战略全局和世界百年未有之大变局，深刻认识我国社会主要矛盾变化带来的新特征、新要求，勇于进行许多具有新的历史特点的伟大斗争，发扬党敢于斗争、善于斗争、敢于胜利的传统精神，勇于战胜一切风险挑战。国有企业在市场化变革中，要加快推进治理变革和数字化转型，通过数字化技术应用，提高效率、提高精度、提高质量，在守正创新中破解难题、开创新局。同时，国有企业要同腐败作英勇斗争，坚定不移惩贪治腐，持之以恒正风肃纪，完善制度机制、严格制度执行，坚决整治形式主义、官僚主义，强化权力约束与监督，一体推进不敢腐、不能腐、不想腐，让新风正气不断充盈、企业治理日臻完善，始终确保党不变质、不变色、不变味。

以伟大建党精神为引领，国有企业要始终“对党忠诚、不负人民”，把对党忠诚作为首要的政治品质，始终把人民放在发展的最高位置。国有企业肩负着维护党中央权威和集中统一领导的重大使命，要把对党忠诚体现在对党中央、党的信仰、党的理论和党的路线方针政策的忠诚上，要紧紧围绕“两个维护”强化政治担当，确保国有企业在任何时候任何情况下都站得稳、靠得住、守得牢。对党忠诚就是不负人民。国有企业要始终树牢以人民为中心的政治立场，着力推动解决职工群众“急难愁盼”问题，实现好、维护好、发展好最广大人民根本利益，不断增强人民群众的获得感、满足感、幸福感，以高质量发展实效取信于民。

历史是最好的教科书，党史是最好的营养剂。学习红色历史，重温精神血脉，牢记初心使命，砥砺奋进前行。回忆红色足迹，感悟红色故事，传承以伟大建党精神为谱系的红色精神，赓续红色血脉，守护红色江山，推进红色事业。以百姓心为心，与人民同呼吸、共命运、心连心。弘扬红色精神，传承红色基因，从党史中汲取精神力量、赓续精神血脉。红色足迹，踏遍千山万水；革命精神，汲取奋进动力！

传承红色基因，守护红色江山。学习传承中国共产党在长期奋斗中铸就的伟大精神，深刻领会中国共产党成功推进革命、建设、改革的宝贵经验，不断凝聚起奋进新时代的强大力量。历史在人民的探索和奋斗中造就了中国共产党，中国共产党团结和带领人民创造了历史的辉煌。“走得再远，走到再光辉的未来，也不能忘记走过的过去，不能忘记为什么出发。”对党的历史把握得越科学越透彻，人民就越能以坚强的政治定力推动中国特色社会主义大道越走越宽广。广大党员干部当学深、学实、学透党史，从中探索规律经验与发展逻辑，吸取失败与挫折的历史教训，以共产党人矢志不渝的信仰明智增信、身体力行，把握时代大势、抢抓历史机遇，勇向潮头立。在党史镌刻的时代纹路中读懂中国共产党为什么能的精神密码，在发展事业的攻坚战、持久战中强化意志力，创造更加辉煌的业绩。增强政治领悟力和政治定力，强信仰、踏实地、勇担当，以昂扬自信的姿态奋进全面建设社会主义现代化国家新征程，为党和国家的发展事业注入强劲动能。

传承红色基因，建设强大中国。传承革命精神，矢志振兴祖国。沿着先辈的足迹，汲取历史教训，为中华民族的伟大复兴而奋斗，这应该是我们这一代中国人始终坚持的信念。红色足迹，前进动力。坚持继承和创新相结合，结合时代条件发扬党的光荣传统和优良作风，把革命先烈为之奋斗、为之牺牲的伟大事业奋力推向前进。先烈忠魂，激励后人。用革命历史和红色基因进一步加强爱国主义、集体主义、社会主义教育。发挥社会主义核心价值观的主导和引领作用，凝魂聚气、强基固本，通过高度的民族凝聚力将全民族组织起来、团结起来。坚守中华文化立场，抵御西方的文化渗透，使全民族的文化自信、文化自觉和文化凝聚力显著提高。更好构筑中国精神、中国价值、中国力量，向着社会主义文化强国不断迈出坚实的步伐。牢牢把握时代特征，坚持科学理论、坚定理想信念、铸牢文化自信。传承好中华民族的红色基因，建设好中华民族的共有精神家园，不断培育时代新人，增强全民族的凝聚力、发挥创造力，从而汇聚起更加磅礴的力量，铸就中华文化新辉煌，奋力实现中华民族伟大复兴。

恪守人民情怀，勇担历史重任。每一位共产党员都应怀崇仰之情、恭敬之心，在学习党史中进一步深刻认识我们党先进的政治属性、崇高的政治理想、高尚的政治追求、纯洁的政治品质。传承红色基因，坚定理想信念，恪守人民情怀，勇担历史重任。通过党史学习教育，要从党的百年历史中追根溯源，让初心和使命成为锐意进取、真抓实干的内生动力，从而不断提高自己应对风险挑战、解决问题、推进实际工作的能力。人民是我们党执政的最大底气，是我们共和国的坚实根基，是我们强党兴国的根本所在；党的一切工作都是为了实现好、维护好、发展好最广大人民根本利益。团结聚力，壮志凌云。学习党史还要体现在为民服务、为民办实事上，我们要始终把人民放在心中最高位置，努力践行全心全意为人民服务的宗旨，坚持人民立场。热情周到服务，做人民群众的知心人、贴心人、暖心人。只有对“我是谁”“为了谁”“依靠谁”的问题保持清醒，站稳人民立场，坚持人民至上，才能交出一份无愧党和人民的时代答卷。

弘扬红色基因，奋斗书写华章。新时代，面对新机遇，新使命，新挑战，党员干部只有在不断提升自身修养和工作能力上严格要求、走在前列，才能在新时代赓续共产党人的精神血脉，在全面建设社会主义现代化国家的新征程上建功立业。长久以来的接续奋斗中，党领导人民创造了伟大历史，铸就了伟大精神，形成了宝贵经验，使中华民族迎来了从站起来、富起来到强起来的伟大飞跃，创造了中华民族发展史、人类社会进步史上的伟大奇迹。中国共产党的历史是中国近现代以来最为可歌可泣的篇章。唯有不忘初心，方可告慰历史、告慰先辈；方可赢得民心、赢得时代；方可善作善成、一往无前。“十四五”时期是我国在全面建成小康社会、实现第一个百年奋斗目标之后，乘势而上开启全面建设社会主义现代化国家新征程、向第二个百年奋斗目标进军的第一个五年。2021 年是实施“十四五”规划、开启全面建设社会主义现代化国家新征程的第一年，我们再次站在新的历史关头。在新的征程上，必须齐心协力干、加油好好干，向第二个百年奋斗目标奋勇迈进。

中国百强教育联盟为深入学习、深刻领会习近平总书记关于传承红色文化、开展红色教育的重要论述，把习近平总书记的重要讲话和指示批示部署安排落实到央企红色文化培育中来，细化到央企红色教育基地建设中去，融入红色文化深入研究之中。要用好用活红色资源，进一步提高认识、强化保障、激发活力、扩大宣传，扎实推进中央企业红色教育基地建设。要牢牢把握政治方向，精心组织红色文化理论研究，努力打造高质量的精品力作，汇聚起推进企业改革发展的强大精神动力。重点推荐线路为韶山、嘉兴、井冈山、瑞金、古田、遵义、延安、西柏坡、沂蒙、红旗渠①。

---

① 详细红色精神学习教育路线参考中国百强教育联盟。

第二节　国企基层党建培训智库建设
——提供系统化党建培训解决方案

中国企业教育百强党建智库中心是集线上党建思想理论建设学习、线下党建实务集中培训、党建实操模拟训练和革命圣地现场教学“一站式”的综合性高端智库，以全面从严治党要求、提高党的建设质量为宗旨，全面为国有企业基层党建培训工作做好服务保障，在推动国企党建工作高质量发展的同时，也开创一种新的党建智库建设模式，把党建教育培训工作推到新的高度。

（一）基础理论研究

党建基础理论研究，为构建中国化的马克思主义党建理论体系做出贡献。（1）系统开展对中国化的马克思主义党建理论体系研究，形成系统化党建咨询方案，现已开展多家企业党建品牌规划、党史展馆、党风廉政馆建设。（2）积极推进党建学科体系、学术体系与教材体系建设，每年度将广泛与企业合作开展党建研究，出版理论专题书籍。（3）搭建线上党建思想理论建设学习平台，依托中共中央党校（国家行政学院）、中国社会科学院等单位打造权威性、及时性、多样性线上课程 10000 多学时。内容主要涵盖党的建设、经济建设、政治建设、文化建设、生态文明建设、领导人讲话精神、时政热点、重大会议精神解读等。

（二）党史党建研究

加强对中国共产党建设史和党建思想史的研究，深化对中国化的马克思主义党建理论体系思想脉络和丰富内涵的认识。开展革命圣地现场教学“一站式”的综合性教育，先后在韶山、井冈山、瑞金、古田、遵义、延安、西柏坡、红旗渠、沂蒙等红色圣地设立党性教育培训基地，面向全国党政机关、企事业单位定制展开“重走红色足迹、迎接建党百年”系列党员教育培训课程，课程采用现场教学、体验式教学、激情教学、情景教学、专题教学、红色访谈教学等多种方式、多角度、全方位去感染、教育人，让每一位学员在切身的实际活动中领悟和传承红色精神，让红色血脉得以延续，发扬光大。

（三）线上线下系统综合培训课程开发

线下党建实务实操培训：依托百强获奖单位党建示范单位，整合一批党建理论深厚和党建实务实操经验丰富的国企党校教师和企业党建专家作为师资团队，重点是对企业基层党委、党总支、党支部服务，为企业基层党组织提供党建措施，把党建优势变成为企业发展优势，以党建促企业的改革发展。

通过党建培训基础研究、线上线下培训、红色路线课程提供系统化党建培训解决方案，建设联盟党员党性教育“重要阵地”。坚持正确的党建培训教学和党建咨询方向，聚焦党建主业主课，把党的理论教育和党性教育作为联盟教学和科研咨询的首要任务，使党的思想和理论更加系统进教材、更加生动进课堂、更符合实践进方案、更有成效进头脑。充分发挥好联盟在党的理论教育上的阵地作用和在党性教育上的大熔炉作用，为联盟党员补钙壮骨、立根固本，为公司战略实施提供坚强的思想支撑。

参考文献

[1] 习近平谈治国理政（第三卷）[M]．北京：外文出版社，2020.

[2] 本书编写组．国企改革若干问题研究 [M]．北京：中国经济出版社，2017.

[3] 北京市国有资产监督管理委员会党建工作指南编写组．新时代北京国有企业党建工作指南 [M]．北京：中共中央党校出版社，2019.

[4] 中共中央党史和文献研究院　中央“不忘初心、牢记使命”主题教育领导小组办公室．习近平关于“不忘初心、牢记使命”论述摘编 [M]．北京：党建读物出版社　中央文献出版社，2019.

[5] 吕虹．新时代党支部工作实务与创新手册（图解版）[M]．北京：北京日报出版社，2020.

[6] 国企党建丛书编写组．国有企业党建工作手册 [M]．南宁：广西人民出版社，2017.

[7] 中共中央宣传部．习近平新时代中国特色社会主义思想三十讲 [M]．北京：学习出版

社，2018.

［8］本书编写组．毛泽东思想和中国特色社会主义理论体系概论（2021 年版）［M］．北京：高等教育出版社，2021.

［9］中共中央办公厅．2019—2023 年全国党员教育培训工作规划，2019.

［10］中共中央政治局．中国共产党党员教育管理工作条例，2019.

第二篇

实践篇

航天青年马克思主义者培养工程的创新实践

中国航天科技国际交流中心

荣晓慧　于穆涵

【企业简介】

中国航天科技国际交流中心是航天新闻传播的主阵地、科技出版发行的主渠道、特色文化创意的主力军、人才培育服务的主基地和国际科技交流的主平台。中心坚持“高端引领、创新驱动、有效融合、协同发展”，立足航天、支撑集团、面向市场、服务社会，打造中国航天知识经济领导品牌，成为中国文化产业知名企业、高科技人才培育服务基地、国际科技交流合作高端平台。中心同时承担中国宇航学会、中国空间法学会、集团公司新闻中心（中国航天报社）、集团公司党校（航天培训中心）、航天人才交流服务、航天国际交流、航天图书出版等行业和集团公司的相应职能。主业包括新闻传播、学术交流、图书出版、人才服务、教育培训、文化创意等业务板块。

一、创新成果背景

为了进一步推动马克思主义理论在青年中的广泛传播，为党培养和输送青年政治骨干，按照《关于深入实施青年马克思主义者培养工程的意见》（中青联发［2020］5号）相关要求，中国航天科技集团有限公司开展了“青年马克思主义者培养工程”（以下简称“青马工程”）。

党的十八大以来，习近平总书记高度重视在青年群体中开展马克思主义教育。2021年，团中央、国资委等部委联合印发“青马工程”实施意见，遴选包含中国航天科技集团有限公司在内的12家中央企业率先试点。为此，中国航天科技集团有限公司着力构建“分层级、全覆盖”的培养体系，逐步建立完善集团和二级单位两级开展“青年马克思主义者培养工程培训班”（以下简称“青马班”）的培养格局。采用标准化培养和与航天特色化实践相融合、集中学习实践和日常培养训练相结合的方式，计划为全集团每年培养200名至300名青年政治骨干。

二、创新成果措施

（一）总体目标

以习近平新时代中国特色社会主义思想为指导，深入学习贯彻党的十九大和十九届二中、三中、四中、五中全会精神，认真贯彻落实习近平总书记关于青年工作的重要思想，按照集团公司党组对新时代共青团青年工作的部署要求，在广大航天青年中增强“四个意识”，坚定“四个自信”，做到“两个维护”，坚持用党的科学理论武装青年头脑，不断提高航天青年的马克思主义思想觉悟、理论水平和党性修养，切实为党培养和输送一批具有忠诚的政治品格，浓厚的家国情怀，扎实的理论功底，突出的能力素质，忠恕任事、人品服众的青年政治骨干。

（二）基本原则

1. 坚持党的领导

坚持党管青年、党管人才原则，各级党委要切实负起政治责任，加强对“青马工程”相关工作的政治领导、思想领导和组织领导。

2. 突出政治教育

把政治教育和理想信念教育摆在首位，突出对学员政治素质和政治能力的锤炼，不断强化“青马工程”为党培养青年政治骨干的品牌效应。

3. 注重实践育人

组织青年积极参与社会实践和多岗位锻炼，聚焦国防建设和航天强国建设，为青年搭建发展平台和提供实践机会，为青年成长成才创造良好机制和环境。

4. 严格目标导向

将“青马工程”的总体目标要求与集团公司青年人才培养工作的全局部署、体制机制、条件保障紧密结合，确保各项培养举措落实落地，取得实效。

（三）培养体系

全集团着力构建分层级、全覆盖的培养体系。逐步建立完善集团和二级单位两级开展“青马班”的培养格局，培养范围覆盖集团公司各领域、各单位优秀青年。各级班次学员原则上不重复培养。

两级“青马班”每一期培养周期原则上均为 1 年。“青马班”学员遵循“少而精”的原则，合理安排规模。集团级每期规模约 30 人，二级单位结合本单位实际，合理安排规模。二级单位“青马班”按照成熟一家、举办一家的原则开展，至 2020 年年底，各大院均已具备实施条件。总体上，全集团计划每年培养 200 人至 300 人。二级单位实施“青马工程”前需向集团公司提交详细的工作方案，经集团公司审核同意后，按计划开展。

（四）学员选拔条件

（1）政治素质强，坚决拥护党的领导，增强“四个意识”，坚定“四个自信”，做到“两个维护”，听党话、跟党走的决心坚定；能够认真学习习近平新时代中国特色社会主义思想，积极践行社会主义核心价值观，具有良好道德品质，群众基础好。

（2）本人具有参与“青马工程”的强烈意愿，对党的科学理论具有浓厚学习兴趣，具备较好的理论基础。

（3）集团级“青马班”学员应在本领域取得特别突出成绩，受到社会广泛认可，原则上应获得过省部级及以上奖项或荣誉称号。二级单位“青马班”学员应在本领域有突出表现，在一定范围内有较强影响力，原则上应获得过集团公司级、地市级及以上奖项或荣誉称号。各级班次的学员选拔都应充分考虑各业务领域之间的平衡，每个班次的学员应覆盖技术、技能、管理等方面的青年骨干。

（4）中共党员或共青团员中的入党积极分子。

（5）年龄一般不超过35周岁。

（五）培养内容安排

集团公司“青马工程”采用标准化培养和航天特色化实践相融合的方式开展，整体课程设计采用集中学习实践和日常培养训练相结合的方式进行。

1. 组织集中理论学习

主要目标是帮助学员加深对党的科学理论的理解掌握，学深悟透习近平新时代中国特色社会主义思想，掌握马克思主义的立场、观点和方法，进一步坚定跟党走中国特色社会主义道路的信心和决心。主要方式是引导学员读原著、学原文、悟原理，深读《习近平谈治国理政》等马克思主义经典著作，跟进学习习近平总书记重要讲话精神。邀请党政领导、专家学者等担任授课教师，就党的创新理论、重大政策以及社会热点等对学员进行专题辅导。每期学员参加集中理论学习总学时不少于80学时。

2. 开展红色教育

主要目标是帮助学员弘扬民族精神和时代精神，加强党史、新中国史、改革开放史、社会主义发展史等学习。引导学员增强对革命传统精神的理解，实现爱国主义精神的升华。主要方式是组织学员赴革命传统教育基地、爱国主义教育基地、革命遗址等进行实地学习，参加祭奠革命先烈、重温入党誓词、过政治生日等仪式教育。寻访历史见证人，观看优秀典型事迹的影像资料，参观专题展览，邀请先进典型作事迹报告等。

集团级“青马班”红色教育将组织学员重走长征路，或赴井冈山、延安等革命圣地开展体验式教学。每期学员参加红色教育总学时不少于40学时。

3. 开展航天“三大精神”教育

主要目标是教育引导学员始终坚持、大力弘扬航天“三大精神”，不断加强新一代航天人对航天“三大精神”新时代内涵的理解和践行。主要方式是在学员中深入开展航天“三大精神”学习教育，聘请院士、知名导师等专家为学员授课，组织学员以参加航天重大展会、观看航天型号发射、参观航天教育基地等方式开展教学实践，全面提升学员对航天精神文化的思想认同和职业荣誉感。

集团级“青马班”航天“三大精神”教育将赴航天发射场或航天“三大精神”教育基地开展。每期学员参加航天“三大精神”教育总学时不少于20学时。

4. 深化国防教育实践锻炼

主要目标是聚焦国防现代化建设、航天强国建设和集团公司主责主业等开展教学实践，帮助学员深入了解我国国防现代化建设进程和航天事业发展历程，以及集团公司各领域各单位发展目标和形势任务。主要方式是组织学员到国防教育实践基地、有代表性的地区和行业，以及集团公司所属重点单位和重要领域开展考察学习，组织学员深入基层一线岗位体验锻炼、了解情况，同时突出“培养培训”并重，着力“提质扩面”，加强各地区各单位各领域各岗位青年之间的学习交流和实践锻炼。

集团级“青马班”赴国防教育基地、相关央企或地区，以及集团公司所属相关单位开展国防教育实践。每期学员参加国防教育实践总学时不少于20学时。

5. 注重日常训练

培养期间，组织学员通过基层挂职兼职、跟岗见习、志愿服务、参与共青团青年重点工作等方式开展常态化实践训练。

（1）学员需挂任或兼任所在单位团干部，参与日常具体工作，培养期内或在团建空白、薄弱领域牵头建立 1 个团支部，或整顿 1 个软弱涣散的团组织，并明确团组织的制度规范，至少形成 1 项经常性品牌工作，保证该组织的政治功能和组织活力。

（2）学员需在中国青年志愿者网注册成为志愿者，每人每期参加不少于 36 小时的志愿服务活动。

（3）学员需注册成为“学习强国”会员，每人每期应完成不少于 1000 分的学习积分。

（4）为每名学员发放《习近平谈治国理政》第一、二、三卷，《习近平总书记关于航天强国建设论述摘编》《习近平的七年知青岁月》等图书，学员可结合自身情况开展相关理论研究，并提交研究报告或读书笔记。

6. 强化导师指导

实行导师制，为每 5 名学员配备 1 位理论导师。理论导师由集团公司党群工作部统一选配党政专家担任。培养期内，学员与导师通过面对面交流、新媒体互动等形式保持沟通，向导师寻求在理想信念、人生发展、工作业务等方面的指导帮助。每名学员须在导师的指导帮助下完成 1 篇马克思主义理论学习或青年工作实践领域的学术论文，由集团公司团委形成论文汇编并择优通过共青团青年工作宣传阵地发表。

此外，要充分考虑学员工作安排和个人实际，学员在培养周期内，参加其所在单位党团组织开展的红色教育、航天“三大精神”教育、国防教育等相关实践课程或培训，经集团公司审定批准后，可计入“青马工程”相关实践课程总学时。

（六）考核机制

集团公司“青马工程”将从严从实的要求贯穿学员培养全过程，不断提升青年政治骨干培养和考核管理的质量水平。集团公司为每个集团级班次配备 1 位政治辅导员，参与学员培养全过程，并严格监督管理学员考核过程。

1. 日常管理机制

制定理论学习、红色教育、航天“三大精神”教育、国防教育实践锻炼等环节中学员管理规定，建立日常督导检查机制，定期向学员所在单位党团组织了解学员日常言行，建立“青马工程”联络员制度，实时监督掌握学员表现情况，将日常表现作为学员评价的重要指标。

2. 考核评价机制

在考核标准上，把学员政治表现作为第一位的要求，从理论测试成绩、实践锻炼效果、结业论文质量、日常行为表现、重大事件响应等方面明确任务完成标准；在考核方式上，突出过程评价与结果评价相结合，通过学员自评互评、导师评价、学习成果评价等环节的整体赋分，按比例设定“优秀、合格、不合格”等级，合格以上者准予结业，并将考核结果抄送学员推荐单位。

3. 淘汰退出机制

坚持动态淘汰，通过日常观察、甄别，对在培养过程中不守政治纪律和政治规矩，违反党和国家政策、国家法律法规的；违背社会公序良俗，违反社会主义道德，有不当言行造成恶劣影响的；在重大事件和各种急难险重任务前表现消极、没有发挥先锋模范作用的；违反所在单位纪律制度，情节严重的；不遵守培训纪律，违反学员管理规定的；以上行为一经查实，坚决予以淘汰。此外，结合培养期各环节的评价考核结果，对未达到培养目标要求的予以淘汰。

（七）保障机制

（1）将“青马工程”纳入集团公司和各单位年度培训计划，并为每位学员建立档案，记录学分，确保“青马班”各项培训内容按计划顺利实施。

（2）结合实际成立“青马工程”工作领导小组或建立联席会议制度，确保在集团公司党组和各单位党委领导下，以及相关单位和部门的大力协同下，高质量地开展工作。

（3）将“青马工程”纳入各级党委重点工作任务，作为青年发展规划的重点实施项目，合理安排预算，培训所需经费列入人力资源培训经费，保障项目顺利实施。

（4）依托集团公司党校，科学设计“青马工程”相关课程，逐步建立完善“青马工程”教学资源库，组建以马克思主义理论学科专家学者、党政领导等为主体的师资队伍，用好集团公司相关教材成果，不断开发有航天特色的精品课程。

三、创新成果效果

（一）理论学习——筑牢根基

“青马工程”培训班首先开始进行理论学习模块的培训。来自中央党校（国家行政学院）、中央团校、北京市委党校的多位授课老师围绕马克思主义理论的当代价值，《中国共产党章程》解读，习近平新时代中国特色社会主义思想，习近平总书记关于党的政治建设、加强党性修养、全面从严治党等方面的重要论述和战略思想，青年干部创新能力，青年领袖领导力的构建和魅力培养等方面进行授课。同时辅以视频学习和交流研讨，使课程达到更好的学习效果，筑牢学员理论根基。在理论学习过程中，“青马班”学员认真听讲，主动思考，积极提问，现场气氛热烈。

（二）红色教育——不忘初心

“青马班”学员奔赴西柏坡、遵义、韶山等地开展红色教育实践，通过现场教学、体验教学、仪式教学等多种形式，实地学习中国共产党领导中国革命艰苦卓绝的奋斗史，以及在习近平新时代中国特色社会主义思想引领下的新征程，进一步坚定理想信念，把红色基因融入青春血脉，做新时代的有为航天青年。

（三）国防教育——身体力行

“青马班”学员奔赴军事化基地，进行国防教育训练。通过这一模块的训练，学员们磨砺了更加坚强的意志品质，练就了更加强健的身心体魄，为岗位建功、报效国家打牢身体基础。

（四）航天精神——强军报国

通过组织“青马班”学员去一线观看发射及邀请集团公司两院院士等航天老一辈科学家授课交流，进行航天精神学习。以院士们为榜样，大力弘扬他们身上体现的坚定信念、践行宗旨、拼搏奉献、廉洁奉公的高尚品质和崇高精神，崇尚先进、见贤思齐，牢记初心使命，立足本职岗位永远奋斗。

四、创新成果设想与启示

（一）建立动态青年人才库

集团公司将联合人力资源部，基于“青马工程”培养，逐步建立完善青年人才库，并对入库人员建立跟踪培养机制。设定学员结业后5年至10年的跟踪培养期，保持与学员的常态化联系，随时关注学员后续成长发展情况，为学员提供继续学习和交流等支持帮助。

（二）加强学员推优入党

贯彻落实党员发展、推优入党有关文件要求，积极推荐优秀“青马工程”学员作为党的发展对象。学员为入党积极分子的，培养期间参加的理论学习、实践锻炼等内容应当记入入党积极分子相关培养材料。

（三）推动优秀学员进入各级优秀人才队伍

建立完善衔接培养机制，将表现特别优秀的学员纳入各级优秀人才队伍，并重点培养使用。同时，加强团内激励，对表现优秀的学员可吸纳其为各级团的挂职、兼职干部，推荐为团的各级委员会成员、团代表，各级青年先进组织委员等人选。

连线人物

于穆涵 中国航天科技国际交流中心人才服务事业部培训二处业务经理，主要负责集团公司财务金融类、党群党建类、质量工艺类培训项目的咨询、策划与实施。同时负责集团公司二级三级单位内训、中心学习卡项目的宣传和推广工作。

荣晓慧 中国航天科技国际交流中心人才服务事业部培训二处处长，从事人力资源培训开发工作近15年，专注为航天两大集团公司、部分军工企业、国有企业提供及时有效的培训解决方案，依托军工行业多年工作资源，着力打造了一系列财经类、党建类、管理类、工艺质量类、航天精神类专题项目。通过提供专业的全方位学习与咨询解决方案，引领国际先进理念，分享航天最佳实践，致力于企业组织和个人能力提升，帮助企业创造优异价值，实现持续成长。

航空工业党史学习教育培训工作的实践探索

中国航空工业集团有限公司
刘　源　杜立珍

【企业简介】

中国航空工业集团有限公司（以下简称“航空工业”）是由中央管理的国有特大型企业，是国家授权投资的机构，于2008年11月6日由原中国航空工业第一、第二集团公司重组整合而成立。集团公司设有航空武器装备、军用运输类飞机、直升机、机载系统与汽车零部件、通用航空、航空研究、飞行试验、航空供应链与军贸、资产管理、金融、工程建设、汽车等产业，下辖100余家成员单位、近27家上市公司，员工逾45万人。

航空工业系列发展歼击机、歼击轰炸机、轰炸机、运输机、教练机、侦察机、直升机、强击机、通用飞机、无人机等飞行器，全面研发空空、空面、地空导弹，强力塑造运-20“鲲鹏”大型运输机、“鹘鹰”战斗机、“飞鲨”舰载战斗机、歼10系列飞机、歼11系列飞机、“霹雳火”直-10武装直升机、“黑旋风”直19武装直升机、轰-6系列轰炸机、空警200和空警2000等系列预警机、“飞豹”歼击轰炸机、“枭龙”飞机、“翼龙”系列无人机、“猎鹰”和“山鹰”高级教练机、“霹雳”系列和“闪电”系列导弹等品牌，为用户提供先进航空武器装备。

航空工业大力发展民用飞机，自主研制AG600大型水陆两栖飞机，系列发展“新舟”系列支线飞机、AC系列民用直升机，大力发展AG系列教练机，以及多种轻型公务机、通用飞机和民用无人机等，全力支持C919大型客机、

ARJ21 新支线飞机发展，承接国际航空转包生产任务并成为优秀供应商，为国内外客户提供优质、可靠的民用航空产品。同时，以通航运营发展为推手，以商业成功为目的，努力成为国内通航产业系统解决方案实践者、通航产业链健康快速发展的推动者、国家通航产业战略目标实现的贡献者。

航空工业秉承技术同源、产业同根、价值同向的军民融合式发展理念，积极探索制造业转型之路，深入推进工业化和信息化“两化融合”和智能制造。将航空高技术融入民用领域，大力发展汽车零部件、液晶显示、电线电缆、印刷线路板、光电连接器、锂离子动力电池、智能装备等产品，并协调发展金融投资、工程建设、航空创意经济等现代服务业。

一、创新成果背景

根据航空工业党组关于开展党史学习教育的工作部署，结合集团公司人力资源部与党建文宣部的工作要求，航空工业培训中心通过集团公司教育培训工作体系，全面落实党史系列培训工作，引领行业党史学习教育活动走向深入。通过系列化的学习教育活动，帮助行业员工更加深刻理解百年大党兴党强党的历史经验，更加深刻感悟“姓党为民”的国有企业本色，更加深刻认识坚持党的领导、加强党的建设所发挥的固根塑魂作用，自觉地把思想和行动统一到习近平总书记重要讲话精神和党中央重大决策部署上来，切实做到学史明理、学史增信、学史崇德、学史力行，学党史、悟思想、办实事、开新局，以优异成绩迎接建党 100 周年和新中国航空事业发展 70 周年。

二、创新成果设计

根据学习教育活动的相关要求，航空工业培训中心按照“目标-对象-内容”三维度的教学设计框架，开展党史培训体系设计。体系设计遵循四条原则：（1）坚持以习近平新时代中国特色社会主义思想为指导；（2）坚持以史明理、以史增信、以史崇德、以史力行；（3）坚持“四史”学习相贯通；（4）坚持导向正确、师资权威、内容专业。

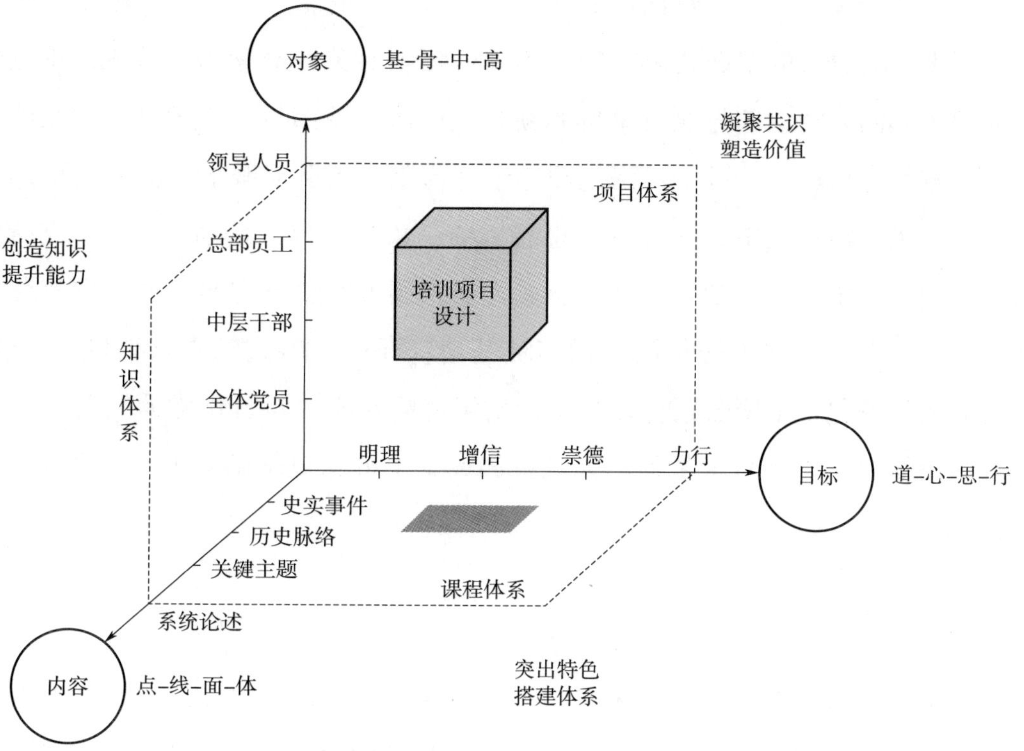

图 1　基于三维度教学设计框架的党史学习项目设计

（一）培训目标

立足于项目定位，明确针对参训人员的学习目标：一是学史明理，通过学习党史，深入理解习近平新时代中国特色社会主义思想，把握“两个大局”，掌握历史主动；二是学史增信，学习了解党的奋斗历程，学习把握党的精神谱系，坚定政治信念，针对重大事件和重要人物树立正确的历史观；三是学史崇德，通过深入学习党的历史，继承和弘扬党的光荣传统与优良作风，加强新时代共产党员的党性修养；四是学史力行，结合学习党史，深刻感悟航空工业的初心使命，坚定信念决心，秉持“航空报国”精神，落实“十四五”规划，践行新时代航空强国战略。

（二）培训对象

根据分类分级的培训要求，针对不同的培训对象开展学习。首先，重点关注对象为集团公司总部与成员单位的领导人员以及总部员工，通过开设系统性学习专题与专项培训，进一步深化领导干部与重点团队对我们党光辉历史的学习掌握，更好地用党中央精神统一思想、统一意志、统一行动。其次，支持配合对象包括各单位中层领导干部与全体党员，通过在线学习平台开设定制化或普及型学习专题，并依托集团公司培训基地，开设体验式党史培训班。另外，辐射影响对象包括集团公司全体员工，全年免费开放“每日微党课”与“党史直播大讲坛”学习项目，帮助广大党员和员工了解党史基础知识，全面提升党性素养。

（三）培训内容

党史学习教育的内容体系采用“一体两翼”的设计思路：“一体”，是党中央关于党史学习教育的总要求。“两翼”，一是系统全面，要全景式纵览党的发展历程，了解“四史”的重大事件和重要人物，掌握党史中的应知应会，理解历史发展规律和大势；二是突出重点，以明理、增信、崇德、力行为着力点，及时更新与补充“七一”讲话精神等新要求、新内容，努力将理论精神学习与工作实践相结合，力求学懂弄通。如党史课程体系图所示，左侧为基础知识学习，以历史脉络组织培训内容；右侧为系统深入学习，从思想理论、信念精神、党性作风、工作实践四个维度开展教学。并且从“点、线、面、体”的内容层次切入，通过对史实事件、历史脉络、关键主题、系统综述等不同类型课程与专题的设置，务求参训者全面、系统、准确地把握党的历史。

三、创新成果实施

根据党史学习教育的自身特点和规律，航空工业培训中心在具体培训实施的过程中，探索多种教学方式的结合，不断增强学习的针对性与实效性。按照

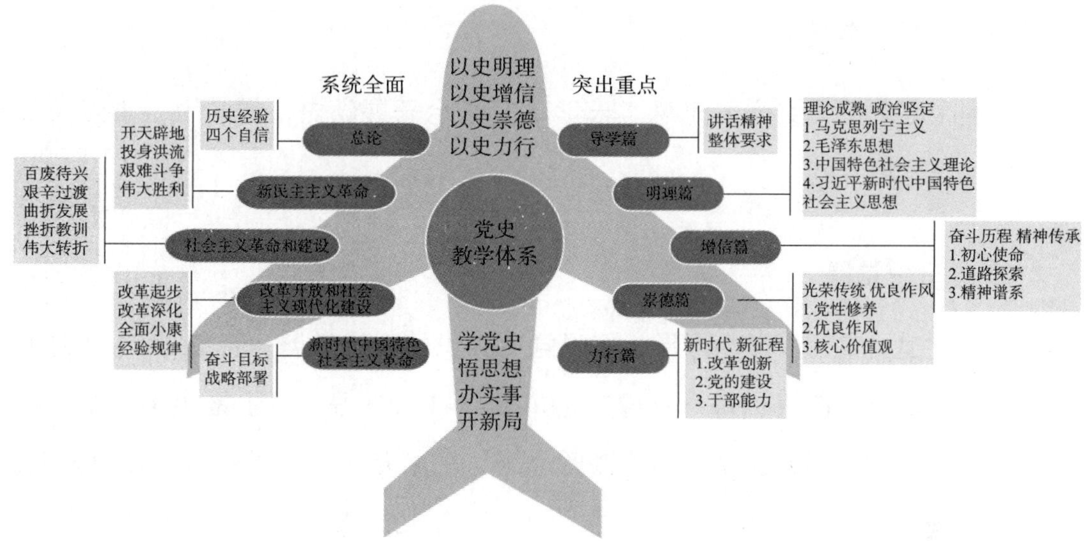

图 2　“一体两翼”党史培训内容体系设计

“坚持集中学习和自主学习相结合，坚持规定动作和自选动作相结合，开展特色鲜明、形式多样的学习教育”的有关要求，策划与实施了不同类型的培训项目。

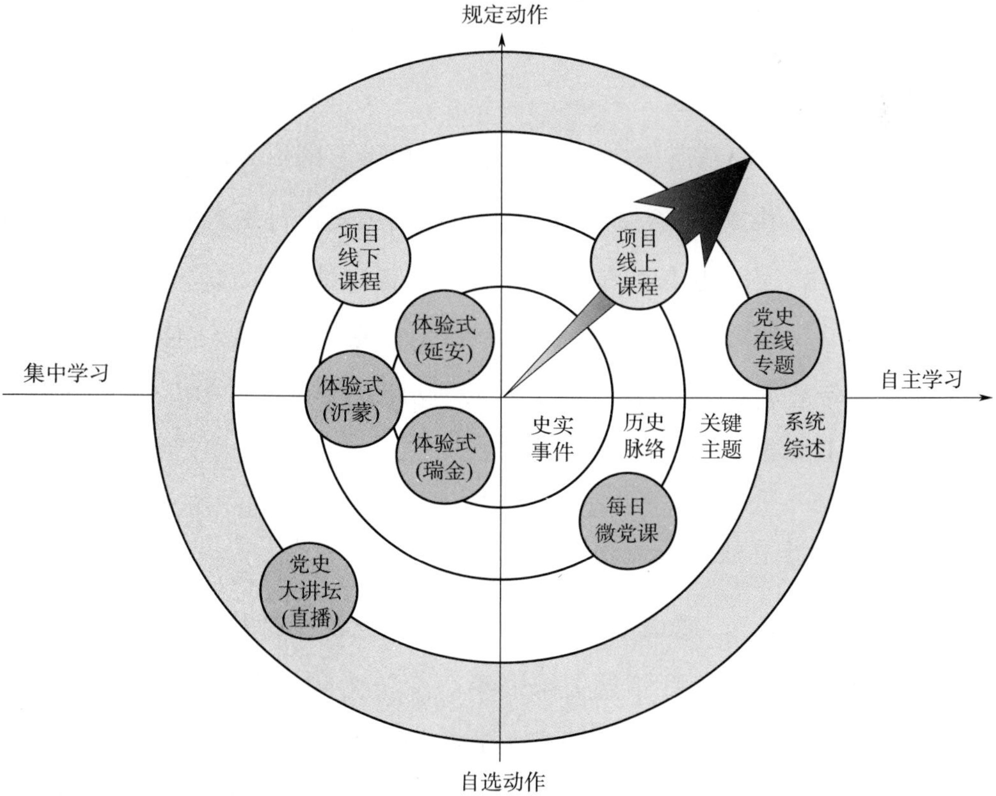

图 3　党史学习教育的教学形式与教学安排

（一）在线学习

培训中心利用集团公司商网“云学习”平台开展党史在线学习，重点策划了以下三类学习专题。

1. 每日微党课

配合党建文宣部以微党课形式加强党史知识的系统学习。自 2021 年 3 月开始到 7 月 1 日前，按照“每日一课”的方式，在云学习平台上推出 100 余门微党课，并组织专人逐课、逐题审校课后小测，重点突出每门课程的核心知识点，推进以考促学，同时支持了集团公司“重温百年光辉史，共建七十航空情”党史学习活动的答题工作。项目组认真编写和审校每日一课试题题库，多次完整地观看微课，系统考虑考点的政治性、知识性、准确性、严谨性，并保证考题难度适中。截至 7 月，每日微党课学习参与人员超过 8 万人，专题点击量超过 300 万次。

2. 党史学习专题

一是开设集团总部及所属单位领导人员党史学习网上专题班，从思想理论、理想信念、党性作风、工作实践等维度，对党的历史进行系统解读和重点阐释，共设置 20 门课程，供各单位班子成员、集团公司总部全体党员根据自己关注的重点自主选学。二是面向各单位中层干部和全体党员，以教学体系为遵循，将党史学习教育与宣贯五中全会精神相结合，设计开发在线学习专题，共计 2000 余名行业中层干部参训。

3. 党史大讲坛在线直播活动

在“世界读书日”，邀请中央文献研究室陈坚教授推荐其参编的《中国共产党简史》一书，并以“百年党史与百年巨变”为题授课。5 月，邀请教育部高等学校社会科学发展研究中心王炳林教授讲授“从党的历史中汲取智慧和力量”。7 月，邀请中央党校一级教授、中央党校专家工作室领衔专家韩庆祥教授以《从党百年奋斗史汲取实现中华民族伟大复兴的强大力量》为题，从七个层次深入剖析习近平总书记在庆祝中国共产党成立100周年大会上的重要讲话的逻辑架构，明确指出这一马克思主义光辉文献的核心主线、百年主题和重要论题。几次直播活动的参与单位皆超过150家，当日同步在线人数超过1.5万人。

（二）体验式学习

结合党史学习教育活动相关要求，航空工业培训中心与瑞金干部学院、中国延安干部学院、沂蒙干部学院合作，以“学党史、强党性”为主题，开设了三期体验式党史培训班。重点围绕党在大革命时期、抗日战争时期与解放战争时期的重要历史事件与精神传承开展学习。立足坚定理想信念、提升党性修养、增强执政本领三个重点方向，帮助集团公司领导人员与中层领导干部传承红色基因、强化品行作风、牢铸为民初心。项目实施中，采取了讲授与体验相结合的方式，课堂讲授重点进行历史知识与专题内容的学习；现场教学则通过现场讲解、专题讲授等不同的教学方式，引领学员走近旧居旧址、实物史料与历史人物，同时利用研究式、案例式、对话式教学，有针对性地深入解读课程主题。

（三）日常学习

针对航空工业培训中心计划内项目，重点在处长级干部专题进修班、中青年骨干理论素养培训班、技能带头人培训班、中青年技术人员培训班等项目中加大党史教学内容比重，开展教学形式创新。

除了为重点项目补充在线学习内容、开展党史现场学习活动之外，在部分项目中，培训中心利用“翻转课堂”的方式，组织了“微党课大赛”，通过引导学员结合中共一大到十九大相关的重大事件、重点人物、重要意义等，讲述故事、分享感悟，将党史、航空史和自身发展相结合，凝练智慧，汲取力量。

培训中心同时以党史学习为契机，加强了航空工业发展史、航空报国精神等教学内容的开发，务求将航空特色课程与航空文化的传承也融入日常教学活动之中。

四、创新成果经验启示

通过党史教育活动的整体策划与实施，对标航空工业培训中心的改革创新工作要求，有以下几方面的经验和启示。

（一）在线学习与线下学习相结合

教育培训应当是线上线下紧密配合，齐头并进共同发展。线上专题与课程可作为理论知识与基础知识的学习渠道，线下培训重点面向关键问题、重要专题展开，同时通过学习研讨设计，实现培训产出价值。

（二）必修课程与选修课程相结合

根据党史学习教育自身的特点与学习要求，在线学习专题可以通过前期设计与资源匹配，保障学习内容的系统性、完整性和丰富性。在此基础上，可以针对学习对象实际工作的需要与能力提升的需求，给出自由选学的空间。

（三）集中学习与日常学习相结合

在定时定量完成的重点专题的学习任务之外，可以每年定期开设理论教育和党性教育专题，如“不忘初心，牢记使命”教育专题、“学四史”专题、党组织书记政治能力提升专题等，引导和督促领导人员做好日常学习、持续学习和自主学习。

基层党支部书记实战型、分段式提升培训模式实践与创新

中石化胜利石油工程公司党委党校、培训中心

沈祥民　程东东　郑召丽　徐　健

王艳红　董　伟　魏菁菁　胡宝姣

【企业简介】

中石化胜利石油工程公司党委党校、培训中心是中石化集团公司一家面向国内外市场、培训理念先进、培训实力雄厚、学科门类齐全、石油工程行业特色鲜明的综合性企业人才培训机构。现有高级培训专家 1 人，培训总监 1 人，培训专家 2 人，教授级高级职称 1 人，高级职称 70 人，中级职称 46 人，研究生 16 人，本科生 131 人；同时拥有由资深党建专家、经验丰富的优秀党务工作者和专业技术人员组成的兼职教师队伍 488 人，形成了一支以专职教师为骨干、兼职教师为补充、专兼结合的高层次、高素质、高水平的师资队伍，主要承办党建管理、企业管理、石油工程安全技术、职业技能提升等各类培训。近年来，我单位坚持以习近平新时代中国特色社会主义思想为指导，发挥党校培训轮训各级党员干部的主阵地作用，围绕“建设中国石化区域性、红色教育培训基地，打造石油工程党建培训品牌”的目标，树立“精准服务、聚焦精品、打造高端”的办学理念，坚持科教立校、从严治校，逐步把党校打造成为现代化、信息化、规范化、标准化的红色教育培训基地，培训业务覆盖中国石化、中国石油、中海油国内等国内十几家油田企业、环渤海湾部分地市及部分国外石油公司，年培训学员 9 万余人次，成为石油企业高层次技术和管理人才综合培训基地、党员干部党性教育和理论教育的重要阵地。先后获得“全国职工教育培训

示范点”“中国企业培训示范基地”“山东省文明单位”“石油工程公司先进基层党组织”等荣誉称号。

一、创新成果背景

随着全面从严治党向纵深推进，国有企业党建工作的标准越来越高。为落实中央和公司党组对基层党组织建设的最新要求，切实提高国有企业党的建设质量，推动国有企业基层党支部标准化规范化建设，进一步增强国有经济竞争力、创新力、控制力、影响力、抗风险能力，做强做优做大国有资本，强化基层党支部书记基本功训练，增强国有企业基层党支部书记“抓班子、带队伍、强管理、保稳定、促发展”能力，是新时代加强国有企业党建工作的主要任务。党支部作为党的组织体系中的基础组织，是联系群众的桥梁和纽带，是党在社会基层组织中的战斗堡垒，而党支部书记是党支部工作的“带头人”、基层队伍建设的“领头雁”，要使党支部工作富有生机和活力，党支部的战斗堡垒作用得到充分发挥，党支部书记的素质和能力起着至关重要的作用。

胜利石油工程公司现有党支部890个，职工总数约2.3万人，施工队伍479支，其中海外市场队伍102支，主要业务包括钻完井、测录井、井下特种作业等勘探开发综合一体化技术服务。2021年，在开展党史学习教育以来，公司党委全面落实“第一议题”制度，严格执行习近平总书记的重要讲话和重要指示批示精神，贯彻落实机制，做到紧跟总书记步伐、紧扣党中央节拍，牢固树立“在经济领域为党工作”理念，善于提高政治站位谋划工作，严格政治要求执行落实，把握政治原则处理问题，切实把“两个维护”熔铸到血脉里、落实到行动上。同时，公司党委面对改革攻坚期、扭亏决战期的严峻考验，按照集团公司“党建质量提升年”推进会部署要求，积极探索在区域化、市场化、项目化管理模式下加强基层党建的有效途径，形成在深化改革中同步加强基层党支部建设的有效模式，从制度和机制层面提升了“围绕中心抓党建、抓好党建促发展”的总体水平。

随着现代化和信息化技术的飞速发展，传统培训方式的短板和不足逐渐凸显，难以彻底克服“重知识轻能力、重理论轻实践、重灌输轻体验”等弊端，培训针对性和实效性不强，已经不能适应新形势下基层党支部书记素质能力提升的要求。为此，胜利石油工程公司党委党校、培训中心总结以往培训工作经验，在广泛调研、深入研究和反复论证的基础上，创新提出了基层党支部书记实战型、分段式提升培训这一创新模式。此培训模式在整体设计上，采用实战型、分段式培训模式，注重“理论实务+实战模拟+现场互动”相结合，以推动基层党支部标准化规范化建设为主要任务，紧密结合中央和公司党组对基层党组织建设的最新要求，通过理论实务、实战模拟、现场教学等模式，强化基层党支部书记基本功训练，切实增强其“抓班子、带队伍、强管理、保稳定、促发展”能力。

二、创新成果实施

（一）深入开展调研摸底，注重实战型、分段式提升培训的针对性

坚持把教育培训作为提升党员干部队伍战斗力的强力手段，积极融入胜利石油工程公司中心工作，按照基层党支部书记培训需求，着力打造办学特色，推进培训教育“实战型、分段式、现场化”，强力发挥党校的“阵地”和“熔

炉”作用，推动胜利石油工程公司高质量发展。在深入总结近几年大规模培训党支部书记经验的基础上，由胜利石油工程公司党委组织部牵头，党委党校、培训中心对实战型、分段式提升培训开展了专项调研摸底。通过开展党建巡察、参加“三基”验收等途径，有针对性地收集资料；通过分系统、分层次、分专题召开座谈会，广泛征求意见建议；通过访谈参加培训班的党支部书记，准确把握培训需求；通过查阅党支部工作记录、培训数据库，综合分析培训现状。

实战型、分段式提升培训在更好地满足党支部书记开展党建思想文化工作和履职尽责能力需求的基础上，需要切实做到“四个结合”，即紧跟公司发展形势与考虑基层具体实际相结合、加强成果经验共享与突出现场破题攻关能力相结合、提升业务理论知识与考察实际工作能力相结合、展示个人能力与检阅团队合力相结合。与一般的培训相比，实战型、分段式提升培训实现了对理论考核及实际演练进一步的深化、优化和强化，充分掌握了党支部书记在提升素质能力方面存在的共性、个性问题，以及普遍性和特殊性需求，符合公司基层党建工作的需要，贴近基层工作实际，更切合基层党支部书记的岗位特点，有效提升了实战型、分段式提升培训的针对性。

（二）科学制定培训方案、优化设计培训内容，增强实战型、分段式提升培训模式的实效性与适用性

1. 培训分段设置

坚持把方案制定和创意策划作为确保实战型、分段式提升培训取得实效的基础来抓，结合前期调研掌握的第一手资料，组织召开了部分单位组织科长和党支部书记座谈会，对培训方案设计进行了专题讨论。同时，组织部分处级调研员、党建专家反复研讨，形成了实战型培训的“运行方案”和“培训计划”。在整体设计上，确定了“理论实务+实战模拟+现场互动”模式。课程设计如下。

时间		课程名称	培训方式	学时
第一天	上午	百年辉煌——中国共产党党史	理论授课	4
	下午	推进党支部标准化规范化建设	理论授课	4
第二天	上午	《中国共产党支部工作条例（试行）》《中国共产党党员教育管理工作条例》《中国共产党国有企业基层组织工作条例（试行）》解读	理论授课	4
	下午	发挥支部作用与中心工作相融互促	理论授课	4
第三天	上午	建强基层班子、带好员工队伍，着力推动企业高质量发展	理论授课	4
	下午	心理帮扶和疏导在思想政治工作中的应用	理论授课	4
	晚上	党支部书记上台研讨交流	交流研讨	3
第四天	上午	组织生活实战模拟	实战模拟	4
	下午	思想政治工作实战模拟	实战模拟	4
		理论考试、评委组综合评定颁发任职培训证书	理论考试	4
第五天	全天	中国石化定点帮扶县甘肃省东乡族自治县现场教学	现场教学	16
第六天	全天	中国石化定点帮扶县甘肃省东乡族自治县现场教学	现场教学	

2. 实战实施展示

实战演练形式，分为“抓班子、带队伍、强管理、保稳定、促发展”五大模块，以抓班子模块“议事决策”、保稳定模块“谈心谈话”为例，具体操作如下。

抓班子"议事决策"环节，由项目组出题，选手们以团队形式参战，重点考核对相关会议程序的掌握，以及组织主持召开会议的素质能力。每个参战团队提前 30 分钟拿到比赛题目，每位选手各自扮演一个党支部的角色、模拟召开一次议事决策会议，限时 8 分钟。设置"议事决策"模拟环节，其主要目的是解决为什么开会、怎样开会、如何开好会议、会议决议怎样落实的问题。这是基层党支部书记工作的最基本要求，应当说是规定动作，成功的关键是看谁的会议最符合会议程序要求，组织工作做得最标准、最到位、最精彩。

保稳定模块"谈心谈话"环节，由项目组出题，选手们以团队形式参赛，通过党支部书记针对员工思想困惑及关心的焦点、难点问题所制定的思想疏导措施办法，重点考核党支部书记发现问题、解决问题的能力。每个参赛团队提前 30 分钟拿到比赛题目，每位选手针对题目要求提出解决问题的办法，使用分角色扮演等方式现场作答，限时 7 分钟。员工思想疏导环节是基层党支部书记的一次实战演练。每队选手根据命题内容和要求，结合自身经历，对日常工作生活中职工经常发生的思想问题、矛盾纠纷、热点难点问题进行现场处置。

整个培训内容贴近基层工作实际，切合支部书记岗位实际，符合公司发展需要。同时注重开发利用学员智能资源，通过激发学员在学习、培训期间发挥来自实践的优势，培训后依托党校的科研咨询平台，将学员的"建言献策"整理汇编提供给党委，为党委形成决策提供参考。

（三）构建完备的课程体系，保证实战型、分段式提升培训的系统性

实战型培训严格遵循“以赛促培、以赛促训、赛训结合”的方针，紧紧围绕实战比拼环节，配备优秀的教师队伍，构建完整的业务集训课程体系。组织以胜利石油工程公司党委党校、培训中心党建培训部的教师和研究人员为专职教师和以胜利石油工程公司领导、公司具有丰富实践经验的资深党建专家、老党务工作者、英雄模范人物为兼职教师，形成了一支老中青相搭配、具有深厚理论功底与丰富实践经验相结合，以及感召力强的优秀教师队伍。按照党性教育的新任务新要求，立足中国石化集团公司、胜利石油工程公司党员干部的培训需求，经过多期实战型、分段式提升培训的不断探索、实践和总结，构建起全面提升参训选手党性修养和业务能力的核心课程体系，主要包含以下课程。

1. 以夯实党性修养理论功底为目标的系列课程

中国共产党党史
《中国共产党章程》解读
中国共产党支部工作条例（试行）
中国共产党纪律处分条例
《中国共产党廉洁自律准则》解读
《关于新形势下党内政治生活的若干准则》解读
《中国共产党发展党员工作细则》解读
《中国共产党支部工作条例（试行）》解读
《中国共产党国有企业基层组织工作条例（试行）》解读

2. 以明确形势任务及制度要求为目标的系列课程

《学习全国国企党建工作会议精神，做好基层党建工作》解读
中石化集团公司党建工作“1+7”制度解读
胜利石油工程有限公司党建工作 7 项制度解读
基层党支部重点工作解析——支委委员责任清单及党支部分类定级工作

落实党内基本制度应注意的几个问题

3. 以提升党务政务工作能力为目标的系列课程

基层党务工作者的工作方法与领导艺术

怎样当好基层党支部书记

基层党支部书记如何备好党课

基层党支部书记如何上好党课

基层党支部书记如何开好党的会议

基层思想政治工作方法

基层突发事件处置方法与技巧

运用心理学原理，实现思想政治工作创新

总结汇报的写作

典型材料写作方法

常用公文写作格式

通信报道写作方法与技巧

“汇报工作的技巧”解读

演讲的技巧

如何对员工进行心理解压

基层干部沟通艺术

安全环保案例分析

事故法律风险防范

基层干部的哲学思维

4. 以业务交流研讨为目标的系列课程

行动学习：目前基层党建面临的热点难点问题——新常态下推进服务型党组织建设的具体措施

结构化讨论：理清党支部基本工作制度及规范业务流程

如何做好“一班之长”——优秀基层党支部书记经验传授

另外，为考察学员党建理论水平，实战型培训紧密结合公司实际，强化党性教育教学案例库和理论素养考察题库建设。培训团队精心准备了由2000多道题组成的党建理论题库以及500多个基层思想工作的案例库，为实战比拼环节提供了丰富的资源。

（四）突出强化总结点评，提升实战型、分段式提升培训的训导性

实战型、分段式提升培训邀请理论政策水平较高、实践经验丰富的党政领导干部、专家学者、企业经营管理人员和先进模范人物、优秀党支部书记以及做群众工作的行家等担任实战比拼环节的专家评委，按照“精确提炼、总结亮点、突出特色、高度概括”的要求，根据选手和团队整体表现和总体情况，对每一环节实战比拼进行总结点评。专家评委不仅总结经验、点评亮点，还指出问题和不足，帮助选手分析原因，明确改进方向和具体措施，既教思路，也教方法。各位参训选手通过听取专家评委的总结点评，既掌握了自己在比拼环节所表现出的整体情况，同时又了解了其他选手的优势和长处，特别是能够从互相切磋交流和对比中寻找差距，促进了自身的改进和提高。

为了调动学员的积极性，实战型、分段式提升培训在总结以往培训经验的基础上，还采用让学员当评委，参与比赛打分、进行总结点评，以及分享心得体会的方法。这样既充分挖掘了学员的潜能，让学员得到更全面的锻炼和提高，又更加有利于学员的经验交流和工作技能的提高。

（五）建立激励机制，增进实战型、分段式提升培训的竞争性

在选手的成长发展上，把实战型、分段式提升培训的结果作为发现典型、选树典型，发现干部、选拔干部的重要参考和依据。建立基层党支部书记实战型、分段式提升培训优秀人才库，为他们的成长成才提供帮助，创造条件。随着培训影响力的不断扩大，胜利石油工程公司所属二级单位对照培训方案中的激励机制对本单位原制定的奖励办法进行及时修订完善，把培训结果与参训选手的绩效考核进行挂钩对接，加大了对培训获奖选手的待遇兑现力度。同时在年底的评选表彰中和干部职位晋升相挂钩，在相同条件下，对获奖选手优先考

虑。这些激励措施的出台，对选手的发展起到了积极的促进作用；在待遇上给予倾斜，极大地调动了党支部书记学习和工作的积极性。

（六）严格班级管理，激发实战型、分段式提升培训的凝聚力

学员进校就组成班集体，建立一个临时党支部，除了实战培训之外，还开展一些互动交流活动，更有利于选手以更好的状态参与比赛。

在班级管理中，通过破冰、团队建设，使学员在最短的时间内相互熟识，融入团队；组织班委竞选，调动起学员参与班级管理的积极性，为下一步学习交流打好基础。运用线上线下班级微信群、钉钉群以及“红旗评比台”，对培训出勤、课程回顾、班级活动的组织及参与等多个方面开展评比。评比台上红旗的数量，代表的是团队的荣誉、成绩以及个人对团队的贡献。“争红旗”，激励了学员们形成奋发向上、你追我赶、自我约束的班级氛围。通过开展活动，学员出勤率高，精神面貌好，课堂气氛活跃，激发了团队的积极性，打造了团队凝聚力，营造出“比学赶帮超”的良好培训氛围。

（七）创新混合式培训，扩展实战型、分段式提升培训维度

在信息技术飞速发展的今天，实战型、分段式提升培训采用传统面授教学

与远程在线学习、辅导式学习和培训相结合的混合式培训，综合运用多种学习的形式、策略、媒介和方法，系统地进行教学设计，以达到促进学习转化、绩效改进与价值创造。在腾讯网上创建了“基层党支部书记实战型、分段式提升培训”博客，发布培训的领导讲话、评委点评、选手总结、各站考试题、班主任寄语、大赛风采等图文并茂内容。借助此平台，不仅使参加实战型、分段式提升培训的基层党支部书记从中获取了比赛经验及信息，同时也为胜利石油工程公司其他党支部书记提供了学习资料。基层党支部书记实战型、分段式提升培训开始前及结束后，学员需要咨询的问题很多，通过组建 QQ 群、微信群，方便学员实时交流答疑解惑，共享学习资料，分享工作经验，搭建了无限时空、零距离的交流平台。运用百度云存储课件以及教学视频等学习资料，学员可以随时下载，不受时间和存储空间的限制，极大地方便了学员对学习资料的收集及线下学习，实现了学习资源共享。将课程表、班主任联系方式等各种培训信息生成二维码，学员使用智能手机“扫一扫”就可以将办班的相关信息存入手机，方便查看，真正实现了无纸化办班，既环保又便捷。

三、创新成果效果

从实践来看，基层党支部书记实战型、分段式提升培训模式“接地气、争实效”，为基层党支部书记培训工作开创了一片新天地，取得了较好的培训效果。

（一）丰富了培训形式，搭建了四个平台

实战型、分段式提升培训在培训模式上不断探索、勇于尝试，吸纳了现场模拟、微电影、擂台赛等各种音频、媒体、体育、文艺元素，进一步丰富了新形势下党支部书记培训的方式方法。这种“以比代学、以赛促陪、赛训结合”模式，搭建了四个平台：一是为不同板块、不同行业基层党支部书记搭建了相互学习交流的平台；二是为加强改进基层党建工作和基层党支部书记队伍建设搭建了研讨探索的平台；三是为基层党支部工作建设搭建了解决问题的平台；

四是为经验推广、典型选树、干部培养搭建了展示锻炼提升的平台。基层党支部书记拉力赛探索出了基层书记素质提升的新途径。

（二）熔炼了书记队伍，打开了提升空间

实战型、分段式提升培训的定位不是一般性的党务知识竞赛，而是更加看重和强调党支部书记的业务知识水平、理论应用能力、解决问题能力和解决问题的成效，是在过去常规培训基础上的再促进、再提升。在整个赛程中，通过赛前培训、赛中竞技和赛后点评三个环节，参赛选手既有相互竞争，也有交流研讨；既有基本知识的讲授，也有方式方法的传授，对参赛选手实现了集中性、全方位、多角度、立体式的全景培训和全面提升。经过比赛锤炼，基层党支部书记努力学习业务知识，苦练岗位技能，掀起“比、学、赶、帮、超”的热潮。党支部书记队伍中理论素质高、业务技能强的人数明显增加，他们将把培训中学到的理论、经验、技能，运用到抓班子、带队伍、强管理、保稳定、促发展的具体实践中，以自身素质能力的持续提升，带动基层党建科学化水平的持续提升。参训的基层书记中百分之十五的人在短期内走上了领导和关键岗位。

（三）养成了学习习惯，延伸了培训效果

实战型、分段式提升培训是以分段拉力式培训为主，即分 4 个月进行，每月 1 期，每期 3 天，参加培训的基层书记在 4 个月的学习中踏着“学习–比赛–工作”的节奏，秉承“真学、深思、实践、总结”循环，养成了工作中不间断学习的习惯，并将学习成果运用到实际工作中，解决好基层党建工作中的实际问题。4 个月的实战培训结束后，项目组通过在培训期间搭建的 QQ 群、博客、微信群等线上平台，不间断地推送形势任务教育文件、党建学习资料、疑难问题等内容，有利于参训学员继续进行交流学习，这不仅拓展了基层党支部书记的学习渠道，而且延伸了培训效果。

自 2019 年以来，胜利石油工程公司共开展基层党支部书记实战型、分段式提升培训班二十余期，培训基层党支部书记（支委）600 余人次，培训对象实现了公司主业生产一线基层队（基层党组织）的全覆盖。通过“实战型培训”

的学习，参训基层党支部书记的党务、业务能力明显提升，所在基层党组织在凝聚组织群众、服务保障发展中所发挥作用不断增强，真正把基层党组织打造成为团结群众攻坚克难的坚强战斗堡垒，基层组织力明显提升，基层队伍的战斗力明显增强，公司基层党建质量水平稳步提升，为公司改革发展提供了坚强保证和有力支撑。2020 年，胜利石油工程公司有 61 支基层队获得中国石化集团公司金银牌队称号，其中渤海钻井 50778 队、井下作业试油 1 队被评为中国石化集团公司金牌标杆队，公司金银牌队数量在中石化石油工程板块保持第一。

四、创新成果经验总结

基层党支部书记实战型、分段式提升培训是对传统培训方式的改革创新，对培训内容的改革集中在理论和实践结合上，对培训形式的创新集中体现在“教、学、做、评”集成融合一体化上。基层党支部书记实战型、分段式提升培训通过理念、形式、载体、内容等方面的创新，将传统的“课堂培训”演化升级为“以战促学”全景培训。

基层党支部书记实战型、分段式提升培训抓住了基层党支部书记培训工作以“应用”为主旨和以“实效”为目标的实质，适应了新形势下胜利石油工程公司基层党支部书记素质能力提升的需求，赢得了广大基层书记和党务工作者的热烈欢迎和广泛参与，强化了公司两级党委对基层党支部书记培训工作的重视。

通过参加实战型、分段式提升培训，基层党支部书记的学习意识明显增强，学习热情空前高涨，学习渠道畅通无阻，学习效果显著提升，实现了基层党支部书记自身素质能力的提升，促进了基层党组织战斗堡垒作用的发挥；以自身知识技能的巩固和扩大，带动公司政治资源和政治优势的巩固和扩大。

连线人物

沈祥民 中国石化石油工程公司培训中心，胜利石油工程公司党委党校、培训中心经理，高级经济师。坚持以习近平新时代中国特色社会主义思想和党的十九大精神为指导，围绕“打造石油石化人才培训高地”愿景，狠抓基础设施建设、教学质量提升和培训市场开发。面对后疫情时代培训形势，创新实施“大师讲坛”“专家大讲堂”等品牌化在线培训。组织成立课题攻关团队，主导实施国家级、集团公司级课题研究。公司党委党校、培训中心荣获“全国职工教育培训示范点”“中国企业教育先进单位百强”“中国企业培训示范基地”“山东省文明单位”称号。

做实“四创新”打造高质量精品培训班

中国核工业集团有限公司党校

高立本　王永梅　苏位莹

【企业简介】

核工业是高科技战略性企业，是国家安全的重要基石。中国核工业集团有限公司党校（以下简称“核工业党校”）作为中国核工业集团有限公司（以下简称“中核集团”）党组的重要部门，是中核集团干部教育培训的主渠道和主阵地，不仅在植“根”铸“魂”中发挥着重要作用，更是“出思想、出干部、出成果”的主平台。中核集团中青年干部能力提升研修班（以下简称“中青班”）是中核集团大力培养年轻干部的重点班次，从1999年至今，已成功举办了20余期中青班，培养了约1000名优秀年轻干部，他们中的大多数人已成为中核集团改革发展的中坚和骨干。

一、创新成果背景

中青班学制一般为1~2个月，集中封闭培训，每期学员50人左右，均为处级干部，采取组织调训的方式，旨在为中核集团的发展培养一支忠实贯彻习近平新时代中国特色社会主义思想、符合新时期好干部标准、忠诚干净担当、高素质专业化、适应新时代改革发展要求的年轻干部队伍。

传统的培训往往注重向学员输入，忽视输出，导致培训对学员产生的黏性较弱，培训成效不明显；教学和研究发展不平衡，重教学、轻研究的现象比较突出，推动理论研究、决策咨询等力度不够。经过多年打磨，核工业党校通过不断优化教学设计、精选优秀师资、创新培训组织、创新成果输出，充分运用学员本身的人力资本、信息资本和组织资本等无形资产，创新建立培训优势与效率，不断为中核集团培养有潜力的年轻干部，不断提升年轻干部的履职能力，中青班已成为中核集团的精品培训班。

二、创新成果措施

（一）创新学员甄选方式，挖掘学员实践智慧

中青班学员来自中核集团总部、各专业化公司和直属单位，均为处级干部。自2020年开始，为进一步提高培训的针对性，以及教育培训与干部管理的进一步有效融合，中核集团人力资源部采取点名调训的方式对学员进行甄选，以达到精准培养干部的目的。所选学员学历高、职称高、素质高，工作经验丰富，有的学员在某个专业领域独树一帜，有的学员带领团队承担急难险重任务，有的学员正在挂职担任驻村第一书记，有的学员市场打拼经验丰富……萃取学员的智慧与经验，系统梳理形成案例库并在集团公司范围内推广，可以为集团公司创造更多更大的价值。在每期中青班开学前，均要求学员结合自身实际撰写一份成功案例，报到时提交。要求案例主题明确、重点难点清晰、解决方案具体，效果显著。培训过程中，学员结合所学所思，对案例进行进一步的修改完善，同时安排学员间进行案例分享，这不仅有助于形成互助的学习文化，更加深了学员对核工业全产业链的理解。

（二）创新教学设计模式，增强培训学习的黏性

1. 普遍性、特殊性相结合设计培训课程

核工业党校成立专门项目小组，对课程设置进行反复研讨，不断优化，着眼于集团公司战略需求和当前核工业发展过程的焦点问题，基于学员的认知标准和认知边界，补短板、提能力、强弱项，进行内容和形式的设计，前瞻性的

创新教学设计和方式方法，形成了具有中核特色、针对性强、切实有效、学员认可度高的中青班特色课程体系。

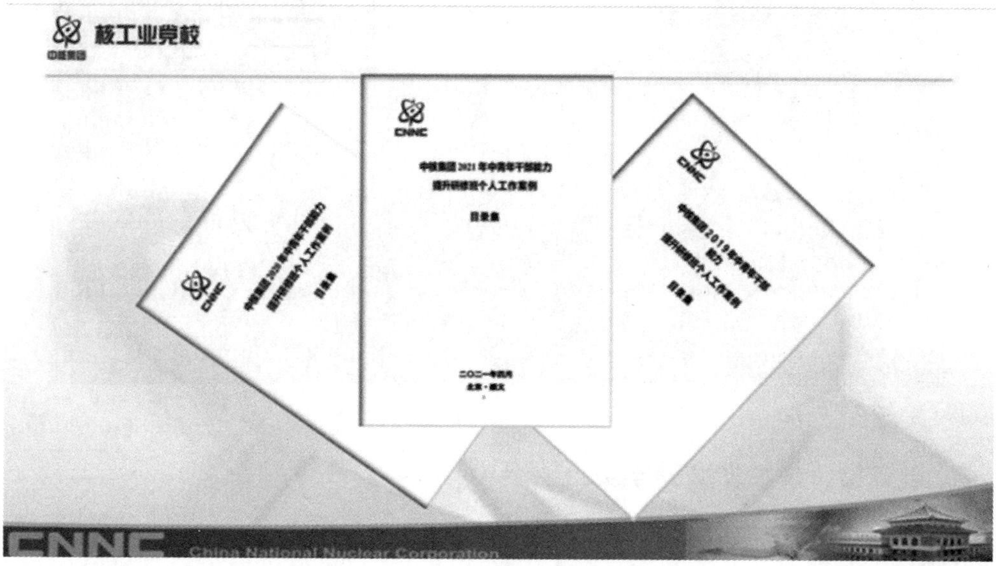

坚持普遍性和特殊性相统一，既考虑通用普适性，又考虑个性化需求。在通用普适性课程方面，形成了以理论武装与党性教育、宏观趋势与发展战略、创新发展与深化改革、产融结合与风险管控、团队管理与狠抓落实五大课程模块为主的课程体系。在个性化需求课程方面，根据学员到校后向组织提出的合理化建议，分成小组分别安排，满足学员的个性化需求。

同时，大幅增加案例教学比例。2021 年，中青班案例教学占比达到 30%以上。案例教学多是中核集团内部课程，与学员实际工作相关，极大地激发了学员的学习兴趣，有利于学员实践能力的培养。从学员满意度问卷来看，学员对课程安排满意度高，达到 98%以上。

2. 多层次、全方位形成授课师资队伍

中青班的教学以集团公司领导讲授开班第一课为起点，集团领导、核工业党校领导纷纷走上讲台授课，同时邀请由中央党校及其他各高校知名教授、学术巨擘、国家部委相关领域的领导干部，国家文献、规划起草制定参与者，中央政治局集体学习讲解员，社会知名企业管理专家顾问等组成外部师资队伍，对学员产生了强大的信服力和吸引力。

3. 勤激励、多触发鼓励学员上讲台

中青班始终注重发挥学员自身优势，积极鼓励学员上讲台。学员论坛作为课堂教学的延伸，给学员提供了展示自我的舞台。在学员论坛上，学员介绍自己的公司、企业发展情况、项目进展情况、交流学习心得体会。通过学员论坛，学员们更深入地了解了集团公司新时代发展目标、各业务板块发展现状以及各产业协同现状，实现了学以致用、学以促学、学学相长的教学目的。2021 年上半年，结合党史学习教育，中青班举办党史论坛，学员走上讲台，讲述百年党史、奋进历程、精神智慧，不仅深入学习了党史，坚定了理想信念，更为重要的是汲取了历史智慧，增强了持续奋进的力量。同时，通过学员论坛，发掘优秀内部师资，扩充了内部师资库。2021 年，中青班邀请两位 2019 年学员作为内部讲师授课，既激发了学员上台讲课的士气，又增强了学员上讲台做培训师的信心，激励作用显著。

（三）创新组织管理模式，切实提升培训质量

1. 自己管自己——营造风清气正的班级生态

核工业党校始终秉承坚持从严治校，严肃纪律规矩，严格学员管理。中青班在实践探索中总结出自治、德治、“法”治相结合的科学管理方式，收到了

较好的效果。

自治：开班之初即建立临时党支部（班委会），由临时党支部书记负责全面主持开展班级活动，同时将培训期间的教学活动要求落实到具体项目负责人，由项目负责人组织形成书面活动方案提交班委会，经讨论并征求全班意见后公示。活动方案以文字的形式公示于众，使学员对培训期间的活动有清晰的了解。实践证明，班主任在全程把控关键节点的前提下，将责任和班级管理权力分配给党支部（班）干部，再分配到各小组长，最后落实到个人，实现了各个活动有分工、各个任务有落实，使教学活动如行云流水，秩序井然。

德治：北宋政治家司马光说：“才者，德之资也；德者，才之帅也。”对于领导干部而言，党性就是最大的德。中青班高度重视锤炼学员党性修养，党性修养课程不低于总课时的20%。通过深入开展理想信念教育、党的宗旨教育、党章党规党纪学习教育，使学员汲取了思想、信仰、道德、实践的力量，进一步深刻认识到坚定理想信念，坚守共产党人精神追求，始终是共产党人安身立命的根本，时刻牢记以党员的标准严格要求自己，自觉在思想上政治上行动上同党中央保持高度一致。

“法”治：中青班有着严格的学员管理制度，开班伊始，班主任进行教学说明，除告知日程安排、讲解课程体系、介绍授课教师情况外，还组织学员学习《干部教育培训学员管理规定》、中纪委《关于在干部教育培训中进一步加强中学员管理的规定》《核工业党校主体班次学员管理制度》，全体学员须签署纪律承诺书。培训全过程照章执行，使各种事项有据可循。

通过上述自治、德治、法治相结合的方式，很好实现了严以治学的目的，学员也基本实现了自我管理、自我教育的良好模式。

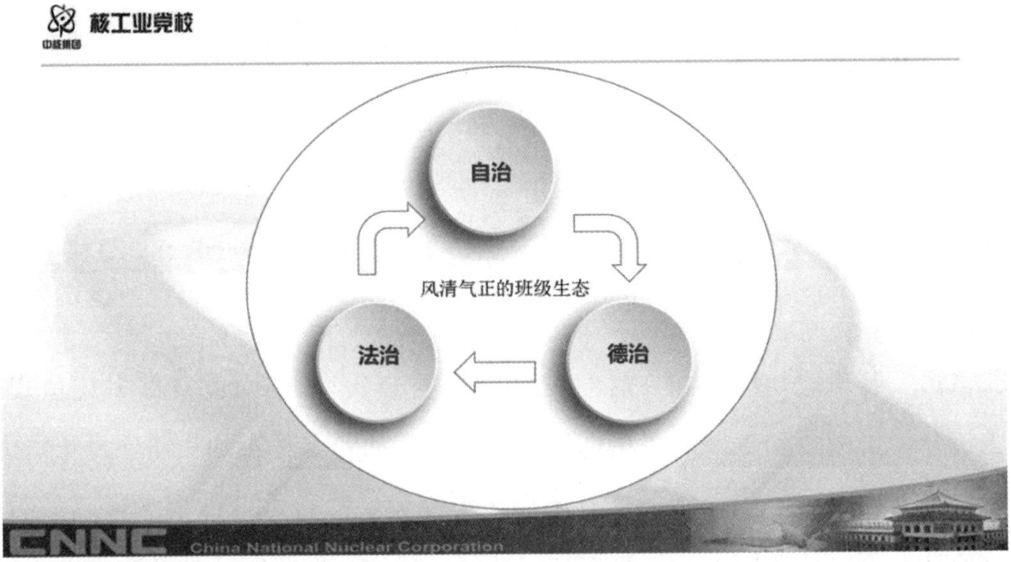

2. 听读讲行思——培养惯战能征的工作能力

中青班采用了多种方式进行教学，学习过程坚持理论联系实际，坚持问题目标导向，倡导研究式学习，将读书思考、专题辅导、研讨交流、案例学习、沙盘推演、翻转课堂、学员论坛、实地参观、标杆企业考察、互动交流、领导座谈等教学手段结合起来，不断增强培训黏性，不断调动学员的主观能动性，增强团队协作意识，学员们带着问题学，带着思考学，亦师亦友，不断促进教学相长、学学相长。

3. 努力争上游——形成积极健康的工作理念

培训过程中，通过拓展训练、趣味运动会、过党员政治生日、知识竞赛、羽毛球赛、拔河比赛、棋牌赛等活动，增加学员之间的熟识度；努力创造各方

面条件，倡导学员组成跑步小组、健身小组、跳绳小组、球类小组等各类运动小组，在强健体魄的同时增进友谊，为更持久地提升培训效果、高质量地推进工作打下基础。

（四）创新成果输出模式，助推集团改革发展

中青班注重培训总结和培训产品的输出，以学员为载体，紧密围绕集团公司新时代发展战略和业务经营管理，突出运用理论所蕴含的立场、观点、方法研究解决实际问题，系列培训产品既是师生智慧的集中体现，又是培训效果的直接呈现。

1. 成功案例集

成功案例集涵盖核工业全产业链各个环节，项目描述具体，问题难点呈现清晰，解决方法介绍翔实，多为学员们从各自工作实践中梳理出来的工作方法、流程步骤、方法工具、模式机制、技术专利等，除具有相同情况参考借鉴价值外，汇总成集的案例又具有同类合并的价值研究。

2. 课题报告集

课题报告集酝酿于培训之初，过程中采用结构化研讨的方式，成稿于培训

之尾，最后以现场课题答辩的形式，经专家评审，评出优秀课题报告。全部课题报告结集成册，经审核后通过集团公司商网发布。课题报告来自工作实践，凝结着学员的智慧心血，是反复研讨、群策群力的结晶，是青年干部对集团中心工作、决策部署、当前重难点问题的积极思考和研究探索，对于推动核工业高质量发展起到了一定的建设性作用。

3. 中青班班刊

班刊是中青班全体师生培训学习的缩影，记录了学员学习生活的点点滴滴。栏目包括特别报道、代表发言、新闻速递、工作案例、学员论坛、培训总结、学员风采等，图文并茂，精彩纷呈，是了解中青班学习生活和学员风貌的良好媒介。

4. 标杆企业参访考察报告

标杆企业参访考察报告，体现了学员通过对标杆企业学习参访，借鉴先进管理模式、经验和做法，寻找差距明确方向，重新思考改进经营实践，促进核心竞争力形成，从而奔向卓越的文字记录。

三、创新成果效果

一切只有输入没有输出的学习都是“伪学习”，中青班在注重向学员输入知识体系、思维方法、能力训练的同时，也注重学员自身的输出，优化学习体验，增强学习效果。

（一）学员收益多

中青班的培训，真正做到了让学员带着问题来，带着方法走，学员在修德、得法、清势、获实、汇聚五个方面收益颇丰。

1. 修德：锤炼过硬党性

通过培训，一是深刻理解了从学党史中铸魂补钙汲取力量的重要性；二是树牢了“四个意识”，坚定了“四个自信”，更加自觉地做到“两个维护”；三是强化了纪律观念，筑牢了廉洁防线。

2. 得法：提高工作本领

通过战略、思维、人力资源、企业运营、财务管理等系列课程，提升了学员的理论水平；通过业财融合、科技创新、国企改革、核工业走出去与海外开发等课程及案例教学，把解决改革发展的实际问题作为出发点和落脚点，提高了学员分析问题和解决问题的能力。

3. 清势：明确发展大势

通过国内国际经济政治形势分析的学习，对宏观经济趋势的认知和发展战略有了了解，对国际国内形势有了清晰的判断，也对外部环境的复杂性有了深刻的理解，进一步提升了系统思维和战略认知能力。

4. 获实：做实培训成果

中青班组织并倡导学员开展健康体育运动，号召学员以健康的体魄持久地进行高质量的工作。通过创新思维、结构化思维、系统思维、拓展训练、运营沙盘模拟等课程开拓学员思维方式，提高萃取、分析与解决问题的能力。搭平台，做内容，强体验，多方面、多角度地提高学员的业务能力。

5. 汇聚：凝聚核工业力量

通过培训，学员之间除获得了友谊，还获得了上下级、平行单位之间的资源对接、信息交流之便，同时，培训班亦为学员与教师、专家之间搭建了沟通的桥梁，为培训结束后双方的互动、合作等提供了条件。

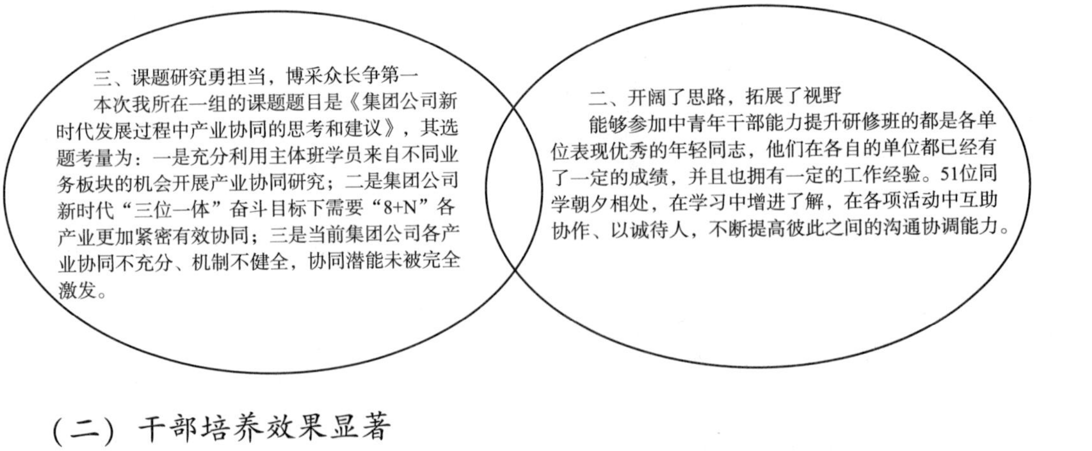

（二）干部培养效果显著

从2019年到2020年的统计数字显示，经中青班培训的学员，获得提拔、承担更为重要的岗位工作，其比例约占到30%，真正成为集团公司“出干部、出人才”的主要平台。

（三）学习价值得以体现

发挥利用好学员资源、学员智慧，以案例、课题报告、心得体会等方式为集团战略与发展建言献策，让战略与发展的研究更具力量源泉，更具实践基础。

（四）党校价值得到彰显

通过学员发展、品牌塑造，树立了党校良好的形象，真正凸显了党校干部培训、思想引领、理论建设、决策咨询的价值。

实践永无止境，探索永无止境。不断开拓创新，坚持质量立校，积极探索和遵循教育规律和干部成长规律，提高教学和管理水平，是新时代做好培训工作、不断开创新时代党校工作新局面的必然要求。下一步，我们将进一步深入学习贯彻习近平新时代中国特色社会主义思想，践行“强核报国、创新奉献”的新时代核工业精神，聚焦关键人才、聚焦重点班次、聚焦解决问题，不断优化教学设计、课程体系、组织方式、成果输出，不断探索线上线下相结合等新模式，使教育培训工作更好地适应新形势下中青年干部的成长发展需要，更好地适应中核集团发展战略的需要，努力为集团公司高质量发展提供坚强有力的人才保障！

连线人物

高立本 核工业党校常务副校长、核工业管理干部学院党委书记、核工业研究生部主任、中核智慧城教育管理有限公司董事长，研究员级高级工程师。1999 年 11 月获国防科工委授予“国防科学技术三等奖”，2006 年 2 月获中国核工业集团公司党组授予“优秀共产党员”称号，2010 年 11 月获中国核工业集团公司授予“科学技术三等奖”，2016 年 7 月获中国核工业集团公司授予“先进工作者”称号。

王永梅 核工业党校副校长、核工业管理干部学院副院长，长期从事党校和干部教育培训工作，所负责的党校干部进修班荣获中央党校分校 2014—2016 年度教学管理先进集体，本人荣获中央党校分校 2014—2016 年度教学管理先进个人，所负责的领导力发展项目荣获中国人力资源管理最佳实践奖，所负责的项目管理人才培养项目先后获得集团公司 2019 年度、2021 年度管理创新成果一等奖、二等奖。

“人才+载体实践”
——“多措并举”的数字化人才培养体系

广东电网有限责任公司广州供电局数字化部
索智鑫　梁雪青　王嘉延　卢有飞

【企业简介】

广东电网有限责任公司是中国南方电网有限责任公司的全资子公司，简称广东电网公司，公司注册资本567亿1302万元，是统一管理广东电网（深圳市的电网和业务除外）的企业法人。公司共有员工10.63万人，供电客户数4224.83万户。自2020年1月1日起，广州供电局正式按广东电网的分公司体制运作。

广东电网以珠江三角洲地区500千伏主干环网为中心，向东西两翼及粤北延伸。通过“八交九直”高压输电线路与中西部电网联网；通过2回500千伏海底电缆与海南电网相连；通过4回400千伏线路与香港中华电力系统联网；通过6回220千伏线路和4回110千伏线路向澳门地区供电。截至2019年年底，已累计对澳供电502.94亿千瓦时，2019年全年对澳供电49.76亿千瓦时，占澳门用电量的83.48%。截至2020年3月31日，共投产35千伏及以上输电线路84070.385千米（含电缆），变电站2526座、主变压器5619台、变电容量48456万千伏安。2020年3月累计用电量1156.21亿千瓦时，同比减少10.39%。

广东电网公司秉持“人民电业为人民”的企业宗旨，立足“国家队地位、平台型企业、价值链整合者”的企业定位，加快创建全国最好世界一流省网企业，连续 11 年获得广东省地方政府公共服务评价排名第一，电网连续安全运行突破 24 年。

一、创新成果背景

以习近平新时代中国特色社会主义思想为指导，深入学习贯彻习近平总书记关于干部人才工作的重要论述，贯彻新时代党的组织路线，落实网省公司有关部署要求，在奋力推进百年供电出新彩、加快建设世界一流企业的征程上，大力弘扬重视人才、崇尚人才的良好风气，激发广大干部员工干事创业的积极性、主动性和创造性，用事业凝聚人、鼓舞人。

"多措并举"数字化人才培训模式，得到了南方电网下属各分子公司的广泛认可，为南网工匠型技能人才培养贡献了广州智慧。

（一）上级要求

2020 年 4 月，习近平总书记在浙江考察时强调"世界经济数字化转型是大势所趋，要抓住产业数字化、数字产业化赋予的机遇"。

国家高度重视数字化人才培养工作，《中共中央关于制定国民经济和社会发展第十四个五年规划和二〇三五年远景目标的建议》《关于加快推进国有企业数字化转型工作的通知》等文件，均明确提出了数字化人才培养要求，并将数字化人才培训作为企业数字化转型的重要依据。

在 2020 年南方电网公司干部人才工作会议上，孟振平书记强调为进一步增强干部工作的政治性、战略性、系统性、改革性、导向性，积极构建具有世界一流企业特征的人才发展体系，对数字化人才培训及人才认定提出了更高的要求。省公司为巩固和扩大"全国最好 2021"领先优势，推进基层信息中心转型要求，培养数字化转型专家人才，培养造就更多知识型、技能型、创新型职工。广州供电局在奋力推进百年供电出新彩、加快建设世界一流企业的征程上，亟须加快打造一流的人才队伍，为广州供电局事业的推进提供有力支撑。

（二）现状问题

目前常用的数字化人才培训工作方式存在培训学习形式单一、效果不深入等问题。问题主要体现在两个方面：

（1）数字化技能学习形式单一，互动少，与实际工作场景结合不充分，一人念稿大家听是常态，学习人员难以深入理解数字化技术的工作逻辑、事故案例暴露的问题本质，学习没有入心入脑，导致相关教育质量不高。

（2）技术领域培训考核与业务领域培训考核相互孤立，未将数字化技术培训与常规技能培训考核等同对待、同步开展、紧密结合，导致数字化技能培训考核与实际工作流程脱节，效果不佳。

因此，研究探索业务与技能相结合的数字化人才培养新模式，进一步提升数字化技能培训实效，具有十分重要的意义。

二、创新成果措施

产业数字化、数字产业化离不开数字化人才的支撑。在新的工作形势下，广州供电局进一步加深对数字化人才建设的认知，用人才支撑数字化转型。

（一）思路：多措并举

1. 总体思路

“多措并举”的数字化人才培养体系，按网省公司人才培养工作的统一部署，制定数字化人才标准，开展人才测评盘点，按照多基地并举、多专业协同、多方式培养、数字化支撑、优化组织架构的工作思路，打造数字化人才培养基地、数字化任务攻坚核心团队、数字化技术创新摇篮，营造全局数字化文化氛围，加快全局数字化人才队伍建设，加速 IT 与 OT 的人才融合，提升全要素生产率，重点支撑数字配电网、现代供电服务体系建设，为建设世界一流企业提供坚强数字化人才保障。

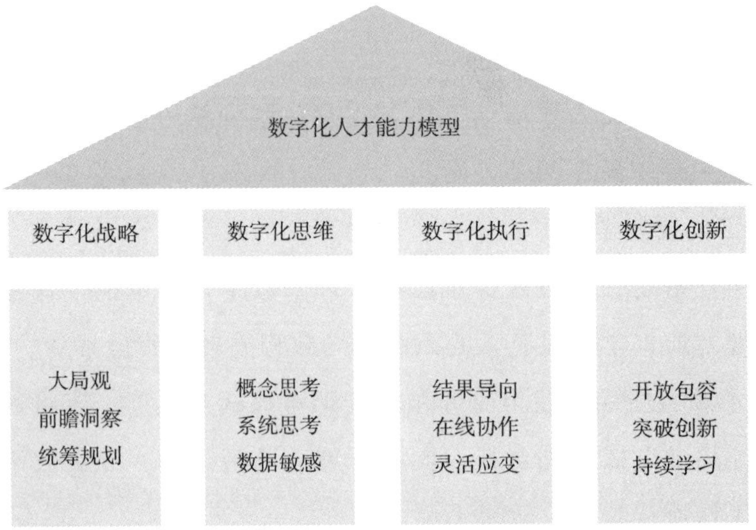

图 1　数字化人才能力模型

2. 具体方法

通过人才盘点，摸清企业人才发展现状，清晰了解公司是否具备充分的人才储备，发掘企业中具备高潜质的“数字化人才”。

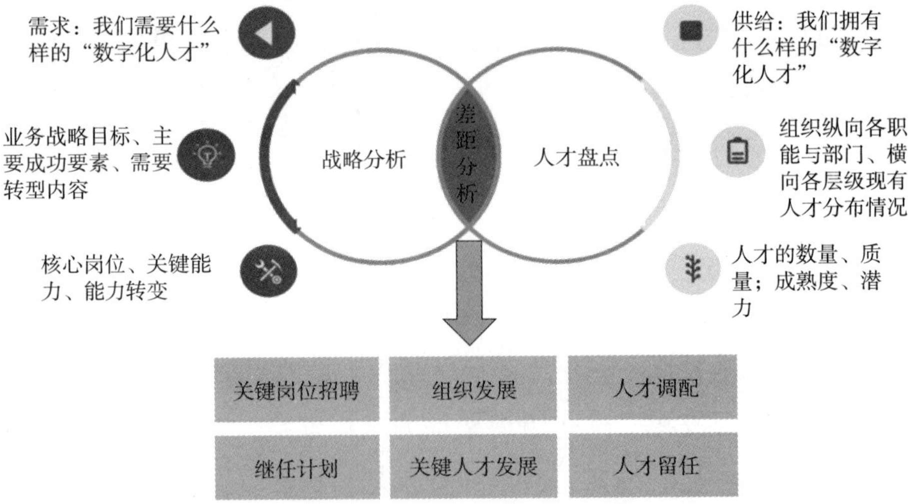

图 2　人才盘点操作示意图

基于人才盘点结果，使用大数据手段和人才标签，以数据驱动，设计数字化人才培养方法，制定人才发展计划，加快数字化人才培养。

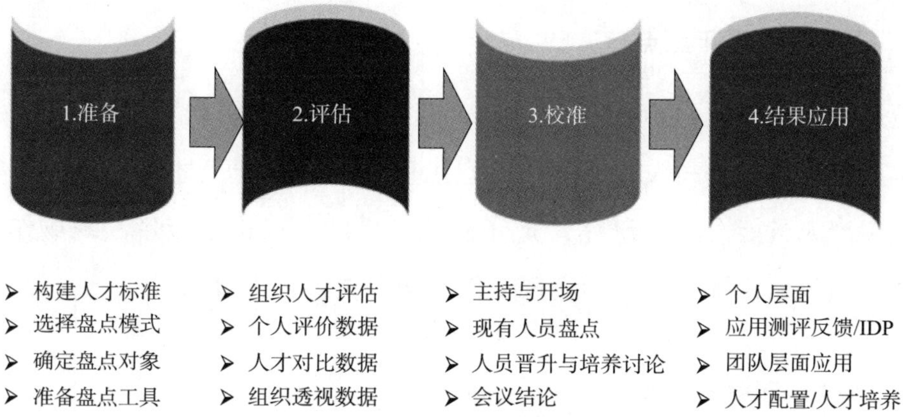

图 3　人才盘点整体流程示意图

（二）攻坚：多措并举，加快数字化人才培养

1. 制定人才标准

为响应公司高质量发展要求，建立包括战略、思维、执行、创新四个维度的“数字化人才能力模型评价”标准。

1）数字化战略能力

善于站在宏观的角度看问题，动态关注形势的发展与变化，结合市场的动态，科技推进数字化转型。

2）数字化思维能力

善于把握企业数字化转型思路或路径，准确把握事物间内在的本质关系，能透过数据发现问题和规律，利用数据分析为各项决策提供支撑。

3）数字化执行能力

善于通过在线远程交流、合作达成目的，能够在线远程整合或协调不同的内外部资源，以结果为导向，思维敏捷，反应迅速。

4）数字化创新能力

善于以开放的眼光和胸怀，去拥抱新知识、新理念，避免过于局限在个人思维里，敢于突破模式，积极引入新观点和新方法，在变革中积极寻求突破。

2. 开展人才测评盘点

通过数字化人才盘点，建立台账，摸清广州供电局数字化人才发展现状，同步推进南方电网公司人才标签的试点工作，开展基于人才标签及大数据技术的一线生产人员能力模型研究，充分利用广州供电局移动应用、现场作业、报表中心、绩效四化等数据，为实现工作量均衡提供辅助分析。

3. 开展人才培养计划

开展数字化人才培训三年计划。

4. 深化多基地建设

结合主、配网各单位业务开展多基地建设，重点依托信息、通信、调度、培评、运监、计量、试验等7个专业，提供各类ICT系统作为支撑，打造多个数字化人才培养基地，提供数字化人才实操锻炼环境。

5. 实现多专业协同

历经多年打磨，广州局为数字化人才培育提供了信息平台实操、海量内外部数据、技术工具配备、产学研组织保障等良好条件：

（1）结合电网管理平台上线，做好生产、人资、财务域的专业协同。

（2）通过多专业协同任务攻坚，动员全局各专业68个职工创新工作室，围绕数字化转型开展技术攻关。

（3）通过高校研究机构联合实验室、IEEE PES电力业务数字化技术应用分委会等开展产学研合作。

6. 落地多方式培养

实现专班制、任务制、课题制落地：

（1）依托广州局数字配电网工作专班，开展数字配电网建设36项任务攻坚。

（2）做好毕业计算机专业员工赴基层联合培养，实现不少于30个课题孵化。

（3）结合全局重点工作，将人才培养与优化营收环境等重大工作任务紧密挂接。为落实网省公司“三商”转型部署，完成重点工作任务提供数字化人才保障。

7. 加强技能培训

加强三基建设，组织数字化技术技能竞赛比武，举办数字配电网大讲堂，开展多场“线上+线下”全局数字化培训。

8. 优化组织架构

基于“员工人才画像”，在部分供电所开展试点工作，设置数字协同组，通过构建智能运检体系、新一代量测体系等数字化手段，推动供电所业务模式变革，推进数字配电网在供电所的建设落地。在全局层面，依托业务领域与技术领域相融合，以业务+技术“双轮驱动”，打造“敏捷前台、高效中台和坚强后台”体系，支撑企业数字化转型。

9. 推动人才交流

推动与包括南网数研院、南网科研院、南网电力科技公司、南投科技板块等产业公司的双向人才学习交流，促进全局数字化人才培养。

10. 营造文化氛围

数字化转型，文化先行，让全体干部员工习惯用数字化思维解决问题，营造思考更全面、措施更精准、响应更迅速、做事更高效的数字化文化。

（三）实践：真抓实干，“人才+载体实践”显实效

1. 多基地并举

紧密结合全局主、配网各单位业务，重点依托信息、通信、调度、培评、

运监、计量、试验等专业信息化平台，以各类 ICT 系统为支撑，打造多个数字化人才培养基地：

（1）组织实体：信息中心、通信中心、调控中心、培评中心、运监中心、计量中心、试研院等。（2）平台实体：信息类、通信类、调度类、培评类、运监类、计量类、试验类等。

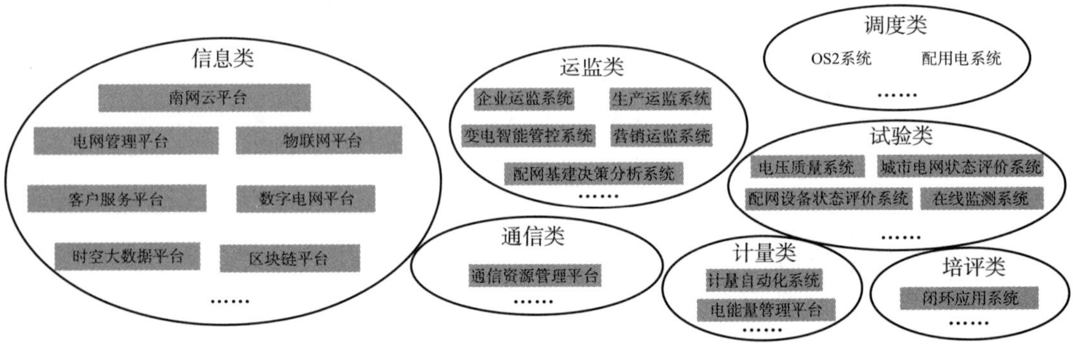

图 4　多基地并举示意图

2. 多产业协同

对内通过生产、营销、规划、物资、基建、调度、财务、人资等多专业协同任务攻坚，培养复合型数字化人才，依托南网工匠大学和各专业职工创新工作室，促进员工多岗位融合发展。

（1）人资域：开展人才标签试点建设及员工“衣食住行”关爱服务平台。

（2）营销域：营商环境改革 4.0 方案落地及现代供电服务体系建设。

（3）生产域：输电机巡及新一代运维体系建设，智慧安监及现场作业一张图建设。

（4）财务域：推广发票智能报销及财务智能助理建设。

（5）物资域：智慧监造系统建设及智慧物流建设。

对外广泛开展产学研合作，通过制定国内外标准、成果转化、产业孵化、构建联合实验室、设立学术组织，加速人才培养。

（1）通过高校研究机构联合实验室、IEEE PES 电力业务数字化技术应用分委会等平台，开展人才培养。

（2）开展数字电网领域的产学研合作、制定国内外标准、成果转化、产业孵化和学术交流等活动。

3. 多方式培养

采用专班、任务、课题制等多种方式，紧贴基层业务，紧密结合数字配电网任务攻坚，培育精通技术与业务的复合型数字化人才，选拔优秀突出人才。

1）专班制

其一，采取柔性劳动组织，吸纳各部门专业人才，与基层单位紧密联动，群策群力，集中力量办大事。

其二，联合攻坚，整合优势，充分调动人才积极性。

2）任务制

给定任务，通过选派、揭榜、挂帅方式，锻炼选拔优秀人才。

其一，选派：安排计算机专业人员，带着具体任务、项目、资源到基层联合培养，实现自我培育。

其二，揭榜：公布技术攻关任务，由员工自主承接，配备资源，充分发挥主观积极性，攻坚克难促进成才。

其三，挂帅：由领军人物、技术专家挂帅，瞄准问题，把握方向，压实责任，高水平完成任务，培育人才。

3）课题制

其一，紧贴基层业务，以问题为导向，组织基层员工开展创新课题孵化。

其二，增强人才数字化实战能力，营造一线员工参与数字化转型的创新氛围。

4. 数字化支撑

从员工、用户、设备三大维度，打造“数字孪生电网”，员工维度构建“数字孪生员工”。同时，积极承接南方电网公司人才标签试点工作，梳理广州局各类干部员工的核心数据和特征信息，依托大数据、智能算法，构建完成人才及岗位数据分析模型画像，重点发现和使用数字化人才。

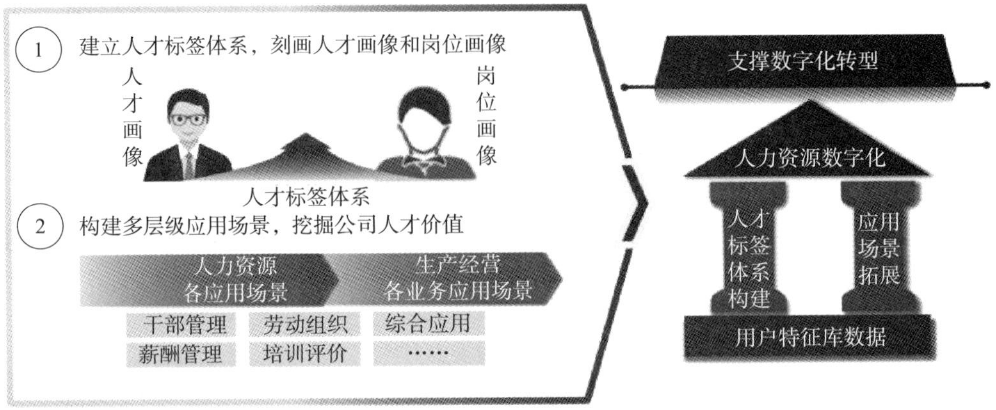

图5　“数字孪生员工”示意图

基于数据驱动的思路，开展全方位、多角度的综合分析和场景化、数字化、形象化的应用建设，实现“人力资源管理数字化”。

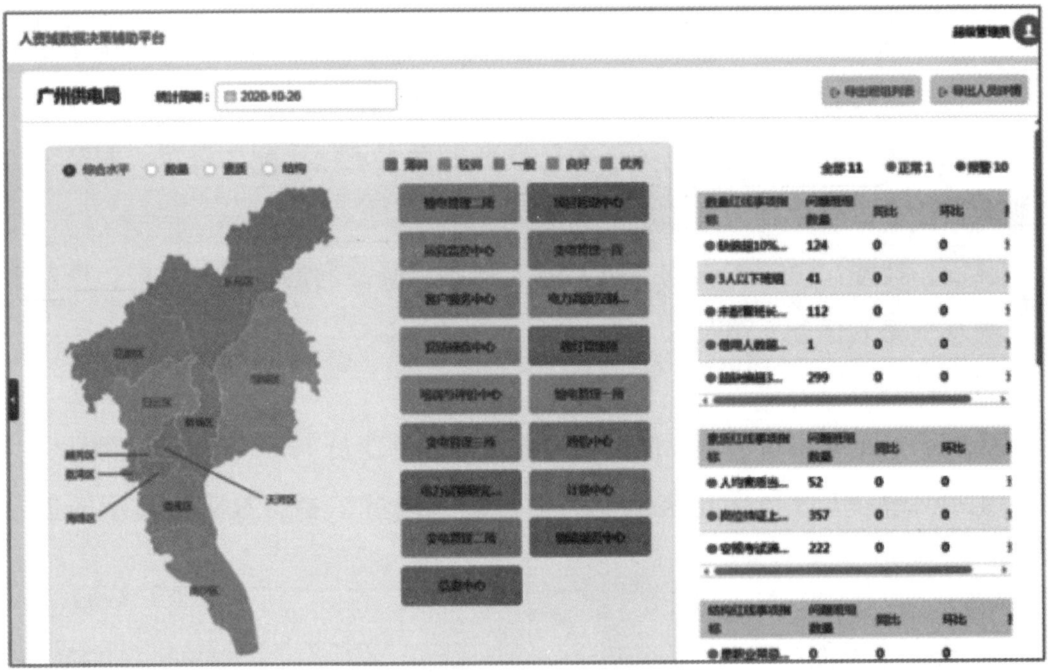

图6　人资域数据决策辅助平台

5. 优化组织架构

以数字化思维，塑造业务、技术“双轮驱动”，依托技术领域和业务领域相融合的“前中后台”体系，试点开展组织机构优化，构建数字化转型中的“敏捷前台、高效中台和坚强后台”。

（1）打造敏捷高效型供电所，挖掘供电所数据资源，充分利用系统数据、用户数据。

（2）在区局成立数字协同组，推进业务整合重组、用工模式变革以及人才发展体系创新。

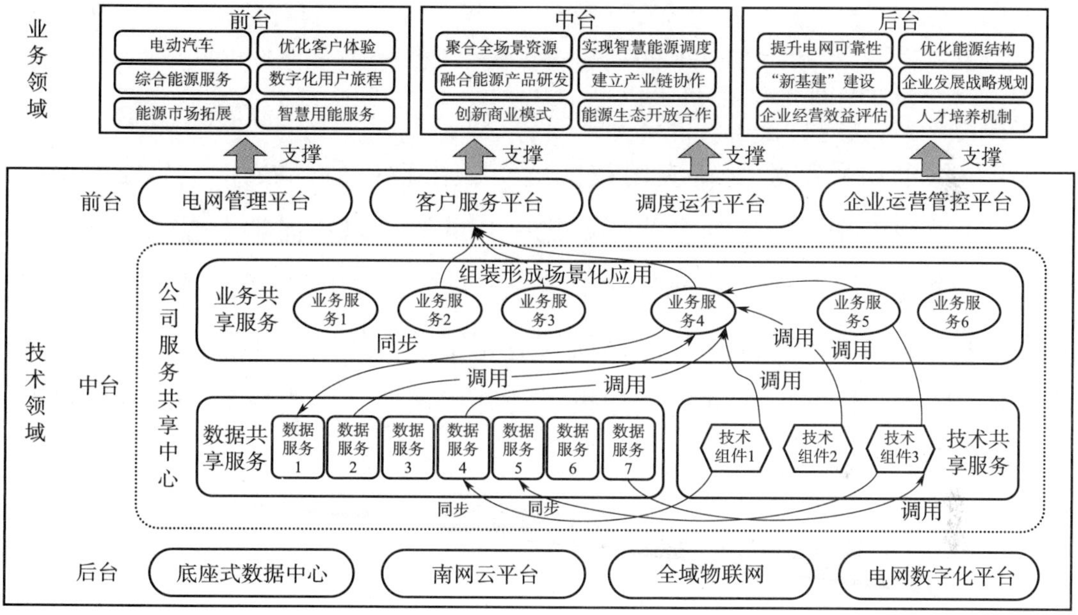

图7 “敏捷前台、高效中台和坚强后台”体系示意图

三、创新成果效果

在数字配电网建设实践中采用专班、任务、课题制等多种方式，紧贴基层业务，紧密结合数字配电网建设攻坚要求，培育精通技术与业务的复合型数字化人才，选拔优秀突出人才。

（一）广泛开展各类培训

截至2021年6月，已开展技术培训11期，慕课11期，3012人次参与。召开数字化转型研讨和推进会议11次，推动各层面保持活跃思考，输出具体举措。

（二）开拓IT专业联合培养模式

选派2020年毕业的10名计算机专业新员工及6名信息中心核心骨干人员赴基层联合培养。针对无人机智能巡线、业务流程自动化处理等问题，提出了12个数字化解决方案，联合基层一线推进落实。

（三）数字化创新应用技能竞赛

广州供电局数字化创新应用技能竞赛，作为“广东技工”工程羊城行动——“羊城工匠杯”系列主题竞赛之一，秉承“以赛促学、边赛边学”的理念，在全局范围内推广数据驱动思维，开展数据应用创新，强化数字化专业的集中培养和满足关键业务的创新发展相结合，鼓励员工在电力领域开展大数据、图数一体的应用创新。选拔了具有代表性、可用性和创新性的高品质应用成果。

（四）以赛促学，边赛边学

自2021年4月组织举办“羊城工匠杯”广州供电局数字化创新应用技能竞赛，共收到全局28个部门和单位、76支队伍228名选手的参赛报名，是广东电网规模最大，线上并发量、参赛人员最多，覆盖业务最广的数字化技能赛事。

赛场上，各参赛队伍从基层用户的痛点出发，深挖用户痛点需求，利用数字化工具和手段寻找业务创新点与突破点，开展问题分析，并提出了翔实可落地的解决方案。

通过比赛，鼓励了全局员工尤其是青年员工抓住数字化转型的机遇，在日常工作中认真学习、潜心钻研、大胆创新，拥抱数字化技术发展，深挖数据价值，激发数字化创新能力。

图 8　数字化创新应用技能竞赛

（五）推广应用，认可应用价值

南方电网公司和广东电网公司对广州供电局的数字化人才培养方法和应用价值高度认可。南方电网公司数字化部负责人在观看了数字化创新应用技能竞赛决赛后，在会上提出希望广州供电局继续当好公司数字化转型排头兵，用好用深 4321 平台，贡献更多的优秀数字化场景案例，联合兄弟单位和外部单位共同开展此类赛事，建立配电网数字化生态圈。

南网系统内南网新闻网 IT 服务中心等各类媒体广泛报道数字化竞赛，宣传数字化人才培训成效，在南网内获得广泛的关注和良好的口碑，打响了广州供电局“多措并举”的数字化人才培养品牌。

四、创新成果经验总结

“多措并举”数字化人才培训自启动以来，经历了从无到有、从有到优、从点到面的持续完善、推广应用过程，取得了多项创新成果，产生了实实在在的应用价值。

（一）建设平台多，提供数字化技术支撑

随着南方电网公司“4321”平台在广州供电局的全面试点部署，以及广州局具备“6+1”网级平台建设经验，建成供电服务体系、“散乱污”场所治理、5G 智能电网应用示范区、“四网融合”、政企联动等数字化应用场景，为数字化人员培育提供了大量的实操锻炼机会。

（二）数据资产建设完善，数据基础持续夯实

广州供电局积累了生产、营销、物资、财务、人资等业务域 390TB 海量数据，广泛开展内外部数据融合，积极对接“数字政府”，接入“四标四实”、电子证照等 7 大类政务数据，为人才培养提供充足的数据生产资料。

（三）多种技术工具

广州供电局从配套工具着手，共开发人工智能组件52项、时空大数据专题工具21项、云存储资源500TB，区块链组件8项，以及流程机器人、远程办公、报表自助工具等技术工具，为人才培育提供工具武装。

（四）良好的产学研组织，保障人才培育

成立数字配电网建设工作组、IEEE PES电力业务数字化技术应用分委会、南网工匠大学，集合全网信息、通信、调度三大专业共68个职工创新工作室，组建南网数字电网工作室联盟等，为人才培育提供产学研组织保障。

连线人物

索智鑫 高级工程师，广东电网有限责任公司广州供电局数字化部总经理。国家能源局南方区域电力安全生产专家、中电联电力信息通信专委会委员、广州供电局配电专业领军人才。参与编写专著2本，在《高电压技术》等高水平专业杂志中发表6篇论文，并有1篇第一作者论文收录于2015年国际供电会议（法国里昂），3篇第一作者论文在智能电网论坛等论文集中收录。获国家发明专利14项、实用新型专利15项、省部级奖6项，在大数据应用、数字化转型、电力信息化支撑、配网自动化等专业工作方面具备丰富经验。曾获南方电网公司个人三等功、南方电网公司抗击超强台风“威马逊”抢修复电先进个人等荣誉。

以“维修技能评价体系”为依托的复合型钢铁人才培训模式研究

山西建邦集团有限公司

王勇卜　马　元　焦　琳

【企业简介】

山西建邦集团有限公司创建于1988年，资产总额139亿元，现有职工5000余人。国家高纯生铁和四面肋热轧钢筋、热轧钢筋用连铸方坯标准制定成员单位、中国企业信用500强、中国民营企业信用100强、中国民营企业500强、中国制造业500强、中国对外贸易民营企业500强、工信部第二批符合钢铁行业规范条件企业、全国节能减排示范企业、全国环境守法示范企业、国家两化融合示范单位。

企业取得了“环境管理体系、质量管理体系、职业健康安全管理体系、能源管理体系”四体系认证，连续获得“AAA级重合同守信用单位”“山西省优秀民营企业”“山西省循环经济试点企业”“山西省绿色生态单位”“山西省高新技术企业”“国家工信部和省经信委两化融合试点企业”等荣誉称号，位居“山西省民营企业100强”和“山西省民营制造业20强”第四位。企业拥有“省级企业技术中心”，取得发明专利9项、外观设计专利2项、实用型专利186项。

建邦集团将在党的十九大精神的指引下，坚持“安全发展，低碳发展，绿色发展，循环发展”，弘扬“创新、求实、拼搏、奉献”的企业精神，把管理做细，把产品做精，把品牌做优，把市场做大，把实力做强，打造国际知名钢铁企业，积极承担社会责任，为实现中华民族伟大复兴的“中国梦”和百年建邦辉煌而努力奋斗！

一、创新成果背景

目前，钢铁行业机、电、钳各工种各自为战的现象普遍，均沿用传统的培训管理模式，导致抢修效率偏低、检修成本偏高，成为生产管理问题的瓶颈，操检脱节严重，设备带病作业现象层出不穷，定修点检效率、常见故障解决效率偏低，设备大修频次较大，设备生产作业率整体偏低。一线操作岗位的维修潜能有待开发和挖潜，培养钢铁复合型人才难度系数居高不下。

二、创新成果措施

维修技能评价体系是一项长期而又复杂的管理体系，它涉及面广，影响面大，与广大员工的切身利益息息相关，宜采取“先试点、后推广”的方式逐步展开。

（一）齐心合力推体系，攻坚克难定措施

（1）在企业维修成本高、维修岗位工作强度大的前提下，建邦各级领导引导员工利用一切可以利用的时间，组织员工在线上或线下学习新技能、新知识和新方法。为保证此项工作的顺利开展和高质高效地得以实施，各单位一把手高度重视，并给予大力支持和配合。

（2）建邦集团各级领导通力合作，加强沟通，集团组织架构和车间设置使“机电合一”需跨班组、车间推行，各部门负责人认真规划，做好组织、沟通和协调工作，将“机电合一”的每一步工作做实、做透，问题清楚，措施明确。

（3）体系推行做到“三严三明”，即评价实施全过程“严标准、严要求、严执行，考评项目透明、考评过程透明、考评结果透明”。“三严三明”是体系有效推行的“堡垒”，是实施人员、评价老师和参评员工的“红线”，触及红线必将严肃处理，所有人员必须把“堡垒”作用落实到行动上。

（4）明确试点部门的试运行时间节点，试运行期间是体系本身和有关具体操作流程不断完善和改进的关键时期，各部门干部员工积极参与其中，多提宝贵意见和建议。所有人员通力合作，确保了全面推行“维修技能评价体系”顺利、有效实施。

（二）科学评价有方式，追求实效有方法

（1）公司高管挂职组织审核技能考评体系建设工作，人力资源处全员参与组织制定技能考评管理体系相关规定以及体系全面落地与实施工作。全体相关人员，分工明确，职责清晰，体系推动做到了人人有具体事，事事有责任人，天天有进度条，月月报总结表。推行稳扎稳打，落实不折不扣。

（2）依据建邦生产实际运行状况，设置技能考评级别为七级，根据级别高低不同，设置每个级别的实操考评项目。

序号	岗位	级档		评定项目	备注
1	钳工	初级		1. 钳工工具安全使用。 2. 游标卡尺的使用。 3. 千分尺的使用。 4. 万能角度尺的使用。 5. 百分表的使用。 6. 平面画线圆等分法。 7. 立体图形的三视图投影规律。	
		中级	一	1. 电动套丝机的使用。 2. 平面图形的尺寸分析及画法。	
			二	1. 轴承装配。 2. 机械故障识别。	
			三	1. 轴、齿、联轴器的全剖和半剖视图识别。 2. 单级双吸水泵装配。	
		高级	一	1. 液压执行机构装配。 2. 摆线减速机装配。	
			二	1. 现场机械故障判断。 2. 圆柱齿轮减速机装配。	
			三	1. 联轴器找正。 2. 液压动力系统装配。	
2	焊工	初级		1. 气割安全技术检查和试用。 2. 焊接安全技术。 3. 氧气表安装使用。 4. 使用割把前的检查基础。 5. 气割工件画线基础。 6. 方板切割。	
		中级	一	1. 小口径管气割截取。 2. 大口径管气割截取。 3. 厚板气割开孔。 4. 焊接识图基础。	
			二	1. 中厚板圆板切割。 2. 管板对接平角焊。 3. 钢筋圆钢搭接焊。 4. 板对接立焊。	
			三	1. 管道背面漏水处理。 2. 故障排查。 3. 板对接立角焊。 4. 板对接横焊。	

续表

2	焊工	高级	一	1. 薄板切割。 2. 板对接仰角焊。 3. 工件固定位置仰面切割。 4. 根据焊接材质选择焊条和母材。	
			二	1. 小口径管水平固定焊。 2. 大口径管水平固定焊。 3. 结构件模拟下料。 4. 开坡口对接平焊。	
			三	1. 高级焊接综合科目。 2. 开坡口对接仰焊。 3. 开坡口对接仰角焊。 4. 开坡口管对接横焊。	
3	电工	初级		1. 电气防护工具的使用及触电急救。 2. 电笔（氖泡/电子/高压）使用。 3. 万用表的使用（指针式/数字式）。 4. 导线连接/电线接头。 5. 热电偶、热电阻测温原理及应用。 6. 电缆校线。 7. 摇表的使用。 8. 低压电器结构与动作原理。	
		中级	一	1. 信号发生器及调节阀的调试。 2. 监控系统安装与调试，日常点检的方法及点检仪器使用。 3. 绕线式电动机启动。	
			二	1. 三相异步电动机的拆卸与装配维护保养。 2. 电动阀门接线调试。 3. 继电接触式控制线路的安装与调试。	
			三	1. 线路、设备安全隐患查找排除。 2. 脉冲阀控制电路安装配线。 3. 三相电动机定子回路串电阻降压（10 秒）启动电路安装。	
		高级	一	1. 低压核相/相序检查。 2. 软启动器调试。 3. 三相异步交流电动机顺启逆停控制电路安装和调试。	
			二	1. 三相异步电动机正反转控制电路安装配线。 2. 直流他励电机的运行与控制。	
			三	1. PLC 的安装与使用（结合本厂的实际情况）。 2. 应用 PLC 控制五台电机的启或停。 3. 三相异步电动机的连续控制（plc 控制）。	

（3）从中三级开始交叉评级，即：各工种在参加中三级实操考试之前，必须通过另外两个工种的初级。其中电工在参加中三级时，考评老师在所配盘电路中随机设置故障，要求考生在规定时间排除，故障排除所占分数比为30%。交叉评级是“机电合一”的关键一环，是促进员工提升跨专业技能水平的关键方式，是维修技能考评体系的重中之重。

（4）理论考试打破专业壁垒，以所在岗位的应知应会为重要内容，如本岗位安全操作规程、工艺流程、关键设备原理等。维修人员的实操能力是技能水平的直接体现，专业知识在工作技能水平中的占比较小，相反，维修人员对所在区域的安全技能、工艺熟知程度、关键设备原理是其提高技能水平的“三大支柱”，也是阻碍其技能水平不断提升的“三大瓶颈”，因此，在理论考核过程中，必须将此三项内容作为重要内容进行考核。

（i）安全是个永恒的主题，尤其是工作范围广、接触设备多的维修人员更是安全作业的重点关注人群。为了企业的发展和家庭的幸福，必须根除习惯性违章、熟记本岗位相关安全操作规程，只有熟读熟记，才能时刻警惕；只有严格考核，才能牢记安全。

（ii）维修人员所在区域的工艺流程、关键设备是其进行维修作业前必须掌握和了解的关键内容，即要知其然，还要知其所以然。设备运转的上下道工序，如何相互影响，相互制约；即将开展的维修作业，如何影响生产流程。必须掌握诸如此类维修须知，了解其生产工艺流程，“不给生产留隐患，不误生产1秒钟”。

（iii）理论试卷全部密封批阅，阅卷人必须在每份试卷上签署姓名和日期，以确保批阅结果的可追溯性。

（5）设置与技能等级挂钩的补贴标准。根据各工种的工作难度和强度，分别设置补贴额，补贴力度大，级别差距大，月月兑现。

（6）设置考评人员奖励处罚规定

（i）对每场实操考评的考评人员予以补贴，提高补贴人员的积极性和工作效率。

（ii）对阅卷人和考评员在技能考评过程中营私舞弊等违规现象，扣除所有未发补贴，并取消其考评资格。

三、创新成果效果

山西建邦集团在参加行业及地方组织的各类竞赛活动中，成绩斐然，为提升企业公信力，打造良好企业形象与声誉做出了贡献。

2016 年以来连续五届参加中钢协组织的微课大赛，均获“优秀组织奖”，并获数项个人奖。2016 年以来连续五届参加中钢协组织的征文大赛，均获“优秀组织奖”，并获数项个人奖。员工参加省、市、县电工、焊工等各类技能大赛硕果累累，全面提升了员工的技能水平，提高了企业凝聚力。

公司总经理张锐获“第十三届中国十大教导型企业家”称号，山西建邦集团有限公司荣获“第十三届中国企业教育先进单位百强单位”，山西建邦集团通才公司获“第十四届中国企业教育百强先进单位”，公司副总经理刘力强获“第十四届中国企业培训卓越管理者”称号。

建邦集团坚持把培训工作作为人才培养的首要举措，把人才培养作为企业发展的重要战略，企业培训、人才培养与经营管理已形成良性互动，极大地提升了企业的公信力和核心竞争力，为建设百年强企奠基了良好的基础人才保障。

四、创新成果经验总结

（一）加大投入强基础，健全机构强管理

为了全面提高员工素质，加快人才队伍建设，建邦集团在德国巴登钢铁公司专家的指导下成立了培训中心，创建了职业培训学校，申请成立了行业技能鉴定站、人社部职业技能等级认定机构，并配备专职管理人员 20 名、内部兼职培训师 66 名；投资 3000 余万元建起了能容纳 800 余人同时培训的教学培训大楼，以及 100 个实操训练台位的两个实训基地；派出各单位培训负责人到德国巴登钢铁公司学习取经，同时邀请巴登培训负责人来公司进行指导，传经送宝。

（二）完善培训体系，建立培训机制

全面完善培训管理体系，建立健全培训相关制度。建邦集团培训中心每年底对员工进行下一年度培训需求调查并整理分析，制定各单位及全公司的年度培训计划，要求所有员工每月至少要得到一次培训，一线员工培训每月达 200 余场；定期派出管理干部及技术人员到同行业先进单位对标学习，并制定了返厂宣贯落实制度，2019 年派出学习 200 余人次；每月邀请知名大学教授、管理咨询专家来公司进行技术、管理、励志等方面的培训教育，2020 年组织了 42 场

培训教育。张敏、常华等人参加2020年山西省安全生产教师培训班并取得合格证书。

建邦职业培训学校三年来共举办电工、焊工、计算机等培训班55个，培训当地农民工、下岗人员、大中专毕业生近2000人，建邦集团安置1600余人就业，解决了当地的剩余劳动力，提升了入职人员的技能水平。

（三）建立校企联合机制

为提高员工的理论功底和技能水平，为建邦集团培养更多的高技能人才，建邦引进了德国的“二元制”教育培训理念，与北京科技大学、太原理工大学、太原科技大学、山西工程技术学院等联合，签订了“定向培养，三方签约，学院育人，企业用人，三方共赢”协议，通过设立奖学金，报销学费，发放生活费、安家费及实习补贴等形式，实行学生由学校和企业共同管理，加强学生在企业的实习管理，实习期间先安排钳工、焊工、电工等进行系列基本功的训练，然后将他们安排到生产现场轮岗实习，学习生产工艺知识及维修知识，使学生在毕业后即可直接上岗。近年来已培养出一大批“爱钢铁，能吃苦，一岗精，多岗通”的高技能人才。

（四）全员技能鉴定，加快一专多能、操检合一步伐

为调动广大员工的学习积极性，实施全员技能水平鉴定，建邦集团将员工

收入与技能水平挂钩，每年对所有员工进行技能鉴定，以技能水平确定涨薪幅度；按照岗位的技术含量、劳动强度、工作环境及岗位重要程度，将工种分类，并根据考试成绩划档，确定每个员工的技能补贴金额。鼓励员工“一专多能”，实现了从“要我学”到“我要学”“怕考试”到“盼考试”的转变。

连线人物

王勇卜 历任山西建邦集团通才炼钢厂综合办公室主任、建邦集团印尼分公司工程处长、集团人力资源处处长。2012年12月被建邦集团评为“先进工作者”，2015年被建邦集团评为“驻外分公司优秀干部”，2018年被评选为“建邦集团年度劳模”。率先提出“维修工技能评价体系”及附属管理措施。

六"聚焦"六"强化"
为企业高质量发展汲取精神力量

马钢（集团）控股有限公司教育培训中心
谢志燕　孙贵华　王　蕾

【企业简介】

马钢是中国宝武钢铁集团有限公司控股子公司，地处我国经济最具活力的长三角经济圈，临江近海，交通便捷，周边地区铁矿石等资源储量丰富。2020年，其钢产量首次突破2000万吨，营业收入首次突破1000亿元，人均年钢产量首次迈上1000吨台阶。

马钢的前身是成立于1953年的马鞍山铁厂；1958年马鞍山钢铁公司成立；1993年成功实施股份制改制；2019年9月19日，中国宝武与马钢集团重组实施协议正式签约，马钢集团成为中国宝武控股子公司。在60多年的艰苦创业、自我积累和滚动发展的历程中，马钢创造了我国钢铁行业的多个第一：我国第一个车轮轮箍厂、第一套高速线材轧机、"中国钢铁第一股"（A+H股上市公司）、第一条大H型钢生产线先后诞生在这里。

马钢是多元协同发展的集团化企业，构建了钢铁及产业链延伸产业、战略性新兴产业协同发展的产业格局。钢铁产业拥有马钢股份公司本部、长江钢铁、合肥公司、瓦顿公司四大钢铁生产基地，冷热轧薄板、彩涂板、镀锌板、H型钢、高速线材、高速棒材和车轮轮箍等先进生产线，长材、板带、轮轴三大系列产品，车轮、H型钢、冷镦钢、管线钢等产品拥有自主知识产权和核心技术，车轮和H型钢产品获得"中国名牌"称号，股份公司荣获"全国质量奖"。

当前，马钢正处于加快转型升级、迈向高质量发展的关键时期。面对钢铁行业发展大势，马钢将在中国宝武的坚强领导下，坚持以习近平新时代中国特色社会主义思想为指导，坚决贯彻新发展理念，进一步强化“超越自我、跑赢大盘、追求卓越”的绩效导向，以“三高两化”为实施路径，以改革为动力，以创新促发展，深化整合融合，全面对标找差，打造“大而强的新马钢”，为助推中国宝武成为全球钢铁业引领者、共建高质量钢铁生态圈，为全面建设现代化五大发展美好安徽、水清岸绿产业优美丽长江经济带做出积极贡献。

一、创新成果背景

2021 年 2 月 20 日，党中央召开党史学习教育动员大会，做出在全党集中开展党史学习教育的重大决策。根据中央和中国宝武集团党委统一部署，马钢集团党委组织实施了独具特色的党史学习教育培训项目，作为党史学习教育活动的重要内容。开展党史学习教育培训，具有重要的现实意义和深远的历史意义。

（一）牢记初心使命、推进中华民族伟大复兴历史伟业

党的十八大以来，以习近平同志为核心的党中央高度重视学习党的历史，多次就党史学习教育提出明确要求。习近平总书记在党史学习教育动员大会上指出：“在全党开展党史学习教育，是牢记初心使命、推进中华民族伟大复兴历史伟业的必然要求，是坚定信仰信念、在新时代坚持和发展中国特色社会主义的必然要求，是推进党的自我革命、永葆党的生机活力的必然要求。”开展党史学习教育既是“不忘初心、牢记使命”主题教育的赓续，也是推进中华民族伟大复兴历史伟业的必然要求。在党史学习教育中要引导广大党员以史为镜、以史明志，将党史学习教育成果转化为不忘初心使命和实现中华民族伟大复兴中国梦的行动自觉和责任担当。

（二）坚定信仰信念，在新时代坚持和发展中国特色社会主义

习近平总书记指出，在新时代，坚定信仰信念，最重要的就是要坚定中国

特色社会主义道路自信、理论自信、制度自信和文化自信。开展党史学习教育的目的就是要通过回顾党的百年历史，坚定理想信念，用党的光荣传统和优良作风砥砺信仰，用党的历史经验和伟大成就鼓舞斗志，用党的信仰信念和革命精神凝聚力量。马钢开展党史学习教育，就是要引导广大党员以史增信、以史铸魂，不断坚定“四个自信”，进一步增强做强做优做大马钢的信心决心，以实际行动为中国宝武由“老大”变“强大”、为全面建设社会主义现代化国家做出新贡献。

（三）推进党的自我革命，永葆党的生机活力

勇于自我革命是中国共产党最鲜明的品格，是党的最大优势，是马克思主义政党性质的必然体现，是党的建设的一贯要求和根本方针。通过党史学习教育，引导广大党员职工以史为鉴、以史崇德，更加自觉从党的历史中深刻理解百年大党兴党强党的密码，更加深刻感悟姓党为民始终是国有企业的本色、红色基因始终是国有企业的根脉，进一步筑牢“根”“魂”优势。通过党史学习教育，加强党风廉政建设和反腐败工作部署，充分发挥全面从严治党的引领保障作用，健全完善监督体系，构建并完善不敢腐、不能腐、不想腐的机制，为马钢“十四五”发展开好局、起好步提供有力保证。

（四）牢记习近平总书记的殷殷嘱托，推动马钢再立新功

2020 年 8 月 19 日，习近平总书记亲临中国宝武马钢集团考察调研并发表重要讲话。马钢集团党委把深入学习贯彻落实习近平考察调研马钢集团重要讲话精神与开展党史学习教育紧密结合，用新思想武装头脑，努力把党的政治优势转化为生产经营和市场竞争优势，把党的组织能力转化为干部职工攻坚克难的行动力，在党史学习教育中汲取前进力量，弘扬伟大建党精神，牢记殷切嘱托，汇聚磅礴力量，创造伟大实践，为把马钢建设成为国家需要、行业尊重、家国情怀、使命担当的世界一流伟大企业，为我国进军第二个百年奋斗目标、实现中华民族伟大复兴做出新的更大贡献，在全面建设社会主义现代化国家新征程上再立新功。

二、创新成果措施

（一）聚焦发展定位，强化责任担当

开展党史学习教育，教育引导广大党员及全体员工以史明理、以史明志，以党的旗帜为旗帜、以党的方向为方向、以党的意志为意志，强化自身作为央企的使命担当，聚焦成为全球钢铁业优特长材引领者的发展目标与定位，坚持智慧制造、绿色发展，践行“三高两化”，为打造后劲十足大而强的新马钢构筑共同奋斗的思想文化基础。

在党史学习教育培训项目中，结合习近平新时代中国特色社会主义思想的学习，着重开展学习贯彻习近平总书记考察调研中国宝武马钢集团重要讲话精神，组织专题研究，安排专题教学，开展现场观摩，结合发展定位、目标与任务，坚持党对国有企业的领导，坚持党建引领，把握发展新阶段要求，贯彻新发展理念，构建新发展格局，自觉肩负起做强做优做大国有企业、创建世界一流伟大企业的神圣使命，强化责任担当，倡导价值创造为纲、以奋斗者为本的理念，不断夯实企业高质量发展的思想理论基础。

在党史学习教育培训项目中，以史为鉴，开创未来，结合马钢发展历史的学习，重温马钢在20个世纪60年代形成的“江南一枝花”的优良传统作风，梳理总结新时代马钢“江南一枝花”精神谱系的内涵与时代价值，传承马钢发展的精神血脉，弘扬团结、拼搏、奋斗、开拓、奉献的新时代马钢企业精神，为打造后劲十足大而强的新马钢提供强大的精神力量。

（二）聚焦团队力量，强化课程开发

马钢党校作为马钢集团公司党员干部培训的主阵地，2021年，适应党史学习教育需要，充分发挥党校作为干部培训主渠道、理论宣讲主阵地作用，第一时间组建了党史学习教育研教组，开发党史系列课程，为党史学习教育提供菜单式服务，发挥党校在党史学习教育中的积极作用。

1. 构建专题课程开发团队协作机制

为了本次课程开发，成立了党校领导牵头、主任培训师参加、以党史教研为骨干的党史精品课程开发团队，30 名党校优秀中青年教师参与课程开发，构建了跨科室、跨专业课程开发团队协作机制。党史教研组内部相互协作，围绕培训内容、课程设置、课程框架、案例运用、PPT 制作开展集体研究，形成培训计划与培训方案，之后，再通过试讲在更大范围内获得反馈意见。同时根据不同培训教学内容、不同班次的培训需要，建立相应的教学团队，并通过团队讨论确定培训教学的环节、流程、分工及相应的教学手段与方法。

2. 构建专题课程开发的实践调研机制

马钢党校在课程开发过程中对培训教师有两个方面的要求：一是制作统一模板的 PPT 课件；二是所有专题课程在各类班次讲授之前必须完成试讲与修改完善。健全完备的课程开发调研机制，促进了新课程开发的规范管理。其中尤为关键的是专题试讲，原则上所有教师的新设专题课都必须通过试讲，马钢党校领导、主任培训师及相关教师全部参与听课，试讲完毕后针对课程结构、教学内容、课程设计等提出建议，教师再对课程进行进一步的完善。新专题课程开发实践调研机制在马钢党校的培训课程中的实施，对于提高培训教学质量发挥了较大作用，这也是培训效果好评的加分项。

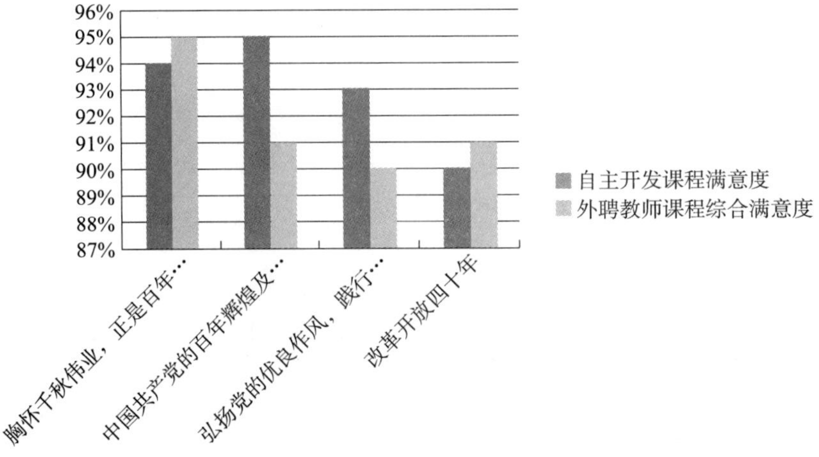

党校潜心打造了党史系列精品课程，在组宣干部培训班、入党积极分子培训班、发展对象培训班中开设相应课程，均获得学员的良好评价。

3. 构建专题课程开发的教研咨一体化机制

马钢党校在专题课程开发过程中积极探索教研咨一体化机制，提高科研成果的利用率，推动科研向教学、培训转化，促进高质量科研成果体现在教学设计、课程、教材等各个环节。与此同时，在中央党史学习教育宣讲提纲基础上，结合马钢实际和工作主题，完成马钢集团的党史教育宣讲提纲的撰写工作。在习近平总书记考察调研中国宝武马钢集团后，党校成立科研团队，及时开展“深入学习贯彻习近平总书记考察调研马钢重要讲话精神”专题研究。在此基础上，开发了“习近平总书记考察调研中国宝武马钢集团重要讲话精神解读”课程。同时，党校成立专项团队，开展“继承和发扬‘江南一枝花’精神”专题研究，并在党史学习教育读书班中，开设“‘江南一枝花’精神解读”课程。目前，党校正在开发“中国共产党第二个百年政治宣言”课程，为党员干部培训和党史学习教育宣讲打下了坚实基础。

（三）聚焦项目创新，强化教育培训

1. “关键少数”引领学

举办“党委书记党史学习教育读书班暨党建业务研修班”，以基层党委书记、副书记为对象，以党史学习教育为引领，聚焦新形势下马钢高质量企业党建和领导力建设实务，不断增强党员干部党性修养、着力提升业务素养与履职能力，全面支撑马钢改革发展。39 名基层党委书记、副书记完成了研修班的学习。

2. 培训班次覆盖学

严格按照培训要求组织实施培训，把培训的普遍性要求与不同类别、不同层次、不同岗位干部的特殊需要结合起来，根据培训学员所处的不同岗位、不同层次等设置相应类型的培训课程，实施分类分层的教学培训，增强针对性，确保全覆盖。2021 年上半年马钢教育培训中心开设各层次各类别党史教育培训班 17 期，受教育人数达 2000 多人次。

3. 现场实践体验学

遵循干部教育培训规律，创新教学形式，按需施教，在做好专题教学的同时，突出现场体验教学，让学员通过现场体验，精神受到洗礼，思想受到启迪。马钢开展党史学习教育，就是要大力发扬红色传统、传承红色基因，赓续共产党人精神血脉，始终保持革命者的大无畏奋斗精神，把蕴含家国情怀、具有时代特征、体现国企特色的时代精神融入马钢企业文化建设中，宣传先进典型，讲好马钢故事，激励担当作为。统筹运用好内外部教育资源，依托各类红色教育基地特别是中国宝武爱国主义教育基地、马钢特钢展厅，进一步增强学习培训的针对性和灵活性。马钢集团党史学习教育共计 5 批次 330 余人次参加了现场教学。在党委书记党史学习教育读书班暨业务研修班中，探索党性教育移动课堂，进行现场教学，通过参观革命博物馆、瞻仰革命烈士陵园、吊唁革命先烈、重温入党誓词等活动，结合现场微党课、现场专题报告，学员对这种培训形式普遍感悟深刻。

4. 考试考核推动学

坚持训考结合，利用马钢网络课堂，开设党史试题测试专栏，在党委书记班中增加党史学习相关考核内容，以考促学，以学促悟，以悟促行。通过形式多样的载体和教学形式，增强了党史学习教育的吸引力和感染力。

（四）聚焦成果运用，强化课题研究

1. 课题姓“党”

要坚持“党校姓党”，党史学习教育培训坚持政治性和科学性相统一，在党史学习教育中坚持政治原则，坚决抵制和批判历史虚无主义，在党史学习教育的思想深度和专业水平上同时发力。党史学习教育培训项目，坚持高标准、高质量、高要求，组织党史系列课程开发团队潜心开发了“中国共产党百年辉煌及伟大成就”“百年恰是风华正茂”“弘扬党的优良作风　践行党的初心使命”“改革开放四十年”等系列精品课程，党史学习教育主题突出，内容丰富，形式多样，风格鲜明，效果显著。

2. 课题姓“企”

在党史学习培训中，坚持服务马钢发展战略，服务马钢现阶段主要任务，充分发挥马钢党史学习教育资源服务大局、资政育人、推动发展的独特作用。先后开展了“学习贯彻落实习近平总书记考察调研中国宝武马钢集团重要讲话精神”“‘江南一枝花’精神”等课题研究，既彰显党校特色，又体现马钢特点。

3. 课题姓“研”

党校作为党员干部党史学习教育的重要基地，拥有党史教育学科建设的先天优势。在坚持“党校姓党”的前提下，深入系统进行人才培养和学术研究，深化党校校际联系、党校与高校的合作，开展集体备课、合作科研、理论研究，共同开发有价值、有见解、有水平的学术成果。在党史学习教育培训项目中，马钢积极推进科研成果进课堂、科研内容变课程，在组宣干部班、团干班、冶金技术公司党史学习教育读书班暨业务培训班、销售公司管理能力提升班等班级中开设“江南一枝花”精神的专题培训。积极配合宝武党校牵头开展的党校资源共享机制的建设，深度融入集团范围内总部+培训基地的布局，实行“四个统一”，积极参与宝武党校《中国宝武高质量党建引领高质量发展精要》编写，完成该书17000多字的撰写工作；后期将参与《中国宝武基层党建案例汇编》的编写，实现党校资源效能最大化。

（五）聚焦网络课堂，强化网络培训

1. 以学员需求为导向，增强网络培训的针对性

利用马钢网络学堂，加快“互联网+”现代信息技术在干部培训过程中的布局和运用。马钢网络学堂课程中心设有党政学院，下设“党性教育”“理论教育”“党建实务”“党的建设”“综合知识”五个党建课程类别，目前共计246门课程。党校以学员需求为导向，通过网络大学平台对学员提前进行需求调查，并对结果进行分析评估，针对学员需求提前做好应对与准备，购买党史培训课程，制定学习地图，为学员量身打造学习课程。

2. 激发内生动力，增强网络培训的自主性

在党史学习教育培训中，创新培训方式，丰富教育培训形式，激发内在动力，强化网络培训，利用自身的学习平台“马钢网络学堂”，增设“学党史、悟思想、办实事、开新局”党史学习专区。举办“党史微宣讲”微视频征集活动，已收集视频22个，后期将组织专家评审，择优放入网络学习专区。通过兼容、开放、共享、规范的网络培训体系，共享优质课程，拓展和拉长党员干部培训的触角，最大限度地满足学员党史学习教育需求。在网络培训课程结束后，设置答题、培训效果评价，增强培训过程的吸引力和学员的参与度，提高学员的培训积极性和培训效果。

3. 建立激励约束机制，增强网络培训的实效性

党史学习培训考核的线下主要方式包括学时学分、出勤率、学习心得体会或案例提交等，网络学习基本不存在刚性的考核。为建立激励约束机制，增强网络培训的实效性，网络学习平台建立清晰的组织需求学习地图、丰富的学习供给体系、完善的计算机管理辅助平台和干部个性化选学机制，从而将组织与岗位的需求与干部个人的需求有机地结合起来，激发党员干部参加学习与培训的长久动力，提高干部教育培训的质量与效益。

（六）聚焦基层党员职工，强化学习教育落地

1. 接地气

党校将“党史教育”采取“请进来”与“走出去”相结合的教学方式。组织学员奔赴革命圣地、红色教育基地泾县等进行现场教学，让学员身临其境，通过瞻仰革命烈士陵园、参观革命博物馆，以及现场聆听党史教育专题课程等研修活动的同时，进行党史学习问答交流和案例交流，促进党史学习深入人心。

2. 冒热气

党校始终坚持以需求为导向，力求为学员提供更多、更优质的服务活动。开展党史宣讲，及时送理论下基层，时效性强，覆盖面广，通过深入宣讲把党史学习教育延伸到“最后一公里”。深入马钢检测中心、技术中心、采购中心、营销中心、冶金技术公司、桃冲矿业公司、冷轧总厂、招标公司、欣创环保、钢晨实业、南山科技服务公司等单位开展党史理论宣讲，覆盖人次达1000余人，有力地推动了党史学习教育大众化。

3. 聚人气

开展党史学习教育培训，用党史知识和红色文化浸润党员心灵，将党史学习教育同巩固深化“不忘初心、牢记使命”主题教育成果结合起来，教育引导党员干部更加深刻认识党的性质宗旨，坚守为人民谋幸福的初心，着力践行以职工为中心的发展思想，深入基层了解职工群众心声。用“三个全面”激发职工活力，坚持全面提升职工的能力和素质，全面推进职工岗位创新和价值创造，全面提升职工“三有生活”水平，实现职工与企业共同发展。

三、创新成果效果评估及总结

马钢开展党史学习教育读书班暨业务能力提升研修班的培训，培训课程以及创新型的培训方式在党委书记党史教育读书班、党支部书记党史教育读书班、组工干部培训班、团干党史教育读书班、入党积极分子培训班中终获得一致好评。

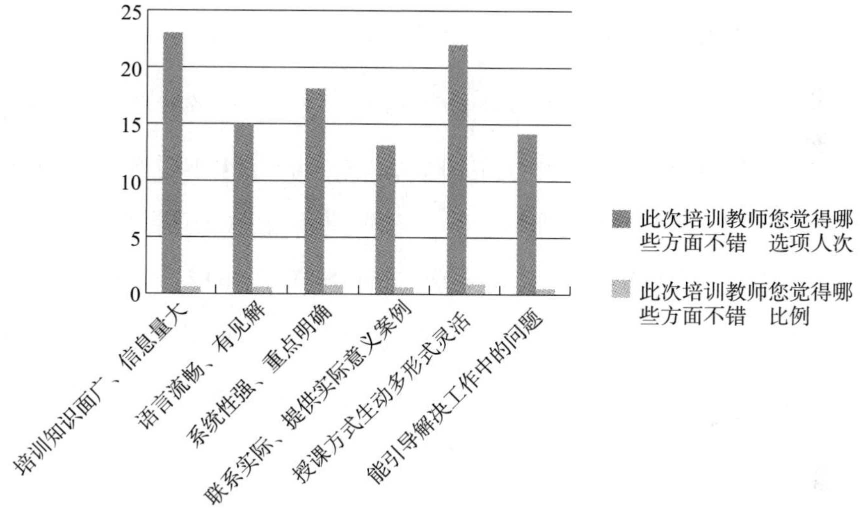

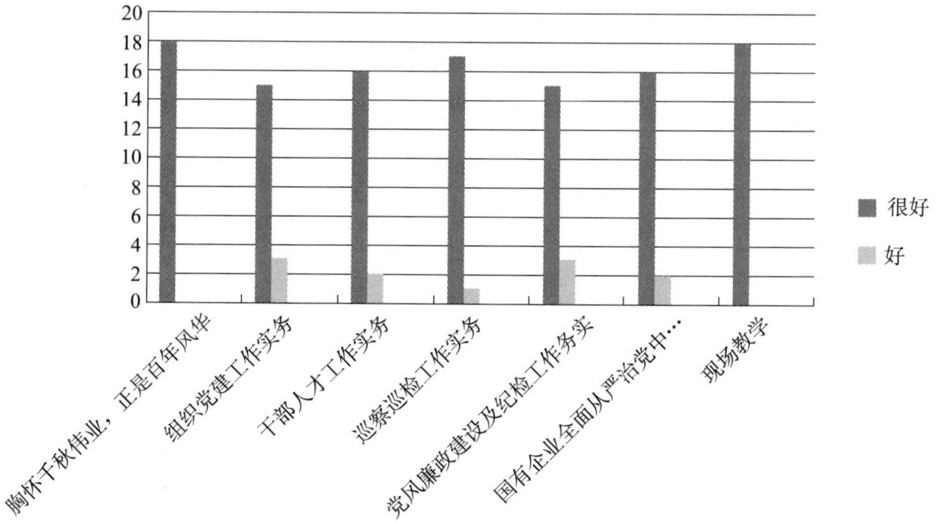

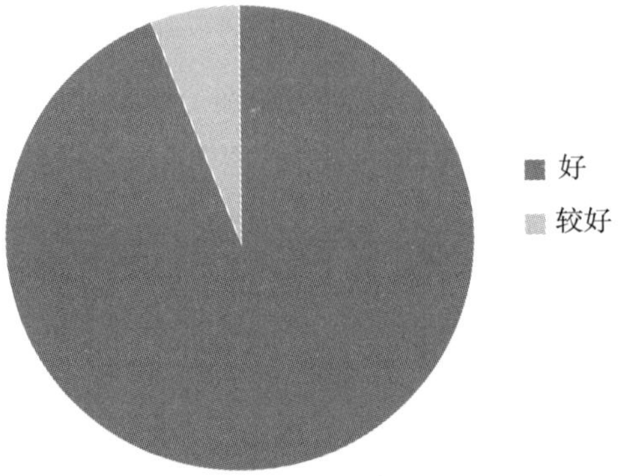

（一）党史理论教育成果持续巩固

党史学习教育培训读书班把学党史、守初心确立为首要学习模块加以组织实施。通过专家授课辅导、学员自主研修，重点学习4本党史必读书目，及时跟进学习习近平总书记“碳达峰”“碳中和”等最新重要讲话精神，以及“中国宝武130年简史”，马钢“江南一枝花”精神等，并形成读书笔记，提交学习报告、案例，增强基层党组织负责人管党治党的意识和能力。突出抓好“关键少数”，推动各级党组织书记深入学习党史，真正做到学史明理、学史增信、学史崇德、学史力行。学员们表示专题辅导增强了对百年党史的深入认识和深刻理解，自主研修进一步增强了党史学习教育的政治自觉、思想自觉和行动自觉。

（二）党建理论水平切实提高

针对国企党建中存在的重业务、轻党建，党建工作和企业改革发展“两张皮”现象等问题，培训课程有针对性地邀请高水平授课老师，立足国企党建的重点难点，以国企改革三年行动方案为宣讲重点，引发学员们对新时代高质量党建引领高质量发展进行思考和探索，寻找国企党建的新对策，切实提升党建理论知识修养。学员们表示从理论上弄清新时期党的建设的特点和规律，才能够确立新时期党的建设的新思路，拿出好的措施和办法，才能保证党建工作的正确方向，增强了党建工作的预见性、科学性和有效性。

（三）履职能力有效增强

公司当前正处于“二次创业”关键期，对党组织书记履行第一责任人责任意识、业务能力提出了更高要求。培训班邀请的中国宝武相关部门领导和党建业务专家领导，对组织建设、干部人才培养、纪检监察、巡视巡察等工作开展专题辅导，把加强国有企业党的建设与“十四五”规划实施、商业计划书落地、深化改革等工作结合起来，以高质量党建强引领、促发展。学员们表示通过专题报告和课后交流，解放了思想、掌握了方法，茅塞顿开，受益匪浅。

（四）思想认识不断升华

党史学习教育在现场教学活动中，学员通过参观革命博物馆、瞻仰革命烈士陵园、吊唁革命先烈、重温入党誓词等活动，以及现场微党课，更加深刻地领悟党史学习的深远意义。学员们纷纷表示，革命圣地就是陶冶情操、净化心灵、提升境界、坚定信念的生动课堂，增强了党史学习教育的立体性、透视性、折射性和感染力。党史学习教育现场教学活动使学员们更加不断地提高了政治判断力、政治领悟力、政治执行力，切实增强“四个意识”，坚定“四个自信”，做到“两个维护”。

连线人物

谢志燕 马钢党校工作处副处长，马钢教育培训中心管理人员培训处副处长，安徽省省级教坛新秀，安徽省青年讲师团成员、马鞍山市和马钢集团理论宣讲骨干，马钢教育培训中心主任培训师，安徽省“举旗帜 送理论”理论宣讲团成员。曾获安徽省国资委微宣讲比赛一等奖、安徽省思政课教学比赛二等奖、安徽省委党校教学比赛三等奖和省“新时代、新思想、新作为”理论宣讲比赛优秀奖，所授课程曾入选“学习强国–安徽学习平台”。主持和参与多项安徽省省级课题，主持课题多次荣获安徽省教学成果三等奖。

工作室建设助推国企创新
——华北油田打造劳模工匠创新工作室实践探索

华北石油管理局有限公司培训中心

李 锋

【企业简介】

华北石油管理局有限公司培训中心是中国石油天然气集团公司重点培训机构之一，主要承担油气开发、安全工程、党政管理、机电类等领域的高技能人才与管理骨干培养任务，为石油企业和区域经济发展服务，被中华全国总工会命名为“全国职工教育培训优秀示范点”，被中国石油和化学工业联合会、中国化工教育协会命名为“石油和化工行业职业教育与培训全国示范性实训基地”。

培训中心占地面积30多万平方米，拥有教学与管理人员200余人，可同时容纳数千人学习与食宿。建有国家级技能鉴定所、石油、机电类综合性实训基地、井控技术培训基地、反腐倡廉教育基地、安全教育培训基地、拓展培训基地等多个实训基地和企业精神教育基地，具有员工培训所需的优良软硬件基础。

培训资质多：具有井控培训、HSE培训、特种作业培训、安全资格培训、拓展培训、现场急救培训、油田主体专业技能鉴定等多种培训鉴定资质；争取集团公司支持，不断提升培训认证在行业内的认可度，实现培训取证和技能资质取证的双证同行。

培训名师多：建成400人规模的专兼职培训师团队，其中专职培训师团队内高级职称培训师占比达到35%以上，兼职培训师团队内技术技能专家占比达到50%以上。

优秀品牌多：以需求为导向，加强项目课程建设，培训品牌项目达到18个以上。做精技术专家学术创新研讨培训、青年技术骨干创新能力培训项目经理PMP项目管理能力培训，着眼新兴产业对技术人才的需求，围绕煤层气勘探开发、地热资源利用、铀矿开发技术进步等新业务拓展新型培训项目：瞄准国际化管理人才需求，着力打造“职业化+专业化+外语交流能力强”高精尖人才培训项目。

精品培训课程多：建成150门具有自主授课能力的培训课程，其中精品培训课占比达到20%。创新培训内容，推动理论向实践过渡、知识向能力转化，结合集团公司、油田公司发展战略，重点强化新技术开发与应用、企业战略与企业运营、内部控制与风险管理等课程开发与应用。

基础建设全面推进：功能布局更加合理、配套设施更加完善、培训保障更为有力。依托智慧油田建设，推动A11自动化系统改造应用：高标准建设新能源技术培训实训场地；加速推进VR虚拟技术培训广泛应用；聚力完善网络培训软硬件平台，完成移动端培训上线。

一、创新成果背景

财政部公布2020年1~12月全国国有及国有控股企业经济运行情况显示，虽然营业总收入同比增长2.1%，但营业总成本也在增加，同比增长2.8%，利润总额同比下降4.5%，税后净利润同比下降5.6%。虽然这里有新冠肺炎疫情的影响因素，但国有企业发展质量不高、创新不足，也是不可忽视的因素。

习近平总书记在党的十九大报告中指出，创新是引领发展的第一动力，是建设现代化经济体系的战略支撑。对国有企业来说，创新既需要体制机制、产品技术等大的方面推陈出新，也需要在具体生产环节、工艺流程等小的方面进行更新改造。创新不仅仅是技术研发人员的职责，更是全体职工特别是生产一线职工共有的使命。如何调动一线职工的创新积极性，引领他们立足岗位，不断改善生产工艺，促进企业高质量发展，华北油田公司（华北石油管理局）走出了一条发挥劳模工匠作用，打造创新工作室之路。

油气资源是关系我国现代化建设全局和国家安全的重要战略资源，我国原油对外依存度接近 70%，天然气对外依存度也超过 40%（2020 年国内原油产量为 1.95 亿吨、天然气产量 1888.5 亿立方米，而原油表观消费量 7.36 亿吨、天然气表观消费量 3253.6 亿立方米）。我国人均油气资源量偏低，人均石油资源占有量不到全球人均资源量的 1/4，天然气人均资源量是全球人均的 1/3。随着我国经济社会的发展，油气消费量持续升高，油气当量产量虽然略有增长，但增速跟不上消费增长。2018 年 7 月，习近平总书记做出加大国内油气勘探开发力度，保障我国能源安全的重要批示。中国石油天然气集团公司是国有重要骨干企业和我国石油生产供应主导企业，大力提升国内勘探开发力度，努力保障国家能源安全，是中石油义不容辞的重大责任，也是实现高质量发展、建设具有全球竞争力世界一流企业的内在需要。勘探开发业务作为油气产业链的龙头，是石油行业的生存之基、发展之基、效益之源，国内油气勘探开发在国内经济中起到“压舱石”和“稳定剂”的作用。

作为中石油下属企业，华北油田公司位于河北省任丘市，是以油气勘探开发为主的大型国有企业，拥有 3 万余名职工，“十三五”期间累计生产原油 2050 万吨、天然气 14.1 亿方、煤层气 52 亿方，上缴税费 120.4 亿元。长期以来，华北油田公司始终牢记产业报国、为油奉献的根本职责，站在服从服务国家战略的高度，认真贯彻习近平总书记系列重要指示批示精神，坚决打好勘探开发进攻仗，持续提升资源掌控能力和油气供给水平，充分彰显石油企业保障国家能源安全的政治责任和使命担当。

华北油田公司经过多年坚持不懈地发展，资源基础逐步夯实，产业竞争实力不断增强，特色技术序列渐趋完善，管控运营水平持续提升。但探区资源品质劣质化加剧、资产规模与产量规模不完全匹配、总体冗员和结构性缺员矛盾突出等问题制约着高质量发展，规模总量、效率效益与战略目标还存在一定差距。为了有效解决发展质量不高的问题，华北油田公司坚持把改革创新作为第一动力，深化改革调整，强化科技创新，完善体制机制，大力培养以劳模工匠为引领的创新型、全能型操作人才，推动高质量发展。

二、创新成果措施

创新工作室是企业为高技能人才搭建的一个锐意创新、攻坚克难的阵地，发挥作用、展示才能的平台，由劳模或技能专家（工匠）领衔，职工广泛参与，围绕企业中心任务和重点难点问题，充分展示劳模工匠精神，发挥劳模工匠的业务专长和技术优势，通过开展培训、难点攻关等，带动职工同成长、齐进步，共同为企业高质量发展贡献力量。这一平台能充分发挥劳动模范、金牌工人、能工巧匠等高技能人才在推动企业高效能治理、高质量发展中的示范引领和骨干带头作用，在不断激发职工群众的创新热情和创造活力，加快知识型、技术型、创新型技术工人队伍建设，促进技术创新人才培养等方面发挥着重要作用。

近年来，面对风云变幻的国际形势和国内加快经济发展对能源的迫切需求，面对新冠肺炎疫情和低油价“寒冬”的严峻挑战，华北油田公司弘扬“苦干实干、三老四严”的石油精神，大力开展劳模工匠创新工作室建设，积极引导职工树立“全员创新创效”理念，立足解决生产技术和管理瓶颈问题，持续进行技术革新、技术协作、发明创造、提合理化建议等活动，为企业高质量发展注入了不竭动力。

（一）顶层设计，精准发力，持续凝聚创新力量

卓有成效的技术创新，是企业发展的主动力，而高效精干的人才队伍，则是企业创新的基本保证。

1. 注重顶层设计，明确指导思想

华北油田公司各级单位党政领导高度重视，健全组织机构，建立了公司抓部署推进、各单位抓实施和操作、工会具体落实的工作机制。高起点部署、高标准要求、高质量推进劳模工匠创新工作室建设，形成了“党委领导、行政支持、工会组织、劳模工匠领衔、广大职工积极参与”的工作格局。创新工作坚

持“立足一线、精钻细研、破解难题、锐意奉献”的导向，树立“一切为了生产，一切服务一线”的观念，瞄准岗位创新，发扬团队精神，用集体的智慧破解生产难题，为企业发展注入动力。

2. 抓好建章立制，完善过程管控

立足管理、奖惩、考核、推广四个维度，完善学习研究、技术攻关、成果转化、奖励激励、内部管理等一系列保障机制。近年来，完善落实了《职工创新管理办法》《金牌工人能工巧匠评选管理办法》《合理化建议管理办法》等制度，组织基层单位制定了《创新团队管理制度》《职工技术创新评审奖励办法》《创新项目管理实施细则》，使职工技术创新有制度保障、有带头引领、有资金支持，促进了创新工作有序开展。

3. 强化基础建设，提供创新保障

华北油田公司工会和基层单位工会专门下拨资金支持创新工作室建设，对创新团队和优秀项目进行专项拨款，积极协调落实相关硬件设施投入，总计建成创新工作室 25 个，其中省级创新工作室 13 个，工作室场地 4600 平方米，直接参与人员 1086 名。公司各级创新工作室功能完善、作用显著，设立日常办公、培训交流、成果展示和现场操作等区域，开展创新成果汇报、交流和教学活动，展示陈列创新实物、专利成果和荣誉证书。公司各级工会组织还专门为工作室购置了相关专业工具书，配备了电焊机、砂轮机、钻床等设备及工具。各级创新工作室发挥引领作用，立足解决生产实际问题，破解技术发展难题，有效整合资源，协调各方力量，组织开展带徒传技、技能培训、技术难题会诊、技术攻关等创新活动。

（二）群策群力，“四个结合”形成聚变效应

为有效激发全员参与热情，油田公司工会推行“四个结合”工作法，紧紧围绕提质增效工作主线，广泛组织创新工作室参与各类群众性经济技术创新活动，为企业高质量发展汇聚智慧力量。

1. 创新工作室建设与开展合理化建议征集活动相结合

各单位工会组织紧密结合生产实际，积极开展“为公司提质增效建言献策”合理化建议征集活动。组织引导广大职工和创新工作室针对面临的新形势、新任务、新挑战，围绕改进生产技术与工艺、操作方法、安全生产、经营管理，在提质增效、开源节流、降耗减排等方面提出有利于企业发展的合理化建议。自2020年以来，公司各单位和创新工作室团队共提合理化建议862项，实施576项，参与人数4692人次。采油一厂西柳10转油站黄京生创新工作室用旧空调上的压缩机，制作了化验水自动冷凝系统，解决了长期困扰员工的试管易长青苔、硫酸清洗不安全等问题，年节水4800立方米；改进清洗样桶设备设计缺陷，消除了清洗不彻底的弊端，又将洗样后的污水，导入地下罐，进入集输流程，实现了“滴油归仓”，打造出了成本低、流程优、环境清洁的化验室。

2. 创新工作室建设与开展金点子征集活动相结合

为充分调动广大职工群众投身生产经营的积极性、主动性、创造性，助力克服新冠肺炎疫情和油价震荡带来的不利影响，推动企业开源节流、提质增效、节能降耗、改革发展，油田公司工会组织开展“我为公司高质量发展献一策”金点子征集活动。自2020年以来，公司各单位和创新工作室团队共提金点子195条，参与人数738人次。采油二厂闻伟创新工作室针对抽油机井口基础下沉造成的毛辫子过长，盘根盒和悬绳器的距离近，加盘根的次数频繁、不耐用、劳动强度大等问题，制作了袖珍型盘根器。此项成果应用于采油二厂，每月可减少停井641小时，增产约10吨，每年可减少盘根消耗4900根，创效益28.96万元。

3. 创新工作室建设与开展班组创新创效攻关项目相结合

班组创新创效攻关活动以提高经济技术指标或生产作业效率、提高职工劳动技能或操作技术水平为目标，对生产设备、工具、工艺和产品等方面进行改进和革新。自2020年以来，公司基层班组和创新工作室共完成创新创效攻关项目 206 项。针对移动式单井计量装置工艺复杂、操作烦琐，具有安全隐患的问题，采油三厂冉俊义创新工作室与工程技术研究所联合开展技术攻关，将计量装置流程简化优化，由多次计量改为单次计量，解决了存在问题，消除了安全隐患，方便了职工操作。对生产设备、工具、工艺和产品等方面进行改进和革新。

4. 创新工作室建设与岗位练兵技术比赛相结合

针对基层一线职工工作实际，以创新工作室领衔开展业务培训、岗位练兵、技术比武活动，提升岗位职工的技能水平；开展“师带徒”活动，带动青年职工提高业务能力，为企业发展注入活力；针对劳动竞赛组织人员开展专题培训和经验交流活动，提升劳动竞赛工作落实能力。自 2020 年以来，公司及所属各单位组织开展了集输工、采气工等 18 个工种的技术比赛，共有 401 人参加，师带徒 915 对，激发了广大职工学业务、练技术的积极性，提高了职工整体素质，增强了企业的竞争力。

（三）典型引路，“三个品牌”展现担当作为

为使职工经济技术创新有效融入企业中心工作，华北油田公司创新思维，将创建特色品牌作为高质量开展创新创效活动和创新工作室创建的有效途径。

1. 开展先进模范宣传活动，打造先进引领品牌

为进一步发挥基层一线职工的主力军作用，激发广大职工在油田改革发展和战疫情保生产中的主人翁意识，弘扬劳模精神、劳动精神、工匠精神，油田公司于2020年5月至6月组织开展了“弘扬劳模精神、争当石油工匠”主题宣传系列活动。通过开展劳模事迹宣讲、劳模（工匠）“大讲堂”、劳模故事微视频征集、劳模座谈会等丰富多彩的活动，有力推动劳模精神进企业、进一线、进班组。43名省级劳模工匠和13个省级创新工作室在网络平台发出劳动宣言，有1.5万余名职工参加了劳模工匠知识网络答题活动，征集图文、视频、音频等各种形式劳动宣言600余条，劳模主题征文331篇。

2. 开展金牌工人推选活动，打造高技能人才品牌

为引导广大职工立足本职岗位成长成才，增强学习意识和创新意识，树立干一行、爱一行、精一行，努力掌握新知识、钻研新技术、练就新技能、增长新本领的理念，油田公司以建设创新工作室为载体，按照河北省总工会有关要求，组织开展了“金牌工人”“能工巧匠”评选活动；制定实施了《评选管理办法》和《评分细则》。近年来，建立公司级创新工作室25个，其中靳占忠创新工作室、曹树祥创新工作室、苏国庆创新工作室等13个工作室被河北省命名挂牌，他们就像播种机，不仅实现创新创效成果层出不穷，更培养了一大批创新型人才。内蒙古大草原的二连分公司大华创新团队自2011年8月成立以来，先后吸纳了20多名生产骨干，共完成攻关课题113项，收获全国创新成果2项，取得科研成果86项、国家专利授权17项。采油二厂孙连会、采油三厂刘美红荣获“河北大工匠”荣誉称号，20人次被评为河北省“金牌工人”和“能工巧匠”，70人次被评为油田公司“金牌工人”和“能工巧匠”。

3. 开展经济技术创新活动，打造创新成果品牌

2019 年开展了“技能中国行石油精神在华北”创新工作室技术交流推广和技术难题联合攻关活动。活动中，油田公司组织各级技师、两级技能专家、创新工作室带头人推广交流了“单井无人值守系统”“绿色环保井下作业工艺”“自动化技术应用”等 13 项智能制造、提质增效创新成果；在难题攻关阶段，各单位的 45 名技师、技能专家、创新工作室带头人先后对采油及井下作业两个专业的“冬季冷输油井带压快速加药”“抽油机偏心井口法兰转不动、易反弹”等 9 项生产难题进行了攻关认领。2020 年开展了“加强基层职工创新产品应用，助推企业开源节流降本增效”主题劳动竞赛。公司各单位始终把组织开展群众性技术创新活动作为重点工作来抓，着力打造职工创新团队，助推建设一支数量充足、结构合理、技艺精湛、爱岗敬业、作风过硬的高技能人才队伍，为公司科学发展提供有力的技能人才保障。开展了华北油田公司第二届一线创新成果优秀项目评选，评选出 90 项创新性强、经济效益好，具有推广前景的优秀创新成果。为推动基层单位将这些优秀创新成果转化落地，组织召开创新创效产品推广论证会，优选出“油井动液面测试设备”“拉油点无人值守监控系

统”“液体隔离阀”“抽油机悬绳器挡板”等 17 项成果，由公司投入资金 120 万元、加工 484 套，支持基层将成果转化为产品推广。

公司上下形成了劳动光荣、创造伟大的浓厚氛围。充分发挥劳模工匠的引领作用，以师带徒的方式，突出新时期劳模队伍创新建设，发挥辐射带头作用，“层层有典型、行行有样板”的榜样群体不断壮大。全国五一劳动奖章苏国庆充分发挥劳模的引领作用，他说：“带动更多的人参与创新是自己的责任。”苏国庆创新工作室组建后，为了让大家少走弯路，他亲授经验，还整理出了一套创新员工培养机制，先后培养了技术骨干 20 多名，让工作室成了名副其实的创新人才孵化基地。几年来，他攻克修井作业难题 100 多个，完成创新成果 60 多项。其中，9 项已获国家专利，累计创效 6100 多万元。“痴迷”于岗位技术创新的河北省金牌工人、河北省大工匠孙连会，平均每年有 12 项以上专利授权，目前已完成各类创新成果 189 项，先后取得省部级创新成果 16 项，获国家专利 117 项。“个人作用有限，团队力量无穷。”孙连会常对他的徒弟们这样说。他毫无保留地把积累多年得到的技术创新技能经验传授给他人，先后与 15 名青工结成师徒对子。在孙连会的带动下，他所在的第二采油厂已形成了一个 45 人组成的修井作业技术创新团队，实现了由个人创新到集体创新，由无序创新到有序创新的转变。目前该团队每年发明 10 多项技术创新成果，团队成员中 2 人成长为公司级技能专家，13 人成为技师或高级技师，其他人均成为厂级技术能手或各单位的技术骨干。

三、创新成果效果

劳模工匠创新工作室的打造，对华北油田公司高质量发展起到了明显的助推作用。“十三五”期间，华北油田公司新增预测储量、控制储量、探明储量分别为计划任务指标的 143%、129%、138%，圆满完成了“十三五”规模整装储量指标；油气产量实现连续 5 年硬稳定，增储上产连续 5 年稳中有升，老区重点油藏自然递减、综合递减双双减缓；天然气（煤层气、合作气）商品气量突破 60 亿立方米大关。特别是 2020 年，虽然面对新冠肺炎疫情的影响冲击，但生产原油、天然气、煤层气分别完成年度计划的 100. 5%、106%、100. 6%。

劳模工匠创新工作室的打造，在弘扬工匠精神，引领员工学技术、强素质等方面也起到了积极作用。目前，华北油田有劳模工匠创新工作室 25 个，其中河北省创新工作室 13 个，先后涌现出全国劳动模范靳占忠、黄京生，全国五一劳动奖章获得者曹树祥、董传文、苏国庆、孙连会，河北省五一劳动奖章获得者刘大华、任绍全、苏立红、闻伟等一批先进人物，有 2 人荣获“河北大工匠”称号，20 人次被评为河北省“十大金牌工人”和“百名能工巧匠”。先后取得技术创新成果 1281 项，获国家实用新型专利 523 项，获国家级职工技术创新奖 5 项，培养出生产骨干 215 人，年均创效 2600 多万元，有力助推了高质量发展

（其中 2020 年取得技术创新成果 256 项，参与 1447 人次；取得国家发明专利 33 项，实用新型专利 41 项）。

四、创新成果经验总结

（一）打造劳模工匠创新工作室的经验

成立创新工作室目前在各国有企业中已不同程度的实施，但从作用发挥与效果来看，许多是不尽人意的。这其中的原因虽然是多方面的，但从华北油田的实践来看，充分发挥创新工作室的作用，应该在以下方面多着力。

一是要有核心人物。要有领军人物、有骨干力量，工作室要有一定的理论水平、工作经验和创新能力的专家、知名劳模、高技能人才作为核心人物，他们实际操作经验丰富、分析问题能力突出，能更好地带动团队。

二是要有创新团队。团队专业技术结构、学历结构、年龄结构要相对合理，团队协作氛围要浓厚，团队要有较强的理论分析能力、创新能力和解决现场复杂问题能力的骨干成员。

三是要有场地设备。要有开展创新活动的基本活动场所和设备设施，一般设在核心人物所在单位，可依托核心人物的办公室、工作室设立。将工作室选定在生产一线，能够及时了解生产过程中遇到的问题，并快速到现场进行解决。同时，工作室要有工作区和展示区两部分，工作区主要用于平时日常攻关工作，展示区主要用于展示工作室近年来取得的成果。

四是要有管理制度。创新工作室在建立初期就要健全规范管理体系，明确工作室成员各自的职责与分工，确保人尽其责、人尽其才。通过制定成员考核制度，实现优胜劣汰，保证工作室的新鲜血液；通过制定任务目标制度，切实提高工作室成员的工作积极性和创新热情；通过制定奖励制度，促使职工创新热情得到有效保护和调动。

五是要有经费支持。行政和工会要给予工作室启动资金和运行中活动经费的支持，确保工作室各项活动的有序开展。工作室的费用使用，严格按照财务规定进行预算、审批，经费主要用于创新工作室内必要设备设置的购置、宣传展示投入、培训交流、技术难题攻关等项目。

六是要有创新成果。创新成果是衡量职工创新工作室效果的重要标准，成果是工作室长久持续发展的核心关键所在，要从经济、社会、环保、质量等方面提高管理效益，在取得成果的过程中起到“传、帮、带”的作用，要通过本单位生产科技部门或者评审委员会对创新成果在创造效益、节约效益、生产能力提高、节能减排等方面进行客观、公正的评价和确认。

（二）劳模工匠创新工作室创建中应注意的问题

一是要注意制定并执行计划。创新工作室在开展工作过程中，很容易受到企业规模、资金运作、管理人员的素质水平等方面的限制。所以在进行这项工作时，不仅要做好前中期的工作，更要有一个有目标、有管理、有考核的阶段性开展计划。

二是避免创新工作室走过场、走形式。要将任务分解到人，任务考核落实到人，要有检查、有考核、有评价，各级工会要加强对创新工作室的监督和督促。如何做实做精创新工作室，需要创新工作室的每一位成员积极开动脑筋，制定一些具体的考核目标，来推进工作、创出特色。

三是创新工作室易受人员分散的影响。对于一些创新课题的研究和沟通只能通过电话、邮件方式，现场交流、沟通形成合力还有一定的难度，影响创新课题的时效性。

（三）打造劳模工匠创新工作室的工作建议

一是要注重“四个转化”，营造氛围，激发内生动力。注重从“要我创新”向“我要创新”的理念转化；注重从专业创新为主向专业人员与一线职工结合创新转化；注重从个别创新向集体创新转化；注重从企业发展向企业与职工共同进步的转化。

二是要做好管理服务平台。要注重解决疏通项目立项、成果申报、专利申请、成果应用及推广等工作运行中的问题，保证创新项目研发、交流、转化顺畅。要详细了解工作室的各项困难，要及时总结攻关小组遇到的问题，认真梳理创新团队攻关项目的进展情况，发现问题积极协调解决，保证工作室各项活动健康有序开展。

三是积极探索“互联网+创新服务”模式。借助互联网平台，组织网上创新竞赛，举办线上特色活动，建立“网上服务大厅”、指尖上的工作室，利用院校教育资源，构建培训立体化网络，形成覆盖全员内容丰富、高效便捷的信息化职工学习培训服务平台。通过线上、线下工作的深度融合，推动创新创效成果科学、合理地利用，并向实际生产力转化。

创新工作室建设是一个长期的过程，要不断向典型工作室、优秀人员取经学习，不断激活广大职工的创新能力，切实将创新工作室的能效发挥好。要充分利用创新工作室这个平台，以劳模工匠精神为引领，把劳模工匠创新工作室建成企业发展的智囊团、岗位的创新源、项目的攻关队、人才的孵化器和团队的方向标，不断将劳模工匠创新工作室创建活动推向深入。

连线人物

李　锋　华北石油管理局党委党校副校长，华北石油管理局培训中心副经理，副教授，从事企业培训管理工作18年，坚持质量立校、教学兴校、科研强校，做有价值的培训，促高质量发展，不断推进管理迭代、教学升级和培训技术进步。

基于“三建”理念的核心骨干力量培育体系的创新与实践

青岛亿联控股集团有限公司

王林超　张　丽

【企业简介】

青岛亿联控股集团有限公司（以下简称“亿联”），始建于1975年。历经计划经济和市场经济四十多年发展，集团始终把握中国经济动能的发展变化，持续专注于美好生活建设，践行“根植民生，安居乐业”的企业使命。

目前集团已发展成为集建筑施工、地产开发、智慧科技、时尚创意、生物健康等多元业态为一体的大型民营企业集团。以建筑施工业务和地产开发业务为基础业务，旗下亿联建设为施工特级企业，青岛建筑业综合十强，以“服务民生产业，打造绿色空间”为使命，打造成为政府信赖、百姓赞誉的绿色节能建筑提供商；亿联置业为中国（3.15）诚信开发商，围绕“智能社区、绿色宜居、精品至臻”的产品定位，紧抓“城市升级换代”和“美丽乡村建设”两大机遇，致力于用心为百姓建造宜居、宜业、宜游的生活空间。以智慧科技业务和时尚创意业务为战略转型业务，旗下亿联科技为绿色智慧园区行业标准参与制定者，致力于打造“基于AIOT的智慧化服务商”；中纺亿联为时尚创意产业新兴领军力量，青岛国际时装周和中国军服设计大赛的主办者，以“生活美学传播者”为愿景，践行“织梦中国创造、时尚创意生活”的企业使命。以生物健康业务为种子业务，旗下亿联生物拥有大型纯种梅花鹿养殖基地，致力于打造梅花鹿特色的康养服务商。

集团心怀感恩，积极承担社会责任，投身公益事业，设立了额度为5000万元的慈善基金。发起了山东省首个公益体育赛事——西海岸公益联盟篮球；同时积极支持家乡建设，在民生项目、重点工程、就业纳税、双招双引方面积极作为、勇于担当；踊跃参与救灾助困，在扶贫攻坚、捐资助学、支援灾区、抗击疫情中捐款捐物，冲在一线。

一、创新成果背景

46年来，亿联经历了时代考验，经过了时间沉淀，外界提起亿联，往往会联想起重情义、讲信用、敢担当、有作为这样的字眼，这是一代代亿联人激情创业的真实写照，也是全体亿联人感恩利他的现实表达。

值此亿联战略转型后第二个五年战略发展期，亿联顺应新时代、把握新机遇、服务新动能，以创新思维推动战略转型，以客户思维引领经营发展。集团董事长提出：亿联坚持“以客户价值创造为本，以成就员工价值为重”的经营方针，在不断为客户创造价值的过程中，激发广大员工的创新能力和成长潜力，不断拓展员工发展平台，打造企业家人才摇篮，坚持员工与企业共同成长，持续成就员工的获得感、幸福感、归属感，让每一位激情奋进的亿联人成为客户价值的发现者、生产者、创造者！

面对新的集团战略目标，人才的重要性不言而喻，业务在数据经济的新时代，知识员工成为企业发展的关键要素，有着决定性的作用。集团结合着这一变化趋势，进一步明确了“客户为本，员工为重”的经营理念，员工已成为立业之本。亿联顺应时代变化，勇于吐故纳新，从资源支配人才，到人才驾驭资源，是生产要素价值的再排序。员工创造资源价值：员工是客户服务能力的瓶颈，是客户价值创造的天花板，知识员工成为企业的竞争动力源。

亿联人才培育体系的设计与初衷在符合亿联战略及人才布局的基础上，通过体系且科学的设计为人才搭建了一个从校园人到职场人、从职场人到亿联人的蜕变的快速通道。通过体系化、科学化的学习项目设计，加深员工对企业文化认同、增强员工归属感，同时赋能职场技能提升亿联人才融入效率及保留率。

亿联人不仅有机会成为亿联企业家，也为成为亿联“事业合伙人”打开了一条路径。在亿联，每一位激情奋进的亿联人都是客户价值的发现者、生产者、创造者！

二、创新成果措施

互联网时代，如何基于亿联人才战略理念及业务内部用人需求，在新生代亿联人与亿联间搭建起互通平台，做好人才培养第一课？这是目前面临的关键问题。让新生亿联人在亿联平台上充分实现自身价值的同时，为企业培养优质的人才后备力量。

亿联的人才特质与企业精神高度一致，亿联人才培养体系基于自身发展需求专门打造的学习项目，有别于其他企业。除了依据亿联文化及用人需要开展的培训课程外，操盘演练与经营实践环节确实为其筛选了一批符合企业基因的优秀人才，这些人与企业组织能力需求契合度更高，价值贡献也更大。从一开始就为因材施教奠定了良好的基础。

整体设计理念：亿联面向核心骨干力量的培育体系，建成基于知识型员工培养的思维训练与学习系统；建成亿联人为美好生活而持续学习的精神乐园；建成碰撞新思想、激发新动力、产生新物种的沃土。

（一）打造精品后备干部培训班

1. 创新思路

精品后备干部培训班以瞄准培育高质量后备干部队伍为目标，以直击后备力量短板和剖析员工问题为主要抓手，有效解决“训”的针对性和有效性，把人才培育、经营实践、职业发展规划有机融合，搭建起人才培育的生态圈。

（1）瞄准后备干部需求，人才培育与企业经营战略、个人职业发展相结合，实现双赢。

传统的企业后备干部培训由于没有清晰了解员工的职业发展需求，形式化严重，课程设计缺乏匹配性，培训效果缺乏针对性，员工个人缺乏主动性。后备干部培训突破了传统培训的瓶颈，构建人企适配选拔培养机制，打通后备干部队伍职业发展的新通道。

（2）剖析培训难题，培训与实战充分结合，赋能后备干部。

只训不战，效果不明显；只战不训，低水平重复。训战结合，更贴近业务，借人成事，解决问题；更快速赋能，借事修人，提升能力，助力企业竞争力的持续提升。

（3）搭建人才发展生态圈，助力员工成长发展的同时，成就员工的获得感、幸福感和归属感。

人才发展是一项系统性、持续性的工作。精品培训，良师指导。搭建交流平台，组织开展后备干部团建、“人才联谊会”等活动，畅通人才沟通渠道。常态化开设“企业管理沙龙”“读书分享会”，促进各领域人才之间专业知识碰撞与探讨，形成浓厚创业创新氛围，进而逐步生长成为人才培育生态圈，打造一流人才队伍。

2. 具体实践

持续升级后备干部培训系统，教精神、教思维、教方法论重于教知识，重案例，做实导师制，从实践出发，学以致用。

（1）集团中层（后备）干部培训班（已连续举行 5 期）：每年一期，每期一年。面向集团现任中层管理干部、中层后备干部培养对象，重点突出“执行力”，特色项目为“户外极限拉练”。

培训内容主要为文化类（30 节课）、经营管理类（50 节课）、陶冶开拓类（8 节课）三类线下课程，配套网络商学院，培训过程中主要采用了：讲师理论授课、学员头脑风暴、情景模拟演练、案例分析研讨、技能实操训练、行动学习、经营模拟、团队建设、户外极限拉练、标杆企业学习、特色沙龙、高端论坛、导师带徒等多种培训教学形式。（注：每节课 90 分钟）

（2）集团高层后备干部培训班（已连续举行 3 期）：两年一期，每期两年。面向集团高层后备干部培养对象，重点突出“战略+团队”，特色项目为“文化分享+研习”。

培训内容主要为文化类（26 节课）、经营管理类（74 节课）、陶冶开拓类（36 节课）三类线下课程，配套网络商学院，培训过程中主要采用了：讲师理论授课、学员头脑风暴、情景模拟演练、案例分析研讨、技能实操训练、行动学习、经营模拟、团队建设、户外极限拉练、标杆企业学习、特色沙龙、高端论坛、导师带徒等多种培训教学形式。

（二）实施特色人才计划

1. 创新思路

（1）亿联为快速培养高级管理者、专家、各级事业接班人，推进绿色培养通道建设，实施“高潜人才培养计划”。

（2）企业家摇篮计划是亿联着重打造的长期人才工程，是培养与孵化企业家人才的摇篮工程。通过构建以价值创造为本的人才激活机制，以“志同道合、共担共创”吸引与培养具备企业家特质的高级经营人才。

为实现“百年企业，百位企业家”的长期人才战略目标，通过定义企业家标准，有效识别、甄选具备企业家特质的、自驱力强的经营人才，通过为其塑造良好的成长环境、定制化的培养，使其具备企业家的精神，最大限度地激发和释放创业与创新活力，培养成为优秀的企业家。

2. 具体实践

（1）高潜人才选拔对象为志同道合，具有强烈自驱力、进取心及卓越学习力的年轻员工。高潜人才培养对象的培养成长周期为 2~3 年；由集团及各子公司为其量身定制职业规划、培养计划，集团核心高管或专家担任培养导师进行“一对一”培养，优享亿联大学核心班次培养、外部高层次培训与交流的机会等；对优秀的培养人选，优先给予机会，破格提拔使用。每年由集团人力资源中心集中组织推选与评定。

（2）企业家摇篮计划。

一是制定亿联企业家标准：富有创新创业、坚韧不拔的企业家精神；具备战略思维、独立经营和带团队的能力；在行业领域达到一定经营规模，在行业或区域有一定的影响力、成就和贡献。

二是定制化培育：定制化培训计划（面向集团企业家培养对象，重点突出“经营思维+创新创业”，特色项目为“神秘大咖”“行走戈壁滩”）；岗位锻炼；外出考察学习；成立企业家摇篮俱乐部，建立企业家培养对象与企业家交流的平台，以企业家沙龙等形式探讨管理难题，共同学习与成长。

三是内部创业实践：实施平台创业合伙人（基于阿米巴的三人小组），目前打造平台创业合伙人共 12 人；累计打造 3 个项目经营体；组建 3 个产业项目组（原创设计交易组、国际时装周项目组、艺术高中项目组）；新投资成立 5 个实体公司。

（三）建立知行合一、学以致用的研习系统

1. 创新思路

通过构建“课题带动、研学联动、机制推动”的新模式，围绕着经营思维和客户思维，充分发挥知识型员工的价值创造能力，进一步强化亿联人才培育体系的落地效果。

（1）以“剖析重点问题”为导向挖掘课题需求，坚持问题来自一线，围绕各级子公司管理变革、转型、经营中出现的热点及难点问题作为课题研究方向。

（2）以“解决问题”为目的进行深入实践的调研，立足课题本身，通过深入研究、定期蹲点，开展一系列专题研讨活动，推动课题的深层次研究、成果输出，并应用于实践。

2. 具体实践

（1）建立研习基金，主要用于研习费用和研习奖励，本年度研习基金设置 100 万元。研习费用：研习费用主要用于购买研习所用书籍、报销调研差旅费、外出交流学习费用及专家咨询指导等相关费用。研习奖励：凡通过验收的研习课题，根据研习课题及验收结果给予 0.3～1 万元奖励；实践应用产出较大价值的，由研习成果使用单位提出，单独研究奖励标准。

（2）研习课题立项。

一是服务于经营思维和客户思维落地实践、企业发展改革、全面提高发展质量大局，立论依据充足、研究目的明确、研究思路清晰，方法科学。

二是课题研究者及其成员需具备相应的研究能力，具有完成研习课题的保

障措施和条件。

三是研习课题的选择以“公司经营发展中的难点、瓶颈、变革点”为中心，理论联系实际，有研究价值，量力而行。

本年度研习课题立项 4 个：“精细化项目数据体系与多维分析及预警探索”“在细分场景中亿联生物养生酒产品的开发与应用”“物联网技术研发的市场化应用”“BIM 技术提高企业精细化管理方法模式研究”。

（3）研习课题实施与成果验收。

一是各研习课题组建专家小组及指导老师，对课题研习过程进行辅导与质询。

二是在课题立项通过后一月内召开开题报告会，审议研习课题实施思路和具体行动计划及预算费用等。

三是成果验收。

（4）研习成果应用推广。

一是实践应用。由研习课题所属经营单位进行实践应用，评价研习成果。

二是人才培育应用。进入人才培育课题库，用于课程分享或案例分享。

三是组织研习成果交流会，交流经验、总结推广研习成果。

（四）建立特色“双导师”机制

1. 创新思路

为进一步整合公司人才资源，充分发挥核心管理层/专业技术骨干人才的“传、帮、带”作用，加速员工专业技术水平、管理水平的提升，亿联实行导师制。在传统导师带徒机制基础上，亿联推行“双导师”机制：业务导师和管理导师。业务导师一般由所在部门/单位的业务专家或骨干担任；管理导师由集团高管担任。

2. 具体实践

（1）建立导师库。由亿联企业家组成集团级导师库，由集团高管和核心专业技术人才组成公司级导师库。

（2）师徒结对，信息推介（双向）。人才发展中心面向核心班次学员公开导师信息并推介导师；人才发展中心可有针对性地向导师公开学员信息并推介学员。导师及学员自收到推介信息起，经四周的熟悉、交流、思考后，由学员自愿、申请拜师，并主动联系导师，投拜师帖（邀请导师举行见面会）；导师也可主动择徒，主动联系意向学员进行沟通交流拜师事宜。

（3）由导师指导徒弟制定个人成长计划，在过程中跟进、监督徒弟个人成长计划实施情况；导师指导徒弟制定职业发展规划。

（4）导师有针对性的赋能徒弟，培育打造专业的导师团队，让每位高质量的导师为徒弟历练提供工作与心理上的全方面辅导与赋能。

三、创新成果效果

从全面升级核心骨干人才培育管理体系以来，亿联的人才培育进入高质量发展阶段，体系不仅得到了公司领导和本地同行的一致认可，也取得显著的效果。

（1）人才输出方面。后备干部参训学员 150 人，合格毕业学员 130 人，培训合格率 87%。其中有 90 名培训合格学员走上了中高层管理岗位，培训转化率约 70%，在集团中高层团队占比达到 39%，是亿联人才战略稳步推进的重要路径，同时为集团五年业务发展战略的实现提供了人才保障。

（2）重点人才培养计划方面。企业家摇篮计划：2020 年度选拔 13 名企业家摇篮培养对象；当前有 85% 的培养对象已经在经营一线带领团队开拓业务。高潜人才：2020 年度选拔 18 名高潜人才，升级培育模式，开启快速培养接班人的新篇章。

（3）在核心骨干人才培育体系全面升级的同时，集团建立内部讲师体系，内部培训课程体系，同时充实了导师库。为持续升级人才培育体系，提供了更多的选择机会，丰富了课程体系设计，助力人才发展生态圈的有效运行。

（4）亿联主动承接社会责任，发挥自身优势，搭建技能比拼平台，服务员工创新成长。结合慈善公益平台，培养亿联人的感恩意识，积极鼓励投身公益事业，践行企业核心价值观，为亿联培养富有家国情怀的复合型、创新型人才。

四、创新成果经验总结

亿联以员工成长成就为重，以人才战略为第一战略。员工已成为立业之本，人才是企业竞争的动力源。亿联“家文化”因爱而生，因情而聚，她所体现的生命观和亲情观，是亿联最核心的精神内涵，是全体员工共同的精神支柱；也正是在“家文化”的强烈感召下，推动亿联事业一步步发展壮大，最终形成了“闯”“亲”“和”“美”的企业文化特质。

“家文化”源自实践之中，也在实践中不断向前发展。如今，世界格局正在发生一系列的深刻变化，社会发展日新月异，影响市场竞争环境的因素陡然增加。激情奋进的亿联人正站在新的历史起点上，以崭新的姿态，创新思维，拥抱变化、阔步向前，迎接新的挑战！

面对新的挑战，亿联在探索人才培育体系的道路上，历经波折，终于研究出一套适合亿联发展需要的人才培育体系。毕竟，适合自己的才是最好的，在人才培育方面有几个观点是可以直接拿去使用的。

（1）人才发展培训体系建设要遵循要事第一的原则。人才培育的类别、层次、形式等有多种，要有效识别出公司当前最急需的人才队伍，精准出击，重点推进。

（2）以客户思维来调研分析员工成长需求，因材施教，实现双赢。员工是公司最大的“客户”，员工是直接为客户创造价值的。

（3）训战结合，有效赋能员工。只训不战，效果不明显；只战不训，低水平重复。训战结合，更贴近业务，借人成事，解决问题；更快速赋能，借事修人，提升能力，助力企业竞争力的持续提升。

（4）持续保持人才培育体系的活力，激发潜能。以不变应万变的时代早已过去，变中求变是人才培育体系持续保持活力的不二法宝，以此做到精准升级，无缝衔接。

连线人物

王林超 亿联人力资源经理。参与亿联整体人力资源管理体系的搭建及落地实施，负责人才选、育、用、留全流程管理，是亿联人才培育体系全面创新升级的先行者之一。在人才发展培育领域，指导业务中高层管理培训的需求分析工作，负责各学习项目的设计与开发，推进研习机制的落地与实施，完成培训评估并撰写报告。保持对组织发展前沿理论与方法的学习和研究，结合公司和人力资源团队实际需求，进行转化应用。拓展外部培训渠道和培训资源，选拔、培养和管理内外培训师，开发沉淀内部课程讲师；对培训相关的费用进行预算、控制、决算。

创新“12345”培训工作思路
全力打造津西高素质产业工人队伍

河北津西钢铁集团股份有限公司

王继祥　崔建武　张印洲

【企业简介】

河北津西钢铁集团股份有限公司始建于1986年10月，2009年成立河北津西钢铁集团，现拥有境内外控股公司40多家，年实现销售收入超1000亿元，是集钢铁、非钢及金融三大板块为一体的大型企业集团和香港上市公司。连续18年跻身中国企业500强，2020年名列第176位，先后荣获全国职工教育培训示范点、全国五一劳动奖状、全国文明单位等荣誉称号。钢铁主导产品已形成H型钢、钢板桩、高铁线杆及工、槽、角等型钢产品134个系列、372种规格，现已成为全国最大的专业化、系列化型钢生产基地和全国首家“型钢标准研发基地”、国家级“装配式标准化钢结构建筑研究院”。津西H型钢产品先后荣获“中国H型钢第一品牌”“中国H型钢用户满意首选品牌”等称号，连续多年被评为“全国用户满意产品”。

厚植家国情怀，勇于担当责任。多年来，津西累计向国家缴纳税金超330亿元，为区域经济社会发展做出突出贡献。同时，热心公益事业，积极回报社会，已向教育、交通、优抚、抗震救灾等捐款超3亿元。集团董事局主席韩敬远被中华慈善总会授予“中华慈善事业突出贡献奖”。新冠肺炎疫情期间，率先行动，三次捐款，并全球采购医疗防疫物资，累计超2000万元，助力打赢疫情防控阻击战。

一、创新成果背景

多年来，津西工会充分发挥组织协调、服务保障作用，努力通过校企合作、开展内部工艺技术培训、聘请专家授课、外出参观学习等方式对员工进行职业技能培训，坚持不懈提升职工能力素质。目前，公司具有中级工以上职业资格人员占员工总数的42%；高级工以上职业资格人员占比29%；技师以上职业资格人员占比6%。从整体上看，职工职业技能素质偏低，真正拉得出、叫得响的“金牌工人”“大国工匠”数量不多，不能完全适应公司进军世界500强企业的目标要求。

经深入调查研究，津西在职业技能素质提升方面主要存在“两缺三不”问题。“两缺”，一是缺乏系统高效的机制保障。公司没能结合发展实际和员工实际制订具有战略指导性的培训规划，没能建立科学系统的内部培训管理制度，使员工素质提升工作很大程度上处于随机化、低效化状态。二是缺乏坚实有力的平台支撑。没能适应新的发展形势建立线上线下相结合的全新技能培训平台，线下培训阵地建设不完备，线上培训平台资源匮乏，导致学习培训不能实现全员化、全覆盖。“三不”，一是师资力量不强。内部培训师资队伍“瘸腿”现象严重，一些高技能人才技术水平虽然较高，但专业理论水平低，授课能力较差；外聘培训师资存在“理论不能联系实际”问题，不能充分与津西、与员工对接，培训内容与实际应用严重脱节。二是培训方式不活。许多培训活动缺乏深入策划，基本上停留在照本宣科学习、枯燥无味讲解状态，形式单一，不能充分激发职工学习兴趣。三是员工积极性不高。对开展职业技能培训教育的重要意义宣传教育不够，没有制订职工技能培训考核奖励等制度，没能从思想深处激发职工参与学习培训的自觉性和主动性。

二、创新成果措施及效果

为深入贯彻落实省市产改文件精神，进一步推进新时期产业工人队伍建设，近年来，津西始终秉承“培训是员工最大福利”的培训理念，充分发挥组织协调、服务保障作用，努力通过校企合作、开展内部工艺技术培训、聘请专家授课、外出交流学习、适时开展劳动竞赛等方式对员工进行职业技能培训，坚持不懈提升职工能力素质。严格坚持目标导向、问题导向、结果导向，坚持创新驱动，大胆推进理念创新、管理创新、模式创新，坚决按照“12345”工作思路，开发产业工人队伍建设工作新路径，取得了良好成效。具体做法如下所述。

1. 构建 1 套科学规范的技能培训体系，夯实培训制度基础，实现培训现代化

坚持“培训造就人才，人才创造未来”的工作理念，津西工会深度聚焦培训现代化目标，从健全组织机构、强化制度建设、完善硬件设施、提升师资力量等方面入手，坚定不移构建科学规范的教育培训体系。

（1）完善规划强组织。为确保技能培训顺利开展，津西专门成立以党委副书记、工会主席为主任、下设 27 个成员单位的教育培训组织机构。制订和完善《干部员工培训工作管理办法》，每年年初制定教育培训计划，定期组织专业技能培训，每月对各单位培训计划落实情况进行督导。

（2）筑牢阵地强设施。先后投资 2000 多万元设立多功能电教室 16 个、网络培训教室 2 个，引入智能考务平台及炼铁、轧钢 VR 模拟仿真等设备。累计投入 60 余万元聘请唐山市职业技能鉴定指导中心老师担任考评员、企业培训师等，先后培养内部兼职教师 207 人，并全部取得企业培训师或考评员职业资格证书，承担公司各类技能培训、课程与教材开发、实践教学指导等工作。

2. 推行职位晋升和等级薪酬 2 个“激励”，激发全员学习热情，为高效技能培训注入源动力，实现培训自主化

充分发挥激励机制作用，有效调动全员学知识、提技能、强素质的主动性。

津西工会将拓宽专业技术人员职业晋升通道和实施专业技能津贴政策两个激励政策相结合，使其成为激发员工主动学习、终身学习的催化剂。

（1）注重职位晋升激励。将取得相应职业资格列为干部选聘条件之一。出台《中层以下干部管理办法》《专业技能人员管理办法》，将职业资格与干部选聘挂钩，班组长、车间主任需具备高级工以上职业资格、中层干部需具备技师以上职业资格或中级以上职称。截至目前，公司通过取得相应职业资格而选聘为各级干部的专业技术人员达147人，占各级干部总数24.5%。

（2）注重薪酬激励。一是设立职业技能津贴。对取得“工人技师”和“工程师”职级、分7个级别给予400~2000元/月不等的技能津贴。二是设立技能大赛专项奖励。对在各层级技能大赛中获得状元、能手的分别给予相应的一次性专项奖励。对公司级技术状元和能手分别给予5000元和3000元的奖励；对市级技术状元和能手分别给予10000元和5000元的奖励；对省级技术状元和能手分别给予2000元和10000元的奖励；对全国行业技术状元和能手分别给予50000元和20000元的奖励。三是设立技术创新奖励。每年组织技术创新活动，出台《员工经济技术创新管理办法》和《“五小”创新项目管理办法》，针对新项目创效情况，经技术创新项目领导小组评审、报经理办公会批准，给予项目参与人该项目核准创效金额3%的奖励。多年来，津西累计评选优秀技术创新项目及“五小”创新项目722项，奖励金额317.87万元。四是发放董事长特别津贴。大力弘扬工匠精神，对在全国行业大赛中取得技术能手称号的，除一次性对选手奖励20000元/人外，每月另给予董事长特别技能津贴500元/人，直至本人退休。

3. 创新职业技能鉴定、职业技能大赛和“校企联姻”3项举措，推进技能培训纵深发展，实现培训特色化

为创新技能培训方法，打造一支操作规范、技术精湛、素质全面的高技能人才队伍，津西始终坚持“以赛促培、以培代赛、精准培训”的原则，精心谋划运营“素质工程”建设，在工匠培养上出奇招、重实效，全面推行职业技能鉴定，打造技能型人才队伍。

（1）推进职业技能鉴定社会化考评。2005 年，津西率先在河北省民营企业中推行职业技能鉴定社会化考评工作，并按照《职业技能鉴定和技师社会化考评实施意见》要求，每两年（奇数年）组织一次职业技能鉴定。目前公司取得中级工以上职业资格的 2573 人，占员工总数的 42.41%。

（2）广泛开展职业技能大赛。自 2006 年以来，津西工会扎实组织开展职业技能竞赛活动，按照“赛出水平、赛出特色、赛出效果”总体要求，坚持每两年（偶数年）组织一届技能大赛，现已成功举办 8 届员工职业技能大赛，并通过选派优秀选手参加各级职业技能大赛，现已培养公司级技术状元 98 名、技术能手 895 名、唐山市技术能手 21 名、全国钢铁行业技术能手 6 名。

（3）促进校企深度融合。一是开办委培班。与燕山大学、华北理工大学、河北工业职业技术学院等院校合作，开办冶金、机电、自动化等专业大专委培班，先后 700 余人毕业并安排到津西就业。二是开展企业新型学徒制培训。2020 年，津西与唐山工业职业技术学院、唐山科技职业技术学院和唐山劳动技师学院 3 家职业院校签订合作协议，开展企业新型学徒制校企合作培训，共涉及 16 个工种、1203 名员工，是建企以来规模最大、参与员工最多、合作院校最多的一次校企合作培训，将全力构建“校企合作、工学一体”的技能型人才培养新模式，全面提升员工职业技能素质，为推动津西高质量发展提供人才支撑。三是开展学历提升教育。通过在燕山大学、华北理工大学等高校开办“冶金工程”“机电一体化”“工商管理”本科班，开展学历提升教育，先后有 1029 名职工取得本科学历。四是开展课题攻关。结合产品研发、大数据应用、智能工厂等新课题，同东北大学、北京科技大学成立“型钢联合研发中心”，形成产、学、研良性互动，促进科技成果转化为生产力。

4. 创新“4个结合”培训方式，不断开辟技能培训新境界，实现培训高效化

按照企业人才需求和培训总体规划，不断创新培训方式，推进“集中授课与菜单式培养、传统培训与网络智能培训、技术专精与技能复合、技能培训与技术攻关”四个结合，赋予培训新内涵，有效推动产业工人队伍建设，为企业发展培育新动能。

（1）推进“集中授课”与“菜单式培养”相结合，强化操作人员专业技术培训。按照精益管理要求，定期举办“过程波动控制”“转炉温度控制”“铸坯质量改善”等培训课程，不断提升员工操作水平。实施“菜单式培养”；结合生产实际，选派百余名炼铁、炼钢、轧钢操作人员赴卢森堡、中国宝武集团等地深造学习。近年来，已累计聘请40余名业内专家开展钢铁冶炼、金属轧制、炉况控制等培训200余期。

（2）推进“传统培训”与“网络智能培训”相结合，引入互联网+培训。在开展定期培训、专项培训的基础上，将互联网引入教育培训，建立网络智能考务系统，员工通过智慧津西云课堂手机APP和电脑客户端、中国钢铁培训网、智胜现场等线上培训平台进行学习，针对不同工种开展专项培训，实现6000余名干部员工在线学习。

（3）推进“技术专精”与“技能复合”相结合，加强工匠型人才培养。为弘扬工匠精神，开展“名人进讲堂”“名师带高徒”等培训活动，聘请“华夏第一炼钢工”郑久强、北京科技大学素有炼铁“泰山北斗”美誉的王筱留、王维兴等知名教授开展技能培训和工艺交流。通过培训，公司荣获“全国钢铁行业技术能手”荣誉获得者吴立保、吴志伟、孙月霞、于立伟、李建伟、吴瑞富等已成为各专业领域现场操作的资深专家；同时，为培养“一专多能”型复合型人才，津西鼓励员工跨工种取证，对跨工种取证人员给予一次性奖励2000元/人。截至目前，公司跨工种取证人员95人，发放奖励金额19万元。

（4）推进“技能培训”与“技术攻关”相结合，开展技术创新活动。为充分发挥企业高技能人才作用，在各二级单位建立创新工作室 13 个，针对设备改造、能源环保、产品研发、工序优化等攻关项目，组织专项技能培训并带领广大员工开展技术创新活动。目前，公司拥有市级创新工作室 6 个、省级创新工作室 1 个、行业示范性创新工作室 1 个；通过各级创新工作室的带领，公司先后取得国家专利 56 项、“唐山市职工经济技术创新成果”22 项、“河北省职工先进操作法优秀奖”1 项、全国钢铁行业职工创新成果三等奖 6 项。

5. 以“5 型”标准化班组建设管理模式为引领，扎实开展班组竞赛，将理论培训转化为生产成果，实现培训阵地化

班组是企业的细胞，是企业管理的基础。多年来，津西结合生产实际推行学习型、创新型、安全型、清洁型、和谐型“五型”标准化班组建设模式，并加强班组安全专项管理，不断夯实基层班组管理基础。一是开展“五型”标准化优胜班组评选活动。在基层单位推行学习型、创新型、安全型、清洁型、和谐型“五型”标准化班组建设模式，由工会牵头成立班组建设考核验收领导小组，出台《“五型”标准化班组建设的管理规定》，公司每半年、厂部每季度、车间每月按照《“五型”标准化班组考核实施细则》对基层班组进行考核验收，每年对最佳班组和最佳班组长予以表彰。二是每月开展安全标准化班组评选活动。安全是企业生产的前提保障。津西工会每年以“安康杯”竞赛活动为抓手，每月随机抽取基层当班班组进行安全专项考核验收评比，扎实开展安全生产标准化班组评选活动。活动中被评为优秀班组的，给予班组成员当月200~300元奖励，2020年，在竞赛活动中考核验收基层班组162个，其中83个班组获得优秀，优秀率51%，落实奖励1199人次，奖励金额24.31万元。三是用劳动竞赛激发内在潜能。劳动竞赛的开展，最终目的是激发员工主动工作的积极性、促进企业发展。近年来，津西工会结合公司生产实际，先后组织开展了“保增长、促发展，万名员工建功立业活动”“迎战困难　共克时艰劳动竞赛”“降成本·增效益劳动竞赛”“立功津西·全员创新竞赛活动”“创业绩争先锋建功立业劳动竞赛”等竞赛活动60余场次，参与人数40000余人次，累计征集员工合理化建议30000余条，完成修旧利废13000余台件。通过开展指标提升竞赛活动，使公司转炉利用系数、高炉利用系数、型钢工序成本等主要经济技术指标位居全国钢铁行业前列。

近期，津西工会结合津西实际，出台了《新时期产业工人队伍建设实施方案》和《干部员工教育培训三年规划（2022—2024）》，将继续实施高技能人才强企战略，以产业报国为己任，以培育津西工匠为抓手，坚持校企合作办学的思路，全力开展新型师带徒、职业技能等级认定、职业技能竞赛等活动，着力打造一支知识型、创新型、技能型高素质、高技能产业工人队伍。

连线人物

王继祥　中共党员，政工师，企业培训师，河北津西钢铁集团股份有限公司工作党群工作部副部长。参加工作30多年来，多次评为优秀员工、生产标兵、优秀团员、优秀团干部、优秀团干部标兵、优秀工会会员、优秀工会工作者、优秀共产党员，2017年被评为劳动模范并荣获“中国时代风采”和“中华大地之星”活动“优秀新闻工作者”称号。

自参加工作以来，始终坚持“培训是员工的最大福利”的培训理念，贯彻“以人为本”提高员工素质的培训思路和能够充分激发员工活力的人才培训机制，不断完善培训管理制度，创新培训工作方法，建立健全培训制度体系，大力推进职业技能鉴定和技师社会化考评，扎实开展员工职业技能大赛，全方位多角度设计培训方案及方法，保障了企业发展人力资源的需求。

分众式党建精品课程体系开发与实施

国网江苏省电力有限公司管理培训中心
周　权　张义奇　侯　俊　王　朴　黄　珊

【企业简介】

国网江苏省电力有限公司管理培训中心（以下简称“国网江苏管培中心”）是国网江苏省电力有限公司（以下简称“国网江苏电力”）的直属培训单位，成立于2001年7月。国网江苏管培中心地处无锡太湖之畔，占地99.34亩，土地面积66221.8平方米；建筑面积24405平方米。设有8个部门，全民职工编制97人。国网江苏管培中心目前主要承担国网江苏电力党员领导干部、后备干部及管理人员培训工作，党建、管理培训开发研究工作，管理人员领导力评鉴工作以及领导干部和苏锡常地区职工健康体检工作以及部分会务等工作。十九大以来，以党性教育的主阵地建设为主要任务，以理论研究的制高点建设为主要目标，以服务党委决策的智力库建设为主要方向，以服务省公司党的建设和各级领导人员队伍建设为主线，分层分类分阶段稳步推进，实现教学培训、科学研究、决策咨询有机结合、共同发展，全力打造一流的省级电力公司培训中心。2020年国网江苏管培中心获“国内一流企业党校示范单位”“中国企业教育先进单位百强”等荣誉。

一、创新成果背景

（一）中国特色社会主义发展进入新时代为党的建设指明新方向

习近平总书记在党的十九大上提出新时代党的建设总要求，在全国组织工作会议上提出新时代党的组织路线，在全国国有企业党的建设工作会议上对坚持党的领导、加强党的建设做出重要部署，为开创新时代国有企业党的建设新局面提供了强大思想武器和行动指南。党中央颁布《中国共产党国有企业基层组织工作条例（试行）》，对国有企业党组织工作做出整体设计和全面规范。国家电网公司作为关系国民经济命脉和国家能源安全的特大型国有重点骨干企业，必须站在坚持和发展中国特色社会主义、巩固党的执政基础的战略高度，从推进伟大事业、建设伟大工程、夺取伟大斗争胜利的全局出发，毫不动摇地坚持党的领导、加强党的建设，牢记党中央设立国家电网的初衷和新时代担负的职责使命，全面履行好经济责任、政治责任、社会责任，对党忠诚、服务大局、当好排头，真正发挥好“六个力量”重要作用。坚持党的领导、加强党的建设，是我国国有企业的光荣传统，是国有企业的“根”和“魂”，是我国国有企业的独特优势。作为国有企业，要时刻按照新时代党的建设的新要求，不断增强党的政治领导力、思想引领力、群众组织力、社会号召力，确保我们党永葆旺盛生命力和强大战斗力，在企业变革发展进程中始终成为坚强的领导核心。

图 1　国网江苏管培中心

（二）国网江苏电力发展战略对各级党员干部队伍建设提出新要求

随着中国特色社会主义发展事业进入新阶段、新征程，国网江苏电力秉承国家电网公司发展战略，制定了发展战略目标。在此背景下，如何发挥好党的领导核心和政治核心作用，如何落实好党建工作责任制，把党建工作放在一个更加突出的位置狠抓落实、抓出成效，加强各级党员队伍建设是关键。当前国网江苏电力党员队伍建设中存在若干问题：一是党员作风不扎实，作风漂浮现象严重，主要表现为理论学习缺乏“热情”、理论学习不走心，部分党员干部服务意识淡薄、与群众关系处理不好等；二是部分党员存在惰性意识，缺乏党员的进取精神，主要表现为部分党员在工作中思想僵化、因循守旧、缺乏工作创新，工作缺乏原则性、遇到好事争做好人、遇到困难视而不见；三是基层党员队伍老化，队伍结构不合理。上述问题的存在，不利于国网江苏电力做好党建工作，更会影响到国网江苏电力战略目标的顺利实现。因此，有必要加强公司党员队伍建设。

图 2　青年马克思主义者培养工程 2020 年培优班开班仪式

（三）党员干部能力需求差异对分众式培训体系建设提出新需要

党的各级干部队伍，是企业发展和企业变革的领导者、推动者和引领者。由于各级党员干部队伍所担任的党内职务、企业岗位各不相同，其能力提升需求也存在较大差异：一是党委书记和党支部书记存在党建实务工作技能缺乏、意识形态引导能力薄弱的现状；二是骨干党员存在三观“总开关”问题，亟待解决如何让党员锤炼成为骨干的问题。因此，对各级党员干部的培训定位也应有所侧重。此外，由于对各级党员干部队伍的能力素质差异认识不清，对党建工作和企业治理的结合把握不准，在各级党员干部队伍的培训方面往往存在能力素质定位不准确、培训内容开发不系统、培训方式设计单一化等问题。因此，针对不同类别的党员群体，有必要采取分众式的课程开发和培训实施思路，提升党员干部培训的针对性和有效性。

二、创新成果措施

分众式党建精品课程体系开发与实施的内涵是：基于党员队伍建设系统性不足、不同党员群体能力需求差异明显等弊端，围绕党员干部整体能力长效提升，聚焦“新时代”发展战略要求，结合不同群体党员队伍能力现状，依据分众式党建培训理论，分别瞄准“骨干党员、党支部书记、党委书记”等三类特定人群，以能力需求调研为依据，以解决实际问题为导向，以提高各级党员干部政治理论水平和党建工作实务能力为目标，分众开发了差异化的党员课程和党员培训体系。为促进分众式党员培养工作的落实，国网江苏管培中心从制度层面、资源层面、运作层面、管控层面、机制层面等维度开展的系统的探索，实现了各类党员群体培训工作的系统化和框架化，促进了各级党员、系统与社会的共同发展。

分众式党建精品课程体系开发与实施如图 3 所示。

（一）规划层面：制定“三阶登高”培训规划

《中国共产党章程》规定了入党标准和党员的八项基本义务，这是作为党员的胜任力要求。而企业党员由于还具有企业员工的角色，并且无论党内还是企业内的岗位职责都各不相同，因此有必要明确界定各级党员的能力需求，并在此基础上开展合格企业党员的培养和考评工作。

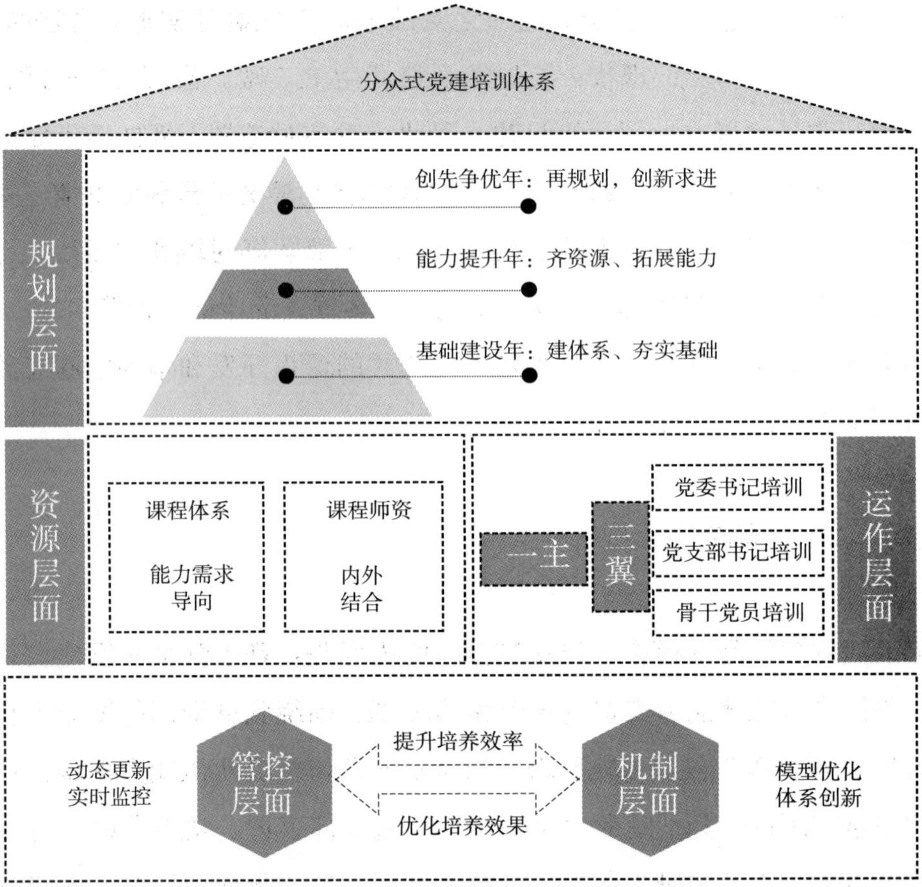

图 3　分众式党建精品课程体系开发与实施

能力需求源自党员群体胜任能力理想状态与现实状态的差距。如图 4 所示，从横向来看，将当前绩效、实际行为以及实际能力与组织理想状态下的绩效、行为以及能力素质状况相对比，找出差距，可以有针对性地提出培训需求；从纵向来看，绩效水平与实际行为紧密相连，而实际行为是能力素质水平的外在体现。因此，通过明确各级党员群体的胜任力要求，再通过调研分析掌握实际状况，然后对比找出两者之间存在的差距是确定培训需求的可行路径。

为了明确党支部书记的能力需求，国网江苏管培中心通过分众式调研，深入分析了不同党员群体的能力特点。

1. 分众式调研实施思路

为全面掌握各级党员群体的能力现状和培训需求，进一步提高培训的针对

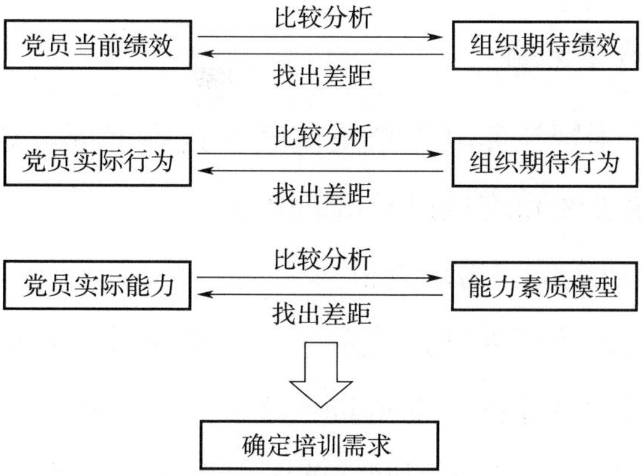

图 4　党员群体能力需求

性和有效性，国网江苏管培中心针对不同党员群体开展了分众式能力需求调研。

1）分层次调研能力要求

主要从组织需求分析（外部环境、内部环境、企业发展战略、党建工作要求）、岗位需求分析（履职能力差距）、党员个人发展等三个层面开展能力要求调研。

2）分类别调研能力现状

主要针对党委书记、党支部书记、骨干党员这三类对象，分析其年龄结构、岗位职责、工作履历和文化背景差异，明确其能力现状和能力需求。

图 5　国网江苏省电力有限公司 2020 年青年干部暨年轻骨干培训班开学典礼

2. 分众式培训需求分析

通过上述调研，国网江苏电力系统梳理了党委书记、党支部书记和骨干党员三类党员群体的培训受众定位以及培训需求。

1）党委书记受众定位与需求分析

受众定位：供电企业党委书记是企业党组织建设工作的组织领导者，企业经营发展的政治主管和企业的主要负责人之一，也是职工心中的风向标。加强各级党委书记的培养，直接关乎国网江苏电力战略目标的实现。

培训需求：供电企业党委书记队伍建设中仍存在一些亟待解决的问题：一是抓什么的问题，不清楚党委书记工作职责，对履职内容不熟悉，开展工作抓不住重点和要点；二是怎么抓的问题，对党务工作科学管理规律缺少了解，党建实务技能缺乏掌握，难以推动工作有效开展；三是想不想抓的问题，自身党性意识不足，对全面从严治党形势和党的建设重要性认识不到位，重业务、轻党建思想未能有效解决；四是未能有效解决好发挥自身职责和班子职能作用问题，一方面党委政治核心作用未能有效发挥，另一方面在把握民生型、服务型的现代国有企业制度运作规律的能力、提升履行新职责所必备的统筹协调能力上有所欠缺。

2）党支部书记受众定位与需求分析

受众定位：党支部书记是党的基层组织负责人，处于抓党建工作的第一线，其素质的高低，直接决定着支部建设质量的高低，决定了基层党支部战斗堡垒作用能否有效发挥。

培训需求：一是意识形态引导能力薄弱。当前，思想意识多样、价值取向多元化对企业基层党建工作带来了新挑战。不少基层党支部书记对员工的思想宣传存在形势分析不深入、思想动态没把握、学习手段陈旧、工作方式待转变等问题。二是党建实务工作技能缺乏。从现有的党支部书记队伍的结构及职业发展特点来分析，大部分党支部书记是从行政管理或生产技术岗位转岗过来，专业跨度大，从管事、管设备转变为管人、管思想，不少新上岗的书记感到党务工作无从入手。特别是党支部“三会一课”问题尤为突出，不敢要求领导以普通党员参加组织生活，自身没有带头参加组织生活，转发式党小组管理模式、机械式读文件情况普遍存在。三是工作缺乏激情。整体年龄偏大，安置人员，受“站好最后一班岗”即可的心理影响较大。

3）骨干党员受众定位与需求分析

受众定位：党员是发展和战略目标落实的领头人和中坚力量，而骨干党员是这支队伍的新生军和后备力量，其能力素质的高低直接影响能否持续高速健康发展。

培训需求：一是三观“总开关”问题。加入党组织不等于始终是合格党员。随着经济发展，社会整体价值观发生偏差，如何看待各种新奇的理论和观点，是摆在年轻新党员面前的重要课题。需要用马克思主义树立世界观、人生观、价值观，解决好“总开关”问题。二是如何“让党员锤炼成为骨干”。需要引导骨干党员转变固有思想，学习当前亟须的知识和技能，建立正确的发展理念、工作和学习习惯，成长为政治优异、业务优秀的“双优”骨干党员。

3. 制定“三阶登高”培训规划

国网江苏管培中心以“实用、实效”为导向，立足国网江苏电力三类党员群体能力需求，紧扣国网党建工作思路和国网江苏电力“十四五”发展需要，确立三类群体培训目标为：以深入学习贯彻十九大精神为基本遵循，以充分发挥党员先锋模范作用为导向，立足国网党建工作总体思路和国网江苏电力“十四五”发展需要，聚焦党委书记、党支部书记、骨干党员三类群体能力需求，用三年时间完成各级党员干部全覆盖梯级培训工作，不断提高三类党员群体胜任能力，为全面建成“一强三优”提供坚强政治和组织保证。

1）基础建设年：建体系、夯实基础

针对当前培训现状和三类党员群体能力现状，一是系统构建分众式培养体系，优化培训资源配置，创新培训模式；二是统筹建设分众式课程体系，优先开发关键紧缺培训课程，全覆盖开展“补短板”培训。

2）能力提升年：齐资源、拓展能力

根据培训资源建设统筹安排和三类党员群体履职要求，一是开发培训资源，包括培训课程和内部培训师系统性建设；二是开展以“应用”为核心的综合性培训，全面拓展三类党员群体业务能力，开展党建重点项目建设，实施党建对标。

3）创先争优年：再规划，创新求进

全面梳理前两年培训结果，结合实践优化培训工作。一是总结培训经验和成果，分析三类党员群体能力发展情况，着手开展下一个三年规划；二是创新党支部工作模式，完善党建智库，推出优秀实践成果，形成特色党建品牌。

图 6　开展的党建活动

（二）资源层面：内外结合开展精品课程开发

1. 建立以能力需求为导向的培训课程体系

为构建精细化的培训课程体系，加大党员培养开发力度，提升党委书记、党支部书记、骨干党员能力素质，满足三类党员群体的一般需求以及能力提升的个性需求，项目组根据能力需求调研结果开发了三类群体的精品课程体系，如图 7 所示。

附件2　管理人员专业能力行为分解及课程匹配

部门：政治工作部　　　　岗位：党支部书记

序号	能力项名称	能力项定义	能力等级	行为描述	能力要求	知识及技能匹配	课程名称	学习方式	教学方法	测试方式	课程获取方式
1	思想引领	用党的理论统一思想，凝聚共识引领发展的能力	中级	1.具有坚定的政治立场； 2.能宣传党的路线、方针、政策及上级决策部署； 3.能开展思想政治工作； 4.能准确分析把握舆论导向； 5.能进行员工思想动态分析	1.掌握党的理论和基本知识，熟悉《党章》等党内规章； 2.掌握中央和上级党组织最新的决策部署和形势任务； 3.掌握思想政治教育要领； 4.具备舆论分析引导能力； 5.具备员工思想动态分析能力	1.党的知识、党的历史及党的理论体系； 2.党纪和党规； 3.中央和上级党组织重大决策； 4.国家电网公司、上级公司各阶段的形势任务； 5.思想政治工作的方法和技巧； 6.舆论分析和引层： 1)什么是舆论； 2)舆论的特点； 3)什么是舆论引导； 4)舆论引导的基本原则； 5)舆论引导的政治方向； 7.员工思想动态分析： 1)员工思想调查问卷设计； 2)员工思想引导方法； 3)与重点员工沟通的内容及方法	思想引领1	集中面授+网络自学	1.讲授； 2.实境教学(依托红色资源和优秀党建阵地，开展实境互动教学)； 3.实境互动	客观题：单选、多选、填空、判断、简答题	内部开发+外部采购
			高级	1.能针对性地开展思想政治工作	1.掌握开展思想政治工作的多种形式	1.如何有针对性地开展思想政治工作	思想引领	集中面授+	1.讲授 2.实境	客观题：单选、多	内部开发

图 7　精品课程体系分解

2. 内外结合开发课程师资

为做好培训资源建设工作，必须统筹内外部专家力量。外部师资，以了解电力行业特点的咨询公司、党务专家等为主；内部师资，主要从优秀党支部书记中发展兼职培训师。内外部专家结合，共同开发培训课程并培训内部培训师资。

（三）运作层面：设计“一主三翼”培训模式

实施“一主三翼”培训模式，全面支撑“三阶登高”规划目标的实现。“一主”是全覆盖普训，针对每年的规划目标，采取网络学习+理论考试方式完成普训工作；“三翼”是开发党委书记、党支部书记、骨干党员三个重点项目，采取理论学习、案例学习和情景化学习。

1. 一主：全覆盖普训

以基层党委为主体，搭建网络平台，采用网络学习、普考、复测、年检的方式，开展基于能力需求的党员队伍全覆盖培训工作。采用逐级认证培训方式，开展分层分级培训。

1）培训内容

2017年重点开展基础能力培训，主要针对调研中显现的能力素质薄弱项进行培训。通过培训，初步的掌握各项能力，树立正确的价值取向。2018年重点开展综合能力培训，主要采用案例分析形势，考察对党务知识、技能的掌握情况。通过培训，能够熟练运用所学知识、技能解决工作中的典型性问题。2019年重点开展创新能力培训，主要考察运用所学，创新工作模式，孵化党建课题项目的能力。

2）考评方式

各基层单位独立组织党员干部考评工作，每年普训结束后，各级党委进行摸底普考，对不合格人员进行强化培训并复测。每年10—11月，国网江苏电力政工部和管培中心根据各单位制定的考评方案，组织抽检，综合评价效果。普训和考评滚动式进行，对于每年新任的党委书记、党支部书记以及新发展的党员，都要依次参加上述三层次培训和考评。

2. 三翼：三个重点项目

为了最大化利用培训资源，除了开展全覆盖普训外，重点开发党委书记、党支部书记和骨干党员三个重点项目。

1）党委书记培训

着力培养党委书记“五力模型”，即政治定力、向心力、战斗力、凝聚力、推动力。

政治定力：精读党史、中国近代史和国情现状，初步了解世界政党比较学研究成果，个人政治信仰不空不虚，注重追寻真理，树立正确“三观”和高尚情怀，成为坚定的马克思主义者。

向心力：深入学习十九大精神，贯彻落实“两学一做”学习教育常态化、制度化要求，以党章和习近平总书记系列重要讲话精神为指导，增强所在党委班子、下属基层党支部和全体党员的政治意识、大局意识、核心意识、看齐意识。

战斗力：坚持思想建党、组织建党、制度治党相结合，结合《供电公司党委书记岗位手册》（以下简称《岗位手册》）党建工作相关标准，突出系统内外案例分析和党建实务培训，提升严肃党内政治生活、党员教育管理、中心组学习、三重一大决策、时政热点评论、调查研究、党风廉政建设等党建专业技能。

凝聚力：聚焦人心凝聚，坚持“走心入脑接地气”地开展工作，结合《岗位手册》企业文化、精神文明建设等工作相关标准，突出提升企业文化三项工程、文明单位创新、群团管理、舆情维稳、新媒体应用、典型选树等实务技能。

推动力：深刻领会“把方向、管大局、促落实”的内涵要义，以促进党建工作与业务工作有机融合，注重思维的拓展、理念的更新和管理技能的提升。

2）党支部书记培训

重点做好实务技能、理论前沿、心理沟通、思想宣传四个方面的学习。

学习实务技能：通过案例、交流、模拟训练等形式，强化基层党支部书记党务素养，打造基层战斗堡垒组织优势，助推企业发展。

学习理论前沿：通过加强党的理论、人文综合知识方面的培养，提升基层党支部书记政治理论素养，形成基层党组织理论优势并转化为支部发展引领力。

学习心理沟通：进行心理学训练，客观理性认知社会热点问题，加强沟通能力，提升基层党支部书记辅导党员、群众能力，打造基层党组织队伍优势。

学习思想宣传：在思想宣传工作中，对存在的困难和问题，不回避、不躲避，能用创新的思维和方法去突破、解决问题，激励周围人锐意进取，打造基层党组织思想优势。

3）骨干党员培训

重点强调巩固认知、强化自信和提升能力。

巩固认知：通过讲述社会主义与中国，中国为什么选择社会主义等，使骨干党员深刻理解和把握中国特色社会主义道路、理论体系和制度。深入学习党史党章，引导新党员转变固有思想，对党员和企业进行重新认知，激发其工作动力和热情。

强化自信：通过历史上、同时代优秀骨干党员的事迹与要求提炼，以及当前我国在共产党领导下民族复兴道路的学习，强化骨干党员的增强新党员的道路自信、理论自信、制度自信和文化自信，挖掘新党员的潜力。

提升能力：基于四个自信，进一步将理念转化为实践行动，修炼与业务相关的沟通能力和执行力等，并在培训结束运用到工作当中，释放骨干党员活力，将骨干党员培养成为政治优、业绩优的中坚党员。

（四）管控层面：完善党建平台管控支撑

分众式培训体系运作过程中，充分运用互联网+方式，依托公司党建平台开展培训过程管控。

1. 培训需求动态更新

党员群体培训过程中，由于组织面临的环境、组织内部政策以及个人能力需求方面不断动态变化，因此需要不断了解最新的培养需要。在培训过程中，定期应用党建平台采集组织、团队、个人需求，运用大数据手段了解党支部书记能力现状、能力要求，明确能力差距，作为动态调整培养模式和培养内容的依据。

2. 培训动态实时监控

建立培训积分管理机制，依托党建平台动态更新各类党员群体参加培训和考评情况，实现党员能力培养动态管理。

（五）机制层面：模型体系不断优化更新

党员能力素质提升是一项长期而艰巨的工程，必须持之以恒、有序推进。围绕分众式党员培训体系建设，未来持续重点做好以下两个方面。

1. 能力素质模型的更新与优化

能力素质模型的构建并非一劳永逸，必须充分考虑改革的推进、形势的变化及机制的健全所带来的新要求、新问题，因此要保持素质模型的动态优化，健全模型、指标和能力维度，使培训体系不断完善和提升，以适应基层党支部的建设和发展。

2. 培训体系的不断优化创新

通过分层分级实施，深入推进分众式党员培训体系在各级党组织的应用，指导各级党组织开展不同群体党员的分层分类普训和重点培训，使党员队伍整体能力素质在几年内有一个明显的提升。同时，在应用过程中要不断优化培训体系，实现党员队伍培训工作的螺旋式上升。

进一步细化培训对象个体差异，引入菜单式培训，满足不同个体的培训需求。拓展综合性能力要求，强化实践锻炼和个人成长，推进复合型党员队伍的培养。

三、创新成果效果

（一）实现了培养路径的优化和培训效果的提升

国网江苏管培中心通过开展分众式党建精品课程体系开发与实施，丰富了党员培训资源，提升了党员培养系统性，优化了党员培养效率，建立了面向不同党员群体的针对性培养机制，形成了分层次、多渠道、大规模、重实效的国网江苏电力党员培养格局。实现了党员培训工作从单一的理论学习、知识输入，到团队的智慧众筹、能力输出的转变；从“漫灌式、粗放型”培训，到“分众式”因人制宜型培训的转变；从学得好、考得好到用得好、干得好的转变。该体系高度契合“国家电网党（2017）87 号中共国家电网公司党组关于进一步加强基层党支部书记集中轮训工作的通知”的相关要求，其中党支部书记谈心谈话系列微课获得国网网络大学首页推荐，并得到国网人资部高度肯定，获得国网优秀系列课程一等奖；《关键谈话——基于〈管理人员岗位素质模型〉的党支部书记谈心谈话能力提升》，经中国版权保护中心审核，获得国家版权保护。同时，国网江苏管培中心在分众式党员培训方面的创新举措，也收获了行业内外的认可，江苏警官学院领导专门对基层党支部书记培养工作开展了现场调研，观摩了基层党支部书记场景化能力训练课程，充分肯定了分众式党务培训工作，并引入了这一培训模式。

（二）实现了培评工作结合和党员队伍建设的强化

国网江苏管培中心分众式党建课程开发和培训体系建设实践，系统化了党员培养链条，改善了党员培、评缺乏系统设计的弊端，使培训工作贯穿了党员队伍建设的评价考核、选拔任用等过程。通过实施分众式党建课程开发和分众式党员培训，有效提升了国网江苏电力党员队伍的综合素质，促进了党员队伍建设的不断强化。2020 年全年累计培训各级党员群体 5000 余人次，培训项目满意率 98. 6%。通过这一有益探索，国网江苏电力党员队伍建设得到了完善，党员群体梯队建设更有系统性、针对性，党员队伍培养的步伐进一步加快，为支撑企业持续健康发展提供人才保障基础。两年来，参与到分众式党员集中培训的学员中，有 52%的党员在新的岗位领域锻炼，有 22. 5%的党员在重点工作中承担主要职责，10%的党员得到了组织重用，在更高的平台发挥才智。

（三）实现了各级党员、企业与社会的共同发展

通过分众式党建课程开发和培训体系建设实践，促进了党员群体的个人职业发展：一是激发了党员群体关注个人职业生涯发展的意识；二是为党员群体搭建了学习交流、实践提升的平台；三是促进形成了全员参与、主动学习的意识。党员个人能力的提升，也反过来促进了组织的发展。特别是在攻克重大项目、服务民生实事、促进地方经济发展上都有党员群体的足迹，如特高压穿越长江综合管廊的贯通、农网改造工程、重大保电任务等。国网江苏电力服务能力进一步增强，品牌价值进一步提升，有力地保障和促进了社会的发展，最终实现了个人、公司、社会的创新发展、协调发展和共享发展。

连线人物

周　权　自2004年入职以来，勤于学习、善于创新，在培训方面打造了多项亮点工作。主持开展分众式党务人员培训体系构建研究，重点打造了具有江苏电力特色的党务人员培训体系；负责开发的《关键谈话——基于〈管理人员岗位素质模型〉的党支部书记谈心谈话能力提升》特色课程获得国家版权专利；开发的党支部书记谈心谈话情景微课获得国家电网公司网络大学优秀系列课一等奖；主要推动建设了国网江苏电力“智慧型、全交互、沉浸式”党建综合实训中心，打造集国网系统领先的共产党员服务队实训基地、“国内领先、国网首家”党支部书记场景化实训基地、国网系统首个员工积极心态养成系统等六位一体的实训基地。工作以来，周权主持或参与的培训相关管理创新课题获得江苏省企业管理现代化创新成果奖、国网江苏省电力有限公司管理创新成果奖等10多个奖项，开发的14门场景课程获国家版权认证，其先后获得国网江苏省电力有限公司劳动模范、“全面创新年”活动先进个人、国网江苏省电力有限公司管理培训中心先进工作者等10多项荣誉称号。

“红色文化+航天精神”党建文化移动阵地建设的探索与实践

中国航天科工二院北京中天鹏宇科技发展有限公司
李　进　辛广辉　黄　思　田　宇　王希华　田新宇

【企业简介】

中国航天科工二院北京中天鹏宇科技发展有限公司成立于1959年6月1日，是我国空天防御体系建设的专业物流保障与服务单位。为传承好红色文化、弘扬好航天精神，公司党委以自营多年奔波驰骋在型号转运战线上的公路特装车和铁路自备车为移动载体，建成国内首个“红色文化+航天精神”数字化党建文化移动阵地，共包括红色专列和红色专车两个党建文化阵地。党建文化移动阵地通过全面融入数字展示技术，将“红色元素、航天文化”渗透进阵地的方方面面，形成以首都为核心、辐射祖国大江南北的红色联络网，实现科研生产工作阵地、宣传思想发动阵地与党建文化传播阵地的有机融合。

一、项目实施的必要性及意义

（一）做好历史文化和精神的传承，是一个民族持续发展的动力根源

清代思想家龚自珍云：“预知大道，必先为史。灭人之国，必先去其史。”中华民族历来就高度重视历史文化和精神的传承。习近平总书记对历史文化和精神的传承尤其重视，他反复强调：“历史是最好的教科书，历史是最好的老师，历史是最好的清醒剂。”历史是一个民族、一个国家形成、发展及盛衰兴亡

的真实记录，是前人的百科全书。它忠实记录下每一个国家走过的痕迹，给每一代人未来的发展提供启迪。在漫长的历史进程中，中华民族创造了独树一帜的灿烂文化，积累了丰富的治国理政经验，涌现出无数可歌可泣的精神事迹，其中有和平盛世时期社会发展进步的成功经验，有陷入衰落动荡时期的深刻教训，也有每个年代诞生的时代精神楷模。习近平总书记专门指出："对我们共产党人来说，中国革命历史是最好的营养剂。"做好历史文化和精神的传承，是一个民族持续发展的动力根源。

（二）做好红色文化和航天精神的传承，是实现航天梦、强军梦、中国梦的精神之盾

红色文化和航天精神是国家的重要精神财富，是中国近代史乃至中华文明史上的璀璨篇章。纵观中国人民近代以来180多年的斗争史，中国共产党近百年的奋斗史，中华人民共和国70多年的发展史，红色文化和航天精神是历史向前发展的过程中凝聚的精华，激励了一代又一代的革命者和共产党人，引领了一批又一批的爱国工作者。在当时内外交困、艰苦卓绝、一穷二白的形势条件下，红色文化和航天精神如同闪耀的星辰，激励着一代代爱国志士不断前行、不断创造出新的辉煌。党的十九大提出建设航天强国的任务，建设航天强国离不开伟大精神的支撑。做好红色文化和航天精神的传承，是祖国新一代走向未来更高制高点，实现航天梦、强军梦和中国梦的精神之盾。

二、红色文化和航天精神的内涵与精神特质

（一）红色文化的内涵与精神特质

红色文化是中国共产党以马克思主义为指导，吸收中外优秀文化创造的先进文化，代表了中国共产党人和广大民众的优良品格，不仅是中国人民价值观念体系中的重要组成部分，更是凝聚国家力量和社会共识的重要精神动力。红色文化与我国革命历史息息相关，与中国共产党艰苦奋斗建立起来的红色政权密切联系，是一种特有的、积极进步的文化。具体而言，红色文化就是广大工

农群众在中国共产党的带领下，从创建自己的人民军队到土地革命，从红军长征到抗日战争、解放战争，在各个历史时期所留下的痕迹，所取得的伟大功绩以及过程中不断呈现的革命事迹和崇高精神总和。

红色文化体现为物质形态和非物质形态。物质形态主要表现为革命历史中饱经沧桑的会议遗址、战斗遗址、故居、纪念馆和红色文物等；非物质形态是指在中国革命的实践中不断形成的，能够指导人们解决革命困难和生存难题的真理和信念、观念和精神、制度和规则的综合体现，是革命历史中不可磨灭的文化财富。红色文化的精神特质主要表现为崇高的理想信念、实事求是的工作作风、为人民服务的宗旨和艰苦奋斗的精神，是我国新时期治国理政过程中需要的和亟须传承的精神财富。

习近平总书记强调："在实现中华民族伟大复兴的新征程上，必然会有艰巨繁重的任务，必然会有艰难险阻甚至惊涛骇浪，特别需要我们发扬艰苦奋斗精神。崇尚艰苦奋斗是中华民族自强不息的精神基因。在逐梦新时代的伟大征程中，大力弘扬红色文化，不断从中汲取矢志不渝、艰苦奋斗的精神动力，具有重大而深远的意义。"中国红色文化百年历史，不仅书写了马克思主义中国化、时代化、大众化的华彩篇章，而且迎来了中国从"站起来""富起来"走向"强起来"的伟大征程。在理论魅力上，红色文化作为中国共产党政党文化的重要内容，在同各种主义和思潮的竞争乃至斗争中脱颖而出，成为马克思主义与中国实际相结合的重要文化表达；其坚定的人民性立场、雅俗并举的理论风格，获得了人民大众的高度认同；其丰富的精神性内涵、实践性品质支撑着中国共产党由弱而强、由简而巨，红色文化成了中国共产党人的精神家园。在实践基础上，红色文化产生于一个国家从落后挨打走向独立自主，从后发跟跑走向并跑赶超甚至引领时代的伟大实践。道路自信、理论自信、制度自信、文化自信的底气不断提升。这些伟大的实践，都为红色文化自信提供了有力的经济、政治支撑，也获得了有力的制度化保障和民心基础。

（二）航天精神的内涵和精神特质

航天精神是中国航天人在中国共产党的领导下，从 20 世纪 50 年代起，在航天事业发展的实践中，不断积累、提炼、传承而逐步形成的，是党的光荣传统和优良作风在航天战线的具体体现，是民族精神、时代精神与航天实践的产物，是推动我国航天事业不断发展的动力源泉，是中华民族精神宝库的珍贵财富，是中国共产党精神的重要组成，是中国航天事业之魂。

航天精神的特质突出体现在：忠诚爱国的政治品格，自力更生的创新精神，严慎细实的工作作风、大力协同的自觉意识、无私奉献的担当精神、薪火相传的人才队伍。航天精神相伴航天实践而生，助推航天实践而行，事业愈艰巨精神愈深厚、事业愈辉煌精神愈博大。全面阐释航天精神的时代价值，大力弘扬和践行新时代的航天精神，是引领中国航天事业发展的必然要求，也是激励全体中华儿女为实现“两个一百年”奋斗目标、实现中华民族伟大复兴中国梦的精神动力。

在航天事业的发展过程中，航天精神在鲜活生动的历史链条中形成了完整谱系。“航天三大精神”包括航天传统精神、“两弹一星”精神和载人航天精神。在不断实践中又形成黄纬禄精神、各型号团队精神等。原航天工业部党组自 1986 年起对航天传统精神多次提炼，最终总结为“自力更生、艰苦奋斗、大力协同、无私奉献、严谨务实、勇于攀登”，表述了祖国航天事业发展的思想保证和精神动力。1999 年 9 月 18 日，江泽民同志在“两弹一星”科技专家表彰大会上，精辟阐述了“热爱祖国、无私奉献、自力更生、艰苦奋斗、大力协同、勇于攀登”的“两弹一星”精神，展示了中华民族克服阻挠、不畏强暴、藐视困难的精神品质和航天人自强不息、一往无前的气概。2003 年 11 月 7 日，胡锦涛同志在庆祝神舟六号载人航天飞行圆满成功大会上，对航天工作者高度评价，称他们用非凡业绩铸就了“特别能吃苦、特别能战斗、特别能攻关、特别能奉献”的载人航天精神。2012 年 12 月 28 日，中共中央、国务院、中央军委相继在贺电北斗二号卫星导航系统服务开通中提出“自主创新、团结协作、攻坚克难、追求卓越”的北斗精神后，2019 年 1 月 3 日，又对嫦娥四号探月任务圆满成功提出了“追逐梦想、勇于探索、协同攻坚、合作共赢”的“探月精神”。

2016 年 4 月 24 日，习近平总书记在首个“中国航天日”之际做出重要指示强调，“探索浩瀚宇宙，发展航天事业，建设航天强国，是我们不懈追求的航天梦。经过几代航天人的接续奋斗，我国航天事业创造了以‘两弹一星’、载人航天、月球探测为代表的辉煌成就，走出了一条自力更生、自主创新的发展道路，积淀了深厚博大的航天精神。”2020年4月23日，在第五个“中国航天日”和“东方红一号”卫星成功发射50周年到来之际，习近平总书记给参与“东方红一号”任务的老科学家回信，强调：“不管条件如何变化，自力更生、艰苦奋斗的志气不能丢，新时代的航天工作者要以老一代航天人为榜样，敢于战胜一切艰难险阻，勇于攀登航天科技高峰，让中国人探索太空的脚步迈得更稳更远，早日实现建设航天强国的伟大梦想。”在新的历史方位下，航天精神与时俱进，焕发出新的生机力量。

三、公司在党建文化阵地建设方面的探索和实践

党建工作是理论与实践的结合体。党建工作作为理论化的观念形态，要转化为鲜活的实践，必须通过一定的载体来实现，它不仅是党建工作发挥优势的工具，也是推进党组织基础建设的重要保证。近年来，公司党委积极贯彻落实中央在党的建设、文化建设等方面的政策要求，在党建文化阵地建设方面不断开展探索和实践，把党建的内容方式、目标任务融合于具体的载体之中，通过建平台、建阵地，化无形为有形，变抽象为具体。

（一）构建党建信息化平台，打造党建文化“线上”阵地

公司党委将互联网技术与基层党组织建设紧密结合、与党建业务工作紧密结合、与科研生产中心任务紧密结合，设计推出了集党务管理平台、党建宣传平台、党建资源平台、党员学习平台、党务学习平台、互动交流平台、监督管理平台、大数据应用平台共八大功能版块于一体的智慧党建云平台，将其打造成为公司全面从严治党的工作平台、与时俱进的党员教育平台、联系服务群众的互动平台。

智慧党建云平台（图1）进一步增强了党员管理的灵活性，扩大了党的基层组织管理的开放度。通过建立网上组织体系，党员可在线交纳党费、在线参

加“三会一课”和主题党日活动，打破了基层党组织活动的时间和空间限制；通过入党流程的全程记录、全程公开和全程办理，提升了发展党员工作的智能化和标准化水平，确保了党员发展质量；通过支部考核、党员考核的在线分类定级和自动统计汇总，实现了党建考核的及时、高效和公开；通过开设“红色直通车”模块，公司党委可以随时了解掌握职工的意见建议和保障需求，有效破解了联系服务群众最后一公里的问题；通过运用大数据技术，对基层党建情况进行数据采集分析，定期形成党建分析报告，为领导决策、督促指导、推进工作等提供参考。通过将线下党建、团建及服务群众工作流程化、线上化，实现了便捷式党务管理、多样化组织活动、全方位信息沟通、一站式党员服务、多维度数据分析、智能化决策支持。

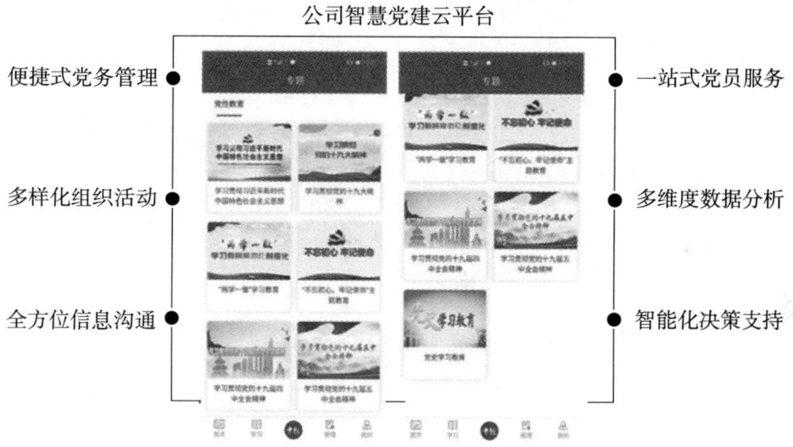

图 1　公司智慧党建云平台展示

（二）构建数字化党建主题馆，打造党建文化“实体”阵地

在推出智慧党建云平台的同时，公司党委设计建成集团公司首个集教育、管理、服务等多功能于一体的数字化党建阵地，为公司党委学习贯彻落实习近平新时代中国特色社会主义思想和党的十九大及十九届二中、三中、四中、五中全会精神，提升党建价值创造力、基层支部组织力、强化党员教育管理提供了新阵地、新载体和新平台。

党建主题馆（图 2）在空间上分为“党建主题展室”和“党建文化中心”

两个部分，其中党建主题展室以宣传教育为主元素，分宣誓区、多媒体区、党性教育区、政策宣传区共 4 个功能区；党建文化中心以展示、展陈和文化交流为主元素，分荣誉墙、创新成果区、先锋模范区、书吧、交流活动区共 5 个功能区。在政策宣传区，通过与公司智慧党建云平台互通互联，可及时观看公司党建要闻、党支部“三会一课”开展情况、联络保障需求办结率及满意度，实现党务公开及时高效；在政策宣传区，借助数字化展示屏的一键切换功能，可以系统学习“习近平新时代中国特色社会主义思想的深刻内涵”“十九大报告的四十个关键词”“中国共产党人的精神谱系”“航天精神的时代意义”“一图读懂航天科工发展战略”“公司‘十四五’发展规划”等重要内容，凝聚职工发展共识；在创新成果区，通过“实物+图片+配文”立体式展陈方式，直观反映了公司党委推动全面从严治党、实施内伸外延、加快转型升级等创新做法及成效，是公司党建与科研生产经营深度融合的缩影。

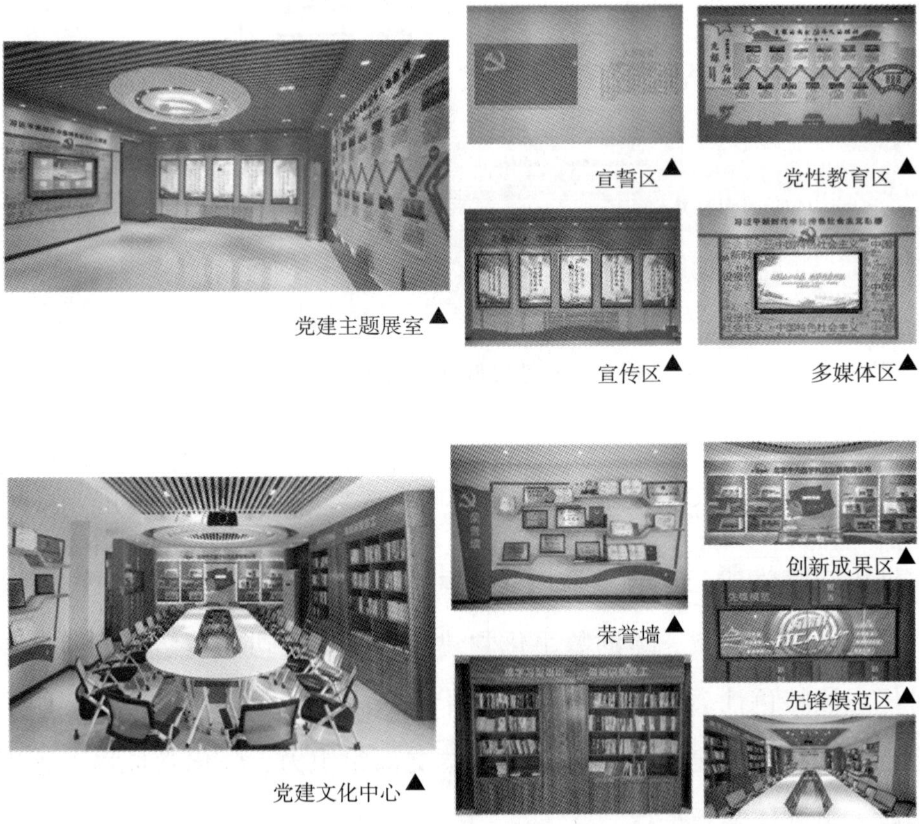

图 2　公司数字化党建主题馆展示

四、"红色文化+航天精神"党建文化移动阵地建设成果

为传承好红色文化、弘扬好航天精神，公司党委以自营多年奔波驰骋在型号转运战线上的公路特装车和铁路自备车为移动载体，建成国内首个"红色文化+航天精神"数字化党建文化移动阵地，共包括红色专列（图3）和红色专车（图4）两个党建文化阵地。党建文化移动阵地通过全面融入数字展示技术，将"红色元素、航天文化"渗透进阵地的方方面面，形成以首都为核心、辐射祖国各地科研试验场的覆盖全国的红色联络网，实现科研生产工作阵地、宣传思想发动阵地与党建文化传播阵地的有机融合。

在内容设置上，党建文化移动阵地共包括"初心学堂——信仰的力量""伟大历程——精神的力量"和"航天报国——传承的力量"三大版块。

（一）初心学堂——信仰的力量

不忘初心、方得始终。该部分以数字化显示屏、展板、红色年代的物件模型、航天大国重器模型等为载体，图文并茂地展现了从近代到现代，从建党、建国前期到中国特色社会主义新时期中国革命和现代化建设的伟大历程，描绘出一幅波澜壮阔的历史画卷。包括1919年"五四爱国运动"、1921年中共一大建党、1926—1928年北伐战争、1927年八一南昌起义建军、1927年秋收起义建立根据地、1934—1936年红军长征、1935年遵义会议、1940年百团大战、1948—1949年三大战役、1949年建国、1978年中共十一届三中全会确立改革开放和2017年第十九次全国代表大会确立全面建成小康社会等重要时间轴点。数字化显示屏与公司数字化党建馆一脉相承，同内涵、同更新、同学习，以数字化手段将党的最新理论、思想第一时间传播至广大党员和群众。通过对中国共产党从孕育、诞生到壮大、成长历程的学习，激发广大党员和干部职工在新时代守初心、担使命的政治自觉、思想自觉和行动自觉，激发走好新长征、续写新辉煌的红色力量，如图5所示。

图 3　走南闯北，铁道线上的红色专列

图 4　四海为家，奔走四方的红色专车

（二）伟大历程——精神的力量

红色精神，是我们党最鲜明的底色，也是我们党最宝贵的精神财富。该部分以总结提炼的方式，描述“红船精神、井冈山精神、延安精神、西柏坡精神”等典型红色精神（图 6 和图 7），让广大党员和干部职工充分感受红色文化的熏陶。

通过学习“红船精神”，让广大党员和干部职工了解中国革命精神的源头，了解中国革命“开天辟地、敢为人先”的首创精神、“坚定理想、百折不挠”的奋斗精神和“立党为公、忠诚为民”的奉献精神。

通过学习“井冈山精神”，让广大党员和干部职工领会井冈山时期“坚定信念、艰苦奋斗”的灵魂信念、“实事求是、敢创新路”的工作作风、“依靠群众、勇于胜利”的取胜法宝。

图 5 初心学堂——信仰的力量

通过学习“延安精神”，让广大党员和干部职工了解中国共产党“自力更生、艰苦奋斗”的创业历史、“理论联系实际、不断开拓创新”的精神和“全心全意为人民服务”的民主政治思想实践。

通过学习“西柏坡精神”，让广大党员和干部职工了解“两个务必”的由来、“依靠群众、团结统一”的民主精神和“敢于斗争、敢于胜利”的开拓进取精神。

通过对中国革命典型红色主题精神的学习，帮助广大党员干部形成常态化的党性“体检”自觉，推动“两学一做”学习教育等党性“体检”机制落实，帮助党员干部自省修身，打扫思想灰尘，确保党的“肌体”健康。

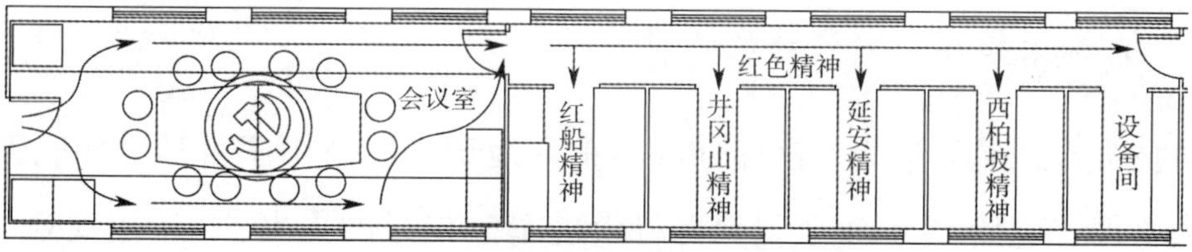

图 6　四大红色精神元素规划

图 7　四大红色精神元素展示

（三）航天报国——传承的力量

科技强军，航天报国。该部分浓墨重彩地记录了新中国科学史和航天史上的重大事件，包括1956年全国“向科学进军”口号的提出、“十年规划”“自力更生、迎头赶上”科学技术发展方针的提出、1978年中共十一届三中全会“科学的春天”的迎来、中央“科教兴国”战略的提出，以及1970年东方红一号开辟新纪元的发射、2003年神舟五号载人飞船里程碑式的顺利返回、1982年“巨浪一号”二次核打击能力形成、1988年“红旗七号”仿制防空导弹定型装备部队、1995年“红旗九号”自研防空导弹定型交付部队等重要历史事件。同时图文并茂地描绘了航天三大精神，即航天传统精神、“两弹一星”精神和载人航天精神，引导广大党员和干部职工了解中国科学工作者的高尚品质、坚强意志、报国情怀和伟大成就，切实增强科教兴国、科技强军、航天报国教育的吸引力和感染力，凝聚起广大党员和干部职工共同推动航天梦、强军梦和中国梦实现的精神动力，如图8所示。

五、项目的实施效果

建设党建文化移动阵地，做好红色文化和航天精神的传承，是公司党委学习贯彻落实习近平新时代中国特色社会主义思想的创新实践，是推动党建工作与科研生产经营深度融合的重要举措，是提升党建价值创造力、强化宣传思想发动的又一探索，也是凝聚起实现航天梦、强军梦和中国梦澎湃动力的大胆尝试。“红色文化+航天精神”数字化党建文化移动阵地正式启用后，光明日报、经济日报、中国日报、央广网、科技日报、中国青年报、人民网、新华网、中国网、北京日报、中国航天报等多家中央级媒体和省部级媒体进行了集中报道，引起强烈反响和广泛好评；作为科工系统唯一单位，获评人民网第三届内容科技大赛空间类项目创新奖；获评二院2020年度党建和思想政治研究课题三等奖；微党课作品《智慧党建：给党建插上“互联网+”的翅膀》获评中国文化管理协会2020年度企业微党课优秀成果特等奖。

图 8　航天成果及精神展示

此外，公司还与人民网联合筹备“红色云展厅”线下展览活动，将红色专列、红色专车作为“红色云展厅”线下展览活动的阵地和载体。

六、项目的启发和思考

实践红色文化和航天精神的传承和传播，帮助广大党员和干部职工更好地继承红色历史文化遗产和航天精神财富，已经取得了一定成效。党建文化移动阵地的设想也多源于党领导下的人民军队“在运动战中壮大自己”的历史思考、毛主席“星星之火可以燎原”的灵感启发、航天型号团队的一曲《戈壁滩上的红色火焰》跃然于戈壁的报国情怀…，党的红色历史和航天人的奋斗史如此充满哲思理性实践和强烈感性情怀的交织，应当以更鲜活生动的方式，更好地继承和传播下去，让精神薪火相传。

雄关漫道真如铁，而今迈步从头越。在党的领导下，红色人民军队不惧难以逾越的巍巍雄关，无数次从头开始翻越征服，这种大无畏的精神气魄即使在漫长的历史长河画卷中，也令人深受启发。项目组将在后续实践中不断将这种精神气魄传递给广大党员和干部职工。

百年中国梦，一朝唱响时。在党的领导下，中华民族广大仁人志士前赴后继、矢志不渝，以大无畏的民族精神和牺牲精神，洗刷近代百年耻辱，推翻了帝国主义、封建主义和官僚资本主义三座大山，走在了通向中华民族伟大复兴、迈向历史巅峰的大路上。项目组将不断加强对中国梦的传播和传承，将点点滴滴的力量汇聚成江河大海，为中华民族的伟大复兴贡献一分力量。

红旗猎猎震乾坤，雄鸡一唱天下白。祖国航天事业的发展史和航天人的历史是从一穷二白到不断填补空白的历史，是从艰辛仿制到自研百花齐放的历史。从东风、巨浪、红旗，到东方红、载人航天、北斗，中国航天人凝聚出的航天精神，为中华民族插上了飞翔于九天之上的有力翅膀。项目组将继续讲好航天故事、宣传好航天人的精神事迹，激励一代代的科技工作者薪火相传、永攀科学高峰，不断前行超越，为航天梦、强军梦、中国梦的实现贡献力量。

号角声声起，战鼓催人急。项目组将继续推进“红色文化+航天精神”党建文化移动阵地实践，把红色文化和航天精神谱写的史诗和描绘的英雄画卷传递下去！

连线人物

李 进 北京中天鹏宇科技发展有限公司党委副书记、总经理（主持全面工作），中国管理科学学会第八届理事，研究员，具有丰富的党建思想政治工作、综合管理工作和科研生产管理工作经验。负责公司党的建设，在夯实党建基础、推动党建创新方面进行了大量的探索和实践，构建起清单化明责、系统化履责、精准化考责的党建责任落实机制，经验做法入编中组部全国党员教育培训教材《基层党组织书记案例选编（国企版）》；作为集团专家，参与集团公司供应链优化战略研究，负责二院采购供应链体系建设论证和相关实施工作，对供应链体系改进优化有深入的思考和研究。

胜利油田“1+X”党员量化管理体系的创新实践

中国石化集团胜利石油管理局有限公司委员会党校（培训中心）
郭丙元　孙慧君　阳晓京　马增鹏　王锦成　谭明言　刘春花

【企业简介】

中国石化集团胜利石油管理局有限公司委员会党校（培训中心）为胜利石油管理局有限公司二级单位，主要负责油田党员干部理论教育和党性教育，承担油田员工队伍培训等工作。2018 年 7 月，油田整合 6 家培训机构和单位，组建了中国石化集团胜利石油管理局有限公司培训中心（党校），2021 年 6 月，更名为中共胜利石油管理局有限公司委员会党校（培训中心）［以下简称“党校（培训中心）”］。

党校（培训中心）在册用工 813 人，其中合同制员工 735 人、合资公司用工 29 人、非全日制用工 49 人。培训教学人员 481 人，其中，教授级职称 23 人，副高级职称 362 人。占地 248 亩，建筑面积 7.6 万平方米。建有多功能教室、微机室等 70 余间，学员餐厅 5 个，培训公寓 9 幢，可同时容纳 1000 余名学员在校学习；建有胜利油田廉政教育基地、中国石化 EAP 培训基地等 10 个大型实训基地，以及胜利油田华八井、坨 11 井等 16 个党性教育现场教学点。与中央党校（国家行政学院）、山东省委党校、中国石油大学、铁人学院等国内外 20 多所知名高校和培训机构建立了长期的人才培养合作关系。

党校（培训中心）坚持党校姓党、质量立校，以打造行业领先党校（培训中心）为目标，紧紧围绕油田“五大战略、三大目标”，着眼培训发展新趋势、员工培训新需求，抓创新铸品牌，培育形成了一系列党建、经营管理、专业技术、技能训练、安全教育等特色品牌项目，年均举办培训班次1800个、培训学员60万人·天。多次荣获“中国企业教育先进单位百强”“全国职工教育培训示范点”“省级文明单位”等称号。

党的十八大以来，以习近平同志为核心的党中央高度重视加强党员教育管理工作，推动形成全党从严从实抓党员教育管理的良好态势。习近平总书记在全国国有企业党的建设工作会议上指出，“全面从严治党要在国有企业落实落地，必须从基本组织、基本队伍、基本制度严起，要把党员日常教育管理的基础性工作抓紧抓好。”探索加强党员教育管理、促进广大党员作用发挥，有利于不断增强党员“四个意识”，促进党员自觉践行初心使命、激发党员队伍内生动力，持续推动政治优势转化，为企业更好更快发展提供坚强的组织保证。

一、创新成果背景

目前，胜利油田共产党员总数为8万多名、3800多个基层党组织。如何保持广大党员的先进性和纯洁性，激发党员在推动企业转型升级、健康发展和稳步提升的内生动力，成为摆在胜利油田基层党组织面前迫切需要解决的问题。胜利油田积极探索党员量化管理方式的背景和原因有以下三个方面。

（一）引领党员队伍发挥先锋模范作用的现实需要

党员是党组织肌体的细胞和党的行为主体。党员的素质如何，是否发挥先锋模范作用，直接关系到党在群众中的形象，关系到党的健康发展和党的创造力、凝聚力和战斗力的提高。因此，从严管理党员，提高广大党员的素质是一项基础性的工作。胜利油田推行“1+X”党员量化管理体系，切实有效地将党员考核评价由宽松向严格转化，考核程序由静态向动态转化，结果运用由虚指标向硬要求转变，发挥党员在攻坚创效、急难险重等工作中的先锋模范作用，更好地推动单位的各项业务持续稳步发展。

（二）激发基层党组织生机活力的客观需要

实践证明，党的力量在组织。党的先进性和纯洁性要靠千千万万党员的先进性和纯洁性来体现。目前，党员队伍的整体状况是好的，但是在党员管理方面存在着方式单一、实效性不强，少数党员身上还存在执行力不强、工作效率不佳、先锋作用发挥不明显等问题。面对这些问题，如何突出党员教育管理的针对性、增强实效性，是摆在各级党组织面前一项紧迫任务。"1+X" 党员量化管理体系的应用约束了党员的日常行为，提高了党组织发挥作用的效果，推动党组织在开展党建工作时不再被动，主动性增强，使党组织和生产经营融为一体，为支部履职发挥作用打下了基础。

（三）保障企业高质量发展的内在需要

党员教育管理工作在推进中国特色社会主义伟大事业和党的建设新的伟大工程中具有先导性、战略性、全局性作用。习近平总书记指出："党要管党、从严治党，必须落实到党员队伍的管理中去。"胜利油田党委始终把党员教育管理工作放在更加突出的位置，抓实抓好抓出成效，为全面从严治党提供力量支撑。党员是党要管党的对象，也是管党治党的基础。因此，提升党建工作质量必须要牢牢抓住党员教育管理这个基础环节，同时党员教育管理也是实现全面从严治党目标和任务的必然要求。在全面从严治党的新常态下，“1+X”党员量化管理体系的建设与应用，有利于党员教育、日常管理、考核工作实现精细化、规范化、常态化，有利于调动全体党员的积极性，使党支部成为各项工作的战斗堡垒，夯实党的基层组织和从严治党的坚实基础。

二、创新成果措施

（一）明确“1+X”党员量化管理目标

“1+X”党员量化管理是在企业对普通员工的要求基础上，以锻造个体，激发群体，增强组织力为目标，将党章党规对党员的更高要求完整细化分解后，分门别类融入管理机制和日常工作，每项要求赋予不同的量化分值，在此基础上建立了对各项指标进行系统化规范化考核的运行机制，以考核分数的高低评价党员作用发挥的好坏，并直接与组织评价、个人绩效、评先树优等挂钩，形成了“明确目标、细化标准、组织实施、结果应用”的管理系统和运行机制。明确目标是党员量化管理研究的核心。国有企业中的党组织的使命和任务，就是保证监督党和国家方针政策的贯彻执行，围绕企业生产经营开展工作，服务改革发展、凝聚职工群众、创造一流业绩。要完成这个任务，就必须锻造党员这个个体，坚持严管和厚爱相统一，完善监督管理机制。实施“1+X”党员量化管理，将党员义务具体化，行为准则明晰化，使广大党员认识到干与不干不一样，干好干坏不一样，增强责任感、紧迫感和危机感，使党员作用发挥好坏有明确尺子，党员评议有客观公正的标准，使党员养成自我净化、自我完善、自我革新、自我提高的习惯，形成高度的文化自觉，从而推进组织整体合力的发挥，促进国有企业改革发展。

（二）建立科学的“1+X”党员量化标准体系

建立科学有效的“1+X”党员量化标准体系，可以将个性问题与共性问题相结合，全面客观地体现党员性发展水平，帮助党员更好理解党性标准和要求，改进自身问题，从而增强党员的动力，激励每名党员履职尽责，提高党员履责意识。一是围绕生产经营，突出考核重点。党员量化积分管理是按照党员“四个合格”的要求，将“四讲四有”以量化的形式列出具体清单，主要包括量化内容、量化项目、评分标准、考评分值四个要素，涵盖党员日常教育管理各个方面的一种精细管理方法。内容上应该突出与生产经营管理的融合，针对油田的生产特点和管理实际，把党员星级管理同生产经营管理统一起来，从目标、责任、落实上一同规划、一同部署、一同考核、一同评比，鼓励党员在完成生产中心任务中勇挑重担，积极发挥先锋模范作用。二是针对党员队伍分层定位，体现指标的科学性。坚持党员管理分类目标化、体现差异化，分类建档、分层管理，分类指导，为每个领域党员量身定制考评细则，保证考核指标的科学化。在进行全面调查摸底基础上，按照党员的职务、年龄、党龄、学历、自身素质等不同情况，建立党员分类积分考评管理工作信息库，做到一个组织一套台账、一名党员一本档案。根据不同党组织和不同岗位党员实际，进一步细化赋分标准和评分办法，对生产一线党员突出融入生产、推动发展，对机关部门党员突出履职尽责，加强考核管理的全覆盖。三是兼顾共性内涵与个性要求，凸显考评的综合性。“1+X”党员量化考评指标应涵盖党员作用发挥的共性内涵和个性表现。“1”为共性内涵，是基础性指标，考核党章规定的党员应当履行的义务和对党员先进性的基本要求，包括政治学习、理想信念、品德作风、学习提高、遵纪守法、服务群众等几个方面。“X”为个性内涵，主要包括履行义务、学习提高、生产任务、工作质量、工作效率等岗位工作绩效情况。

（三）合理设置“1+X”党员量化的考评流程

详尽的管理步骤和规范是党员量化管理实施的依托。有效运用考核标准，可以全方位把握党员整体状况，充分发挥党员量化的作用。胜利油田“1+X”党员量化管理体系考核的对象为支部所有在职党员，由党员所在党支部组织实施、审核把关，按党员承诺、个人自评、党群互评、支部考评、结果公示等五个步骤进行。一是党员承诺。由党员根据党员先锋指数考核标准，结合自身实际，就履行党员义务、遵守纪律规矩、联系服务群众和发挥党员作用等内容做出具体承诺，与所在党组织签订目标承诺责任书，并公示党员承诺事项，主动接受群众监督。二是个人自评。采取月度积分法，依托每月支部组织生活会议，由党员对照考评标准进行自评打分、申报积分，并附依据；审核认定每名党员得分情况并在支部大会上通报每名党员先锋指数积分台账情况，并将相关材料放入党员档案。三是党群互评。由党支部召开会议，组织党员、群众代表对照党员先锋指数量化考评标准和党员履诺情况开展民主评议，进行互评打分。四是支部考评。在个人自评、党员互评和群众参评的基础上，党支部综合党员工作生活表现，按照一定权重，研究提出每个党员的综合积分；每季度根据党员月度积分，结合民主评议情况，进行星级评定意见。年末再进行分类定级。五是结果公示。党支部根据考评结果，通过信息平台、手机等多种途径进行党员月度积分、季度评星、年度定级公示，听取群众意见，接受群众监督。

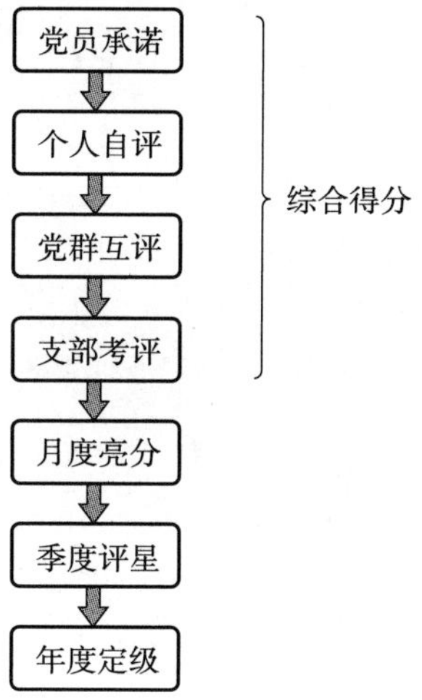

（四）明晰统筹推进的履责模式

明确责任、加强党员量化管理中各责任主体的协调配合，形成工作合力是“1+X”党员量化管理的能否顺利推进的关键。一是党员主体责任。将每个党员及时纳入组织管理，明确党员在量化管理中的主体地位，使党组织对每个党员都做到情况明、问题清、措施实。一方面让党员时刻将量化指标记在心里，落实在行动上，促使党员自我约束、自我检查、自我提高。另一方面让党员参与管理全过程，清楚个人量化结果，切实保障党员、职工群众的知情权、参与权和监督权，确保结果公平、公正、公开，党员本人接受、职工群众满意。二是管理计分直接责任。“1+X”党员量化管理方式年初由支部确定管理计分员，原则上由组织委员、纪检委员担任，负责党员的日常考勤考核、工作情况搜集、台账填写、资料管理。制作“党员先锋指数量化考评卡”，记录党员个人基本情况、承诺事项和党员先锋指数量化考评表等内容，做到达标得分有根据、处罚扣分有依据、考评争先有数据。三是党支部书记第一责任。“1+X”党员量化管理以党支部为单位具体实施，党支部书记为第一责任人，负责领导推进管理实施，主持制定本支部职权范围内的实施细则并组织考评管理，协调解决量化管理过程中的各种问题。在本单位党委的考核会议上报告量化管理工作情况，接收评议，严格管理标准、落实管理责任。

（五）重视合理运用“1+X”党员量化的考评结果

对量化管理结果的有效运用，是动力机制和约束机制的核心，也是党员量化管理成果实践运用的最终目的。胜利油田紧密围绕生产经营中心任务，根据量化结果，采取分层分类管理，实施量化结果的“四挂钩”。一是党员星级晋位。党员星级评定分五个等级：五星级党员、四星级党员、三星级党员、二星级党员、一星级党员，二星级及以上为合格党员；一星级为警示党员，不合格党员直接被列为无星级。二星级及以下党员，党组织必须根据党员教育预警机制的要求，主动帮教，力争早日实现晋位升级。其中，90分以上定为五星级，80~89分的定为四星级，70~79分的定为三星级，60~69分的定为两星级，低于60分的定为一星级，得分归零的不予评定星级。二是与党员评先树优挂钩。优秀党员结合年度评优工作从五星级党员中产生，人数占比一般不超过15%。两星级至四星级及五星级中未评定为优秀党员的为合格党员。被评定为合格党员的，由所在党组织给予鼓励引导，根据不同情况，加强教育培训，强化主体意识，提升素质能力，促使他们比学赶超、争先晋星。一星级党员为警示党员，人数占比一般不少于5%。同时，可以采取集中教育的方式，将警示党员统一接转到党委的教育支部进行重点整顿。不予评定星级的党员（某一项目出现得分为0的），无正当理由，拒不参加党员先锋指数考评管理以及连续2次或两年内2次被评为警示党员的列为不合格党员。三是与组织教育预警挂钩。党员被评定为二星级及以下的，党支部必须立即启动教育预警机制，进行组织约谈；经约谈后仍排名靠后、表现不佳的党员经支委讨论后，报上级党组织审定处理。预备党员未达标的，延长预备期，联系人（介绍人）必须找其谈心谈话，分析原因，支部必须落实措施。入党积极分子年度先锋指数得分90分及以上，优先考虑列为发展对象。入党积极分子年度党员先锋基础项未达到30分、先锋增值项未达到20分，或出现反向警示扣分的，取消入党积极分子资格，3年内不得发展。

三、创新成果效果

（一）提高了党员主体意识，增强“动力引擎”

“1+X”党员量化管理体系的实施，从制度方面严格约束了领导干部党员的行为，组织生活更加规范，促使党员自觉学习、积极实践、勇于反思的意识得以强化，党员较以往更加信任党组织，也更加支持党组织工作，党员在群众中的威信得到进一步确立，党组织凝聚力和战斗力自然得到进一步提高。大部分党员积极转变对党组织活动的态度，主动完成党组织安排的工作，并且充分发挥自己的特长，成为各项活动的“积极分子”。主动为支部的建设建言献策，集思广益，基层整体的党建水平从制度建设上、学习促发展上、党建基础提升上、干部队伍建设上、宣传工作推进上、纪律规矩执行上以及群众服务工作上得到了不断提升。油藏动态监测中心制作了“党员先锋指数量化考评卡”，做到达标得分有根据、处罚扣分有依据、考评争先有数据，为每名党员竖起了行为“标尺”。胜中管理区开展“居民党员到党员服务社报到”活动，不断深化志愿服务积分管理办法，把党员8小时以外的奉献行为表现，以积分的形式记录在册，得到了居民的肯定和赞誉。

（二）提高了党员先锋意识，争做“红色表率”

“1+X”党员量化管理体系以积分量化考核，使党员意识在无形的文化渗透、有形的量化评价中显著提高，党员干部“讲责任，比奉献，争第一”的优良作风薪火相传，工作更具朝气、执行更加有力，呈现出想干事、能干事、干成事的良好局面。支部紧密围绕企业中心工作任务，积极组织开展形式多样的主题实践活动，让党员在不同的岗位上发挥作用，党员在“急、难、险、重”工作中踊跃冲锋在前，有效促进党员发挥先锋模范作用的积极性、创造性、实效性。临盘采油厂将为民精神深度融入党员先锋管理之中，更好地发挥“王为民纪念馆”这一省级爱国主义教育基地的作用，树立不同层次、领域的党员先锋模范人物，带动职工群众学习模范、争当模范、赶超模范，激发了队伍活力。

（三）提高了党员形象意识，激发“示范效应”

“1+X”党员量化管理体系，由于将党员所办的每一件好事实事、在单位参与的每一项活动都进行量化计分，通过积分的多少对带头作用发挥好的党员表现情况以直观的形式去体现，增强了对党员评价的直观性、真实性和可操作性。不同类型的党员明确自身的职责，并且能让群众明白党员所承担的责任和义务，群众能够起到一定的监督作用，党员领导干部在群众中树立了形象，党员“提高积分，争当先锋”的意识大大提高，不断激发了基层党组织的活力和升级。2020年以来，油气集输总厂全体党员参加急难险重任务119项，提出合理化建议215项，解决生产难题59个，在群众中树立了良好形象。总厂先后荣获“全国企业文化建设优秀单位”“山东省文明单位”“山东省富民兴鲁劳动奖状”“中石化优胜采气厂”“油田先进基层党组织”等荣誉称号。

（四）提高了党员创新意识，助推“管理提升”

党员参与“1+X”党员量化管理以后，主动地把思想政治工作与生产经营工作结合起来，把自己掌握的新思想、新技能、新方法运用到自己的工作中来，在无形中充当了连接党建工作与企业生产经营工作的桥梁和纽带。在“先锋指数”的引领下，通过科学合理的指标考核、评价，让党员作用转化成可视化、可操作的实践经验，实现了“小指数”管好“大队伍”，有效激发了员工队伍活力，成为单位转化政治优势，推进党建工作融入中心、进入管理的有益探索。油气集输总厂党员骨干组成的技术攻关小组，先后完成革新改造25项，自主研制12余件革新成果，获国家实用新型专利4项，创经济效益上百万元。各基层支部积极创新管理，挖掘出了“党员好声音”“党员地图”等一大批党建工作亮点，既是党建工作发挥优势的工具，同时有效促进了总厂整体管理水平的持续提升。

四、创新成果经验总结

建立完善“1+X”党员量化管理体系，将定性与定量相统一，全面推进党员目标化管理，健全完善党员发挥先锋模范作用长效机制，引领和带动员工群众争先创优，还需要不断完善制度的设置，进一步对制度实施时的方法进行优化。

（一）建立健全分级负责的管理运行机制

一是加强责任落实。各二级党委结合实际情况，完善《“1+X”党员量化管理体系实施意见》，成立专项小组，进一步明确各级党组织的主体责任，列出各级责任清单，将主要任务细化分解，责任到人。各基层党支部抓实抓好具体工作，组织好运行，强力推进考核落实。二是做好宣传动员。将细化后的不同类型党员考评标准及早发放到党支部、党小组和每位党员手中，让党员知晓和熟悉。通过层层负责，构建横向到边、纵向到底、上下衔接、各负其责、协同用力的责任体系，推动党内政治文化形成精准发力、上下齐抓、整体推进的良好格局。三是强化过程监督。成立由党政办公室、组织部门、纪检部门和宣传部门等联合组成的督察考评领导小组，开展基层巡查，通过跟踪督促指导、深入基层调研、强化考核管理等方式，确保考核工作不走过场，不流于形式。

（二）健全完善党员发挥作用的长效机制

一是创建党员先锋平台。以建立党员责任区、设立党员示范岗的形式，明确岗位责任和目标任务，引导党员把改革发展的难点、岗位工作的重点、员工关注的焦点作为发挥先锋模范作用的着力点，影响、带动和帮助责任区群众，圆满完成各项党建工作和生产经营任务。二是拓宽争当先锋载体。在重大任务中，组织引领党员坚决贯彻落实上级重要部署安排，推动任务落实落地；在重大活动中，组织引领党员全力做好安全生产、环境保护、队伍稳定、舆情导控等工作，确保活动顺利实施；在重大工程中，组织引领党员积极参与项目运行，着力抓好安全、质量、进度、廉洁等工作，提升工程质量效益。三是搭建创新创效渠道。围绕生产经营、安全环保、科研攻关等中心任务确定主题，组织引导党员破解生产难题，以党员先锋模范作用带动员工群众夯实管理攻坚创效，推动形成党员带群众同向发力、党建与生产深度融合的工作格局。

（三）建立持续循环提升机制

一是探索创新考评流程操作方法。探索 APP、微信公众号与考评体系的有效结合方式，党员可以在新媒体上看到自己的积分情况，既可以减少党务人员的工作量，也可以有效提高全体党员的学习热情和参与活动的积极性。二是健全奖惩结合的考核评价机制。构建“经常性点检、全方位巡查、动态化管理”的党支部考核评价机制，推动由集中考核向年度考核、日常点检考核并重转变，由全面考核向分阶段、有重点考核转变，通过纳入党员干部绩效考核，更好地发挥考核“指挥棒”作用。三是强化考核结果的运行机制。各基层党组织将评分情况随月度党建工作任务及时上报到上级党委。党委要将党员的亮分情况，并入基层党组织的党建考核工作中去。要不定期开展基层党支部之间、党员与党员之间的交流学习，相互启发，拓宽视野，不断学习先进经验和做法，增强基层党支部活力。

连线人物

郭丙元 中国石化集团胜利石油管理局有限公司委员会党校（培训中心）副校长、党委书记、教授级高级政工师，从事胜利油田党建设工作20余年。先后主持省部级、集团公司、局级科研项目8项，在全国公开刊物发表论文10余篇，参与著作编著3部，发明专利1项。其中立项课题成果《胜利油田领导干部考核评价数据应用系统研究》获油田科学技术进步奖一等奖。

重塑新生代员工认知框架
搭建工匠型人才培养模式

广东电网有限责任公司广州供电局培训与评价中心
杨　祺　邝东海　马　莉　幸啸天　赵　贤

【企业简介】

广东电网有限责任公司广州供电局（以下简称“广州供电局”）主要从事广州电网的投资、建设与运营，负责广州市11个区的电力供应与服务，是全国供电负荷密度最大的城市电网之一。目前共设置职能部门19个，业务支撑和实施机构17个，共有员工8252人。广州供电局承接广东电网公司“全国最好2021”的战略目标，不断提高供电保障能力和客户服务水平，以“百年供电出新彩”服务支撑广州实现老城市新活力、“四个出新出彩”。

广州电网是中国最早的区域电网之一，位于广东500千伏主环网中部，是南方电网交直流混联运行、西电东送的受端负荷中心，也是全国供电负荷密度最大的城市电网之一。截至2020年12月底，拥有110千伏及以上变电站372座、输电线路8626千米，供电面积7434平方公里，供电客户数608万户，广州电网最高负荷达1934.9万千瓦，年售电量903.8亿千瓦时，每度电支撑广州GDP产出约25.1元。

近年来，广州供电局坚持以世界一流为目标，不断提高供电保障能力和客户服务水平，供电可靠性连续十年在全国地市级供电企业排名前十，供电服务满意度在广东省和广州市年度社情民意调查中实现12连冠和20连冠。在国家发改委营商环境评价中，广州“获得电力”指标位列第一梯队，改革成效获得国家发改委法规司高度评价。

一、创新成果背景

以习近平同志为核心的党中央高度重视人才工作，实施人才强国战略。新员工培养创新能够为企业持续输入优秀人才，支持企业发展。新员工是企业建设高质量人才队伍的源泉，电力体制改革要求电网企业“瘦身健体、提质增效”，新员工培养创新能够让新员工快速提升上岗必备的履职能力，高效补充企业人才缺口，提升劳动生产率。

一直以来，广州供电局高度重视人才培养工作，在青年人才领域，特别是企业新入职的员工，他们在思想上比较活跃、开放，有较强的上进心，渴望进步、成才，希望通过自身的努力被社会承认和重视，有较强表现欲望和荣誉感，可塑性强，但同时他们涉世未深，对自身能力评价存在误区，自控能力不强，缺乏工作经验，容易受社会上不良风气的侵蚀和影响。因此，如何正确引导青年员工在入职初期坚定正确的理想信念、树立正确的人生目标、认同企业文化，进而使其立足自身岗位，培养其坚韧不拔的毅力，让新生力量在实际工作中成长成才，为广州供电局今后的发展贡献力量，成为培训工作领域当前的重点任务。加强、优化新生代力量培养，是增强企业生机活力，适应社会发展的必然要求。

广州供电局近年来通过组织青年人才交流会、新员工岗前培训复盘研讨会等活动，以“企业职工培训工作”为议题，对近5年共138名新入职员工进行调研（入职3年内员工占61.6%，共85人；入职3~5年员工占38.4%，共53人），结果发现，76.1%的员工存在对职业生涯规划感到迷茫的情况，认为往年入职培训效果欠佳、实用性较低的人数占比达84%，在个人意见栏中，共127人次提到期待企业重视员工入职培训、企业入职培训与实际工作贴合度不够、分配至基层单位难有机会再回炉参加像入职培训这样如此系统性的培训项目等类似语意的留言。如何解决上述疑虑，做到釜底抽薪，是培训工作必须解决的难题。

2012—2019 年共 8 年广州供电局新员工岗前培训与跟班实习项目，发现培训课程设计的体系化建设、课程主题的逻辑性、课程内容的充实性、培训项目的创新性等需要进一步优化迭代。面对新形势新任务，伴随着员工综合素质、学历不断提升，广州供电局充分认识到，近年来在对新员工的入职培训上仍有待完善。推进广州供电局新入职员工培训工作转变，做到职工满意，让培训具有实效性，势在必行。因此，针对新员工培养体系的建立和培养推进尤为重要。

二、创新成果措施

（一）新员工培养实施的问题分析

结合上述背景，广州供电局认为新员工的培养实施主要关注以下问题。

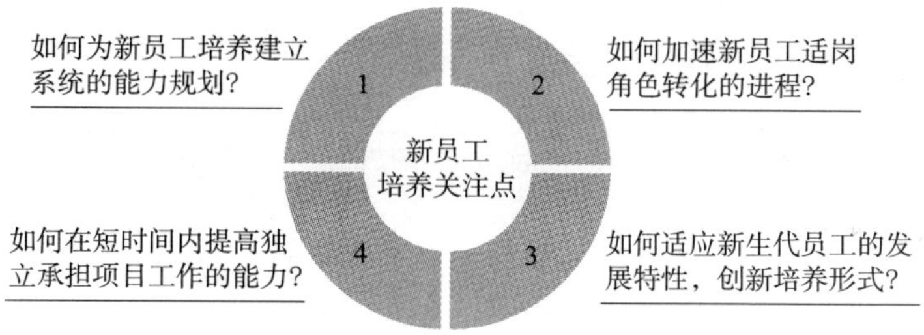

1. 如何为新员工培养建立系统的能力规划

新员工培养的针对性和系统性有待加强，缺乏系统的能力规划，缺乏针对新员工的清晰的学习路径图，缺乏足够的专业支持助力新员工的培养工作开展。

2. 如何加速新员工适岗角色转化的进程

帮助新员工消除团队的陌生感、企业的陌生感、工作焦虑感、角色茫然感、职场的陌生感，加强新员工对公司的文化、制度、管理的认识。

3. 如何适应新生代员工的发展特性，创新培养形式

90 后、95 后新生代员工的思维活跃，追求个人价值的实现，有契约精神。如何创新新员工的培养形式，充分挖掘新员工的自我驱动力，使其发挥所长，

积极投入到学习中，是项目设计需要考虑的重要问题之一。

4. 如何在短时间内提高独立承担项目工作的能力

如何充分结合新员工的岗位工作需求，帮助新员工深入了解业务，强化岗位工作技能，强化在岗实践能力，在解决实际问题中加速提升其适岗能力，是新时代新员工培养的重点难点。

（二）新员工培养实施的创新成果措施

广州供电局结合上述问题分析，应用全生命周期管理、岗位胜任能力、关键路径法等工具，紧抓新员工职业生涯“第一个五年”的黄金塑形期，以职业生涯首个5年为规划，开创“135”阶梯式培养模式，模式中涵盖了1年入职引导到转正定岗，3年成为班组、专业骨干，5年成为企业高端人才的具体设想，实现将新员工培养至企业骨干的全过程覆盖。

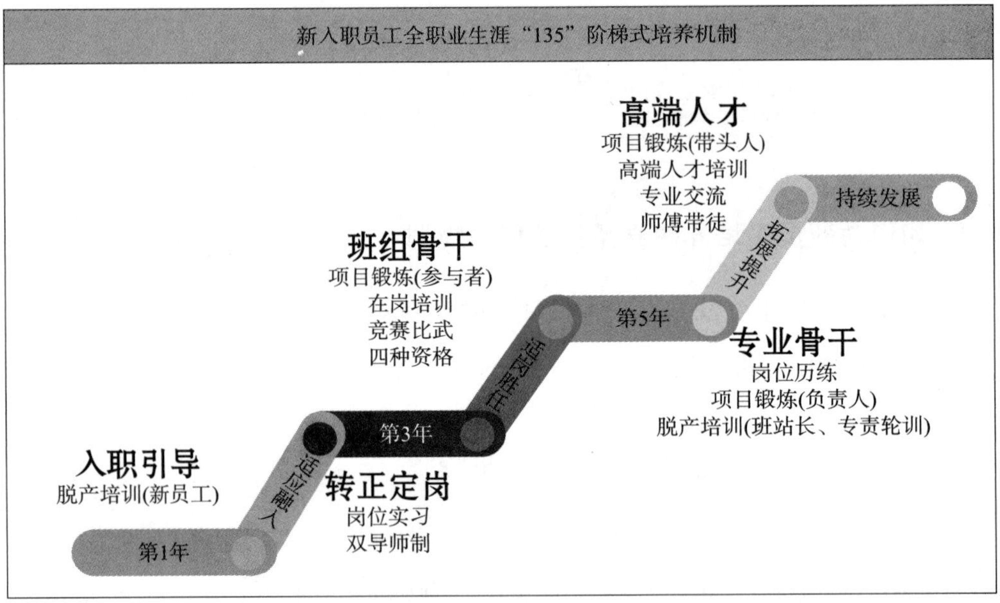

针对新入职员工“入职引导至转正定岗”这一培养阶段，广州供电局培训与评价中心创新打造出“工匠型-1556”人才培养模式。即以培养“工匠型人才”为一个目标，以“转变角色、价值认同、提升素质、躬行实践、沉淀思考”五个阶段对应的“养成习惯、树立志向、严守规矩、学会学习、知行合

一”五个模块进行循序渐进的阶梯式培养，进而培养新入职员工“正行为、知企业、懂规矩、保安全、学技能、磨心性”的六种精神，引导学员先知后行，知行合一，助力新入职员工起步工匠之路。

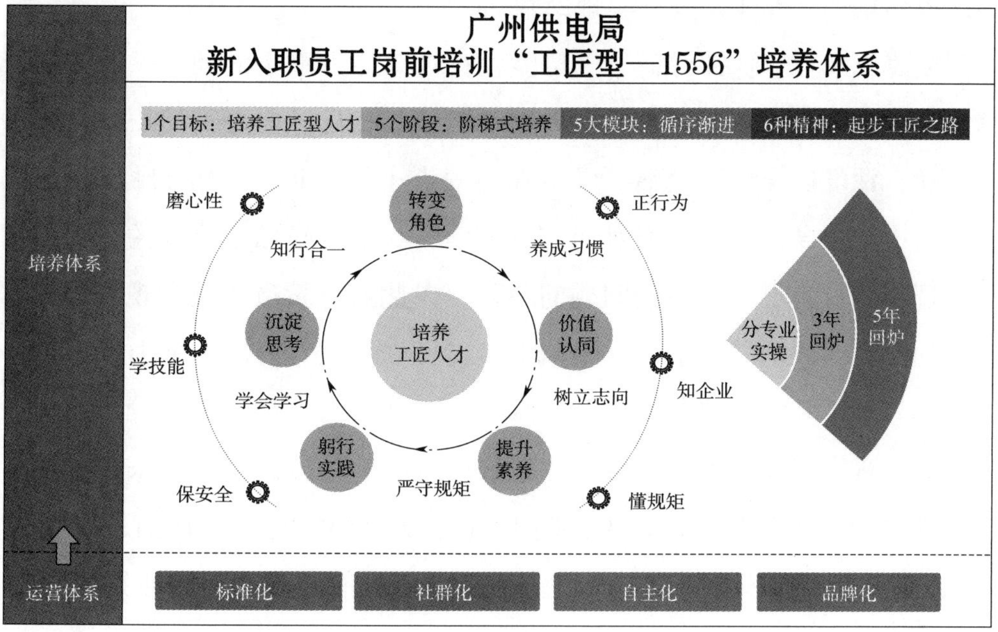

成果实施的具体步骤详细介绍如下。

项目围绕“转变角色、价值认同、提升素质、躬行实践、沉淀思考”五个阶段，开展“养成习惯、树立志向、严守规矩、学会学习、知行合一”五个模块培训活动。项目紧贴新员工这一培训对象的特点，融入以下五大培训特色活动。

1. 转变角色促新生，暖心工程养习惯

本模块聚焦在新员工的行为、意识两个层面：在行为层面上，为员工入职培训提供了一个崭新的学习、生活环境，通过系统的培训与指导，帮助新生力量完成从校园学生到职场工作者的转变；在意识层面上，让学员们从以往被动接受知识转向到如今主动学习技术。培训通过引导新员工在行为、思想上的双向提升，辅以开展一系列暖心工程、专项活动协助参培人员养成良好习惯，助力新员工快速完成角色转变。具体做法如下。

专业知识云课堂：因时制宜，为妥善安排新员工报到期间疫情防控工作，创新开展2周线上培训。课程涵盖“输、变、配、营”四大主营专业基础知识，聘请知名讲师直播授课，引导学员将“要我学习”的思想转变为“我要学习”，为后续保命培训、专业实操夯实理论基础。

习惯养成来打卡：针对新员工可能存在自律能力不足的问题，培训贴合实际情况，发放习惯养成卡，引导学员主动记录成长目标与心得感悟，设置每日打卡活动，深度切合培训生活。学员在习惯卡上记录近期“小目标”，并付诸实践，通过配合导师与学员面对面交流，学员与学员间相互监督的方式，在培训中发现自身行为习惯存在的问题与不足，以此提升学员主动发现、思考、解决问题的能力，鼓励学员于日常培训中养成良好习惯，为日后努力成为合格的电力工作者打下坚实基础。

暖心工程有保障：携手工会，合理开展暖心工程，保障学员衣食住行。广州供电局培训与评价中心汇集兄弟部门力量，为2020年新入职员工派发生活慰问用品，定制贺卡，让学员感受到企业温暖，营造有“温度”企业氛围。

2. 价值认同显文化，学习榜样立志向

本模块聚焦在南网企业文化理念，将南网精神融入培训课程体系框架，课程中明确了“专注、创新、卓越、奉献”的南网工匠精神，大力加强思想教育，以党建带动团建，提升青年职工软硬双实力，引导学员树立积极正向价值观念。具体做法如下。

基因传承有广度：培训以企业文化为导向，邀请电力前辈，讲述供电历史、畅谈奋斗故事，讲解企业近年社会责任报告，辅以参访广供百年历史电力展示馆，实地感受城市文脉历史建筑，传承红色基因，让学员充分感悟央企责任与担当，激发员工认同感、自豪感。

党建活动有力度：培训班成立临时党小组，以“五亮三册一亩田”为载体，充分发挥党员模范先锋带头作用。广泛开展党、团建知识竞赛、青年大学习、新老员工交流会活动。

榜样学习有深度：项目融入“奋斗青春最美丽”环节，摒弃以往纸质、网

络文件学习的形式，提前下发职业发展调查问卷与广州供电局优秀青年事迹，邀请榜样人才与学员面对面分享职业生涯经历，分领域研讨职业发展规划，提供给入职员工一个咨询借鉴、答疑解惑的交流平台，引导新员工学习榜样，勇立志向。

3. 提升素养守规矩，思想技能双提升

本模块聚焦在安全教育，强调把安全理论学习改成实战体验，多措并举提升培训成效。广州供电局首次在入职培训中引入变电专业“体验式+体感式”的安全教育培训模式，融入“知行合一、平安是福”的安全价值观念，采用安全生产风险管理体系的工具方法，以“我的生命我做主——我要安全”作为培训主题，采用“直击痛点，充分暴露，一步到位”的培训理念，结合“体验-感受-认知-应对”的培训主线，搭建“躬行实践、审思明辨、学以致用、温故知新”四大模块的课程框架，帮助学员深刻剖析安全风险，唤醒安全意识，锤炼新入职员工主动思考、主动发现、主动辨识安全风险管控能力，为广州供电局建设本质安全型企业持续夯实基础。具体做法如下。

“安全实训”全过程：课前，下发安全资料“扩展包”供学员自主预习；

课中，讲师引入全面质量管理工具，实操培训模拟工况，增强实战导向，导师现场一对一行为观察，采用数字评估方式一键生成考评报告和能力图谱，将抽象的“安全意识”具体化，找出学员的安全薄弱点，让学员对自己的安全技能水平有清晰认识，及时查漏补缺，进一步凸显培训成效，提升安全素养。课后，组织复盘研讨，坚定培训现场即是生产现场的思想，引导学员入职初期感受“一切事故都可以预防”的安全理念，了解遵守企业规章制度的重要性，将正确的安全意识牢记于心。

“党建元素”进安全：安全教育充分融入“党建元素”，“旌旗随行 党建保安”保命训练营让学员在紧张的抢险救灾氛围中互帮互助、践行补位精神，以感知促行动，以党建促动业务。

4. 结对共建聚活力，固本强基促发展

本模块聚焦在三基建设，落实“抓基层、打基础、强基本技能”的“三基”建设工作，在持续3周的安全和专业实操培训模块期间对标五星班组，开展班组式管理，通过与优秀成员、核心骨干结对子的方式，营造与前辈学习交流、与团队研讨共创的良好氛围，提升新员工对班组规范化管理的理解。具体做法如下。

模拟“班组式”管理：落实“抓基层、打基础、强基本技能”的“三基”

建设工作，提升新员工对班组规范化管理的理解。实操授课过程之余，广州供电局对标电力行业“五星班组”，首次对学员进行“班组式”管理，采用邀请企业知名技术技能专家担任“班主任”，五星班组核心骨干担任“班长”的双导师制，引导学员自主开展班前班后安全会、培训工器具出入库管理、派单分工、安全反思大讨论等工作或活动，模拟基层班组实际运作模式，提前熟悉电力行业班组工作环境，为日后开展工作打下坚实基础。

5. 沉淀思考悟心性，知行合一铸匠心

本模块聚焦在知行合一的培训成果沉淀和行动转化，通过一周回顾活动，向学员讲述培训背后课程攻坚团队的故事，让学员能够将整个培训过程各个环节串联起来，了解到课程设计内容环环相扣的逻辑性与鼓励学员先知后行、知行合一的实际目的，以此引导学员沉淀、思考，做到以感知促行动。具体做法如下。

总结分享做考核：设置“时间胶囊”，让学员写下对未来展望；开展培训总结分享会，讲述新员工项目设计的目的，以庄重的就职宣誓仪式，让新入职员工承诺在未来岗位上建功立业，知行合一。同时开展新员工综合考核，考察学员参培成效。

三、创新成果效果

（一）企业内部效益

1. 成体系：建立了一套新员工岗前培养体系

本项目以新员工职业生涯首个5年为规划，聚焦新入职员工“1年入职引导到转正定岗”的这一关键阶段，创新建立了“工匠型-1556”为品牌的一套针对性强、实效性高、延续性长的新员工培养机制。项目通过打造“工匠型”人才的理念，筑牢新人思想根基，整体提升广州供电局新入职员工综合素质，为企业发展输送新鲜血液。

2. 显实效：学员评价高度提升

本次培训效果突显实效，收获学员的高度评价。2020年广州供电局新员工岗前培训集中培训参培学员满意度分数对比往期有了较大提升，平均分值达到9.24（十分制），同比上升24.8%。调查报告显示，全方位、多角度的内容充实了培训生活，工匠精神内化于心，对学员影响潜移默化。参培的148名新员工中，126名学员表示参加此次培训，自己的思想、观念得到了切实提升，“知

行合一 凡事彻底”的工匠精神落到了实处。同时，119人表示对“135”培养模式的认可，期待自己在未来的岗位上发光发热。

3. 有沉淀：固化了一套适配员工培训的管理工具

通过应用全生命周期管理、岗位胜任能力、关键路径法、现场培训法、工作教练法、案例教学法等6个管理工具，形成了有效的机制设计、完善的实施方案、合理的课程体系、简洁的工作表单，有效支撑了新员工培养机制管理创新，为优化员工培训工作固化了一套适配管理工具。

（二）企业外部地位影响

1. 新员工培养机制获得行业认可委托培养

广州供电局进行资源分享，拓宽系统内部员工培养交流平台，截至2020年底，作为培训项目主办方，承接并高质量完成南网物资公司、南网数研院等同行新入职员工培训工作，获兄弟单位认同，印证该人才培养模式适用于电力行业“后备军”，课程体系可复制。同时，与华南理工大学联合申报广东省大学生校外实践基地，开展产学研体系校企合作办学模式探索与实践，并入选中国教育博览会“双百计划”，获得省部级奖励。

2. 新员工全职业生涯培养机制是员工能力提升的最佳实践案例

新员工培养机制促进了新员工隐性能力显性化、显性能力数字化、培养模式规范化、培训评价一体化，提升了新员工培养的针对性、实效性和延续性，是员工能力提升的最佳实践案例，在培训行业具有典型示范作用。

四、成果经验总结

（一）项目价值

本项目的核心价值在于，针对新入职员工从“入职引导至转正定岗”这一关键阶段，通过不断研讨、提升、改进、完善，创新式打造出一套适用于电力行业新入职员工“工匠型”人才培养模式。该培养模式改变了往年墨守成规的培训方式，并做到将培训模式固化，实现工匠精神、企业理念、员工发展与员工培训高度融合。为南网乃至社会输送新生代广供“智慧军”，创新了人才培养模式。

（二）项目成功点

结合南方电网企业文化理念，以培养“工匠型人才”为一个目标，以“转变角色、价值认同、提升素质、躬行实践、沉淀思考”五个阶段对应的“养成习惯、树立志向、严守规矩、学会学习、知行合一”五个模块进行循序渐进的阶梯式培养，塑造新入职员工“正行为、知企业、懂规矩、保安全、学技能、磨心性”的六种精神，引导学员先知后行，知行合一，助力新入职员工起步工匠之路。关键做法如下。

（1）角色转变促新生，暖心工程养习惯。

（2）价值认同显文化，学习榜样立志向。

（3）提升素养守规矩，思想技能双提升。

（4）结对共建聚活力，固本强基促发展。

（5）沉淀思考悟心性，知行合一铸匠心。

（三）理论应用及实践

项目通过应用全生命周期管理、岗位胜任能力、关键路径法、现场培训法、工作教练法、案例教学法等6个管理工具，形成了有效的机制设计、完善的实施方案、合理的课程体系、简洁的工作表单，有效支撑了新员工培养机制管理创新，为优化员工培训工作固化了一套适配管理工具。

连线人物

杨　祺　高级工程师，广东电网有限责任公司广州供电局培训与评价中心总经理。深耕电力运行、建设、安全管理和人才培育工作达27年，曾获全国企业管理现代化创新成果二等奖、全国电力职工技术成果奖一、二、三等奖数次等10余项重要荣誉。近年来，着力打造了南沙电力职业体验中心，累计接受外部参观体验人数达2万人以上；主要参与建设国内首个电缆生产技术综合实训基地，得到国资委专题报道；潜心研究安全培训方式方法，2012年自主研发了电力危险体感装置，开创了国内电力体感式安全培训的先河，2018年创新开发了基于本质安全型的培训新模式，“体验式+体感式”保命培训已在南方电网范围内推广应用。

基于关键能力模型的数字化专业人才发展解决方案

北京无忧创想信息技术有限公司

杨文飞　赵广乐

【企业简介】

北京无忧创想信息技术有限公司（以下简称51CTO）成立于2005年，是中国领先的IT技术在线学习平台和IT技术社区。对中国数千万IT技术人员拥有强大的影响力和服务能力。共有员工400余人，总部位于北京市，旗下一家分公司位于武汉市。

51CTO作为中国领先的IT技术在线学习平台，拥有丰富和高质量的IT技术在线教育资源：平台合作讲师超过4500名，在线课程总量超过21000门，完整覆盖了就业培训、在职提升、认证考试等职业教育领域，累计培养超过700万名IT技术人员。全国已有1500余所高校，引入了51CTO的课程资源和教学体系，帮助广大在校大学生学习掌握最新IT技能。51CTO企业在线培训平台拥有中国联通、中国移动、招商银行、中国平安、软通动力等数千家大中型企业客户，帮助广大面临数字化转型挑战的企业解决数字化人才培养的难题。

CTO训练营是51CTO旗下面向技术管理者的平台之一，致力于为行业中技术领袖提供知识学习和价值成长，强调技术管理者的“技术性视野”和“商业性视野”，帮助中国的技术管理者提升技术决策能力、商业性知识和领导能力，成为未来技术领域的佼佼者。

51CTO的优质教育能力和良好的口碑也获得了政府和行业的认可信赖。目前，51CTO 是工信部全国百强信息消费示范项目单位，工信部重点领域人才评价和能力提升任务首批承担机构，教育部产学合作协同育人项目单位，教育部“24365 校园招聘服务”首批合作单位，首批入选北京市高精尖产业技能提升培训机构。

51CTO 是甲骨文公司（Oracle）中国区首家在线培训合作单位，并成为中国国际人才交流基金会、美国 PMI 项目管理协会、红帽 Linux、阿里云的授权培训单位。

一、创新成果背景

（一）数字化转型是大势所趋

根据高德纳（Gartner）的研究，到 2020 年多数公司的 75%业务将会是数字化或处于数字化转型的路上，没有前瞻性数字化业务战略的企业，在未来 5~10 年内将很难生存。

新冠肺炎疫情下，各行各业都将面临全球宏观经济形势恶化的挑战，应对挑战，数字化转型是关键。通过短期快速建立数字化工厂，发展“互联网+”以推动数字化能力建设。本次疫情后的经济产业生态存在诸多不确定性，但较为明确的一点是，疫情会促使下一阶段的各个产业更加重视数字化，包括云服务、IoT、远程服务，而中国恰恰就在大力推动 5G、数据中心、IoT 等数据基建的加速。

（二）转型首要障碍是专业人才紧缺

2021 年 6 月，毕马威发布了《区域性银行数字化转型白皮书》，这份白皮书对 46 家区域性银行进行了调研。白皮书显示，70%的被调研银行表示“数字化专业人才短缺”是制约其数字化转型的最主要因素，而区域性银行自主培养人才面临难度大、投入高、周期长等问题。

后疫情时代，各行业纷纷探索企业数字化转型的最优发展路径。企业数字化转型中，人才转型是首要难题，目前专业型人才相对紧缺，而这类人适用于所有环节，对转型至关重要。只有建立完善的培育体系，制定匹配的成长路径，才能实现效率的高效转化。

很多企业提倡数字化转型多年，但人才转型是首要难题，传统的人才培养，可能已经无法满足现在发展的需求，但企业又缺乏培训标准，方向也不够清晰，这让转型举步维艰。

（三）企业组建人才培养体系困难重重

企业必须要建立一套完善的数字化人才培育体系，以根据自身特点、员工的岗位职责和技能缺口等问题，制订匹配的学习成长路径，因此才能实现效率的高效转化。

不过实际情况是，人才培养难度大、复杂程度高，人才培养的速度与技术发展的速度不成正比。

1）每一个岗位的成长路线都不同，团队岗位的复杂程度也远超预期，一个简单的互联网团队，岗位需求截然不同，首先要有研发，其次还要有运维，包括数据运维、网络运维、系统运维、安全运维等，还要有产品经理、商务推广等等，若企业在每个岗位都培养人才，困难程度可想而知。

2）数字化专业人才不仅处于快速的变化中，其人才体系的分工也越来越细，这也使得团队组建难度变高，培养体系和人才管理的复杂度和成本也愈发增加。

（四）51CTO 三大能力体系助力企业数字化人才体系建设

目前 51CTO 企业学堂已构建了数字化专业人才培养体系和资源池，从“技术+岗位双图谱”为基础的标准体系，到“课程+在线学习平台”的培养体系，最后到“试题+评测评估平台”的技能评估体系，向企业提供数字化专业人才“选”“育”“用”“留”全方位的支撑和服务（图 1）。

图1 51CTO三大能力体系助力企业数字化人才建设

二、数字化专业人才发展解决方案

（一）解决方案概述

1. 解决方案构建流程

围绕企业数字化人才专业技能方向，基于岗位职责和关键能力清单，明确人才角色的能力要求，分条线、分专业、分层次定制专业人才能力标准（即关键能力模型），并在此基础上建立专业人才培养体系（包括学习路径、线上线下课程和培训管理方案）和测评体系（测评认证大纲、测评认证资源和测评管理规则等），解决方案构建流程如图2所示。

2. 各能力体系逻辑关系

51CTO数字化专业人才发展解决方案的三大能力体系中（图3），能力标准体系是关键，其中核心衔接的是专业人才标准能力模型，基于企业标准岗位能力模型定制输出能力培养体系和能力评估体系，能力评估体系对培训效果进行检测、评估，对标准能力模型进行优化反哺和迭代。

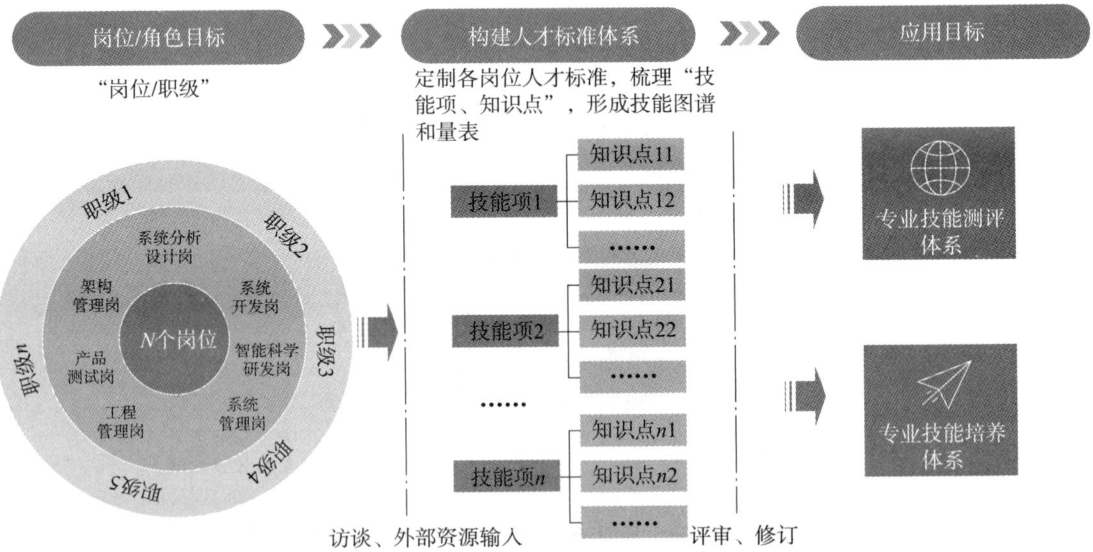

图2　数字化专业人才发展解决方案构建流程

51CTO已经具备了全流程所有能力体系建设的咨询及实施服务的丰富资源，以及经验和能力。

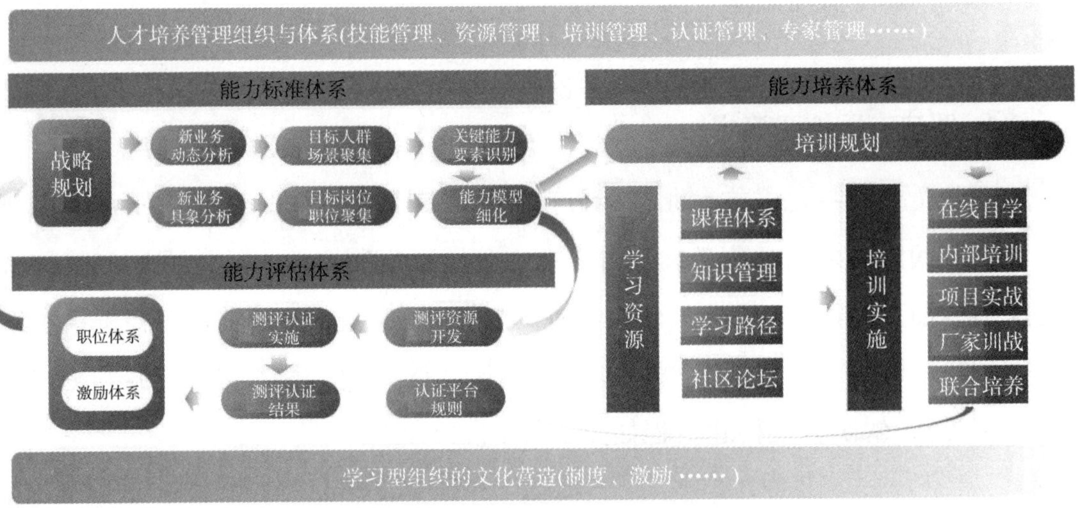

图3　数字化专业人才构建三大体系逻辑关系

（二）构建能力标准体系（即关键能力模型）

1. 构建方案和流程

数字化专业人才能力标准体系（即能力模型，图 4）是能力培养体系和能力评估体系的基础和保证，建设难度大、要求高。

（1）要求咨询服务团队具有非常强的技术能力和项目实施经验。

（2）要求企业客户项目对接团队、相关部门负责人和技术骨干能够通力配合。

（3）要求咨询服务机构拥有丰富的岗位、技术标准能力模型的资源积累。

（4）要求有科学的能力模型构建方法流程和经验。

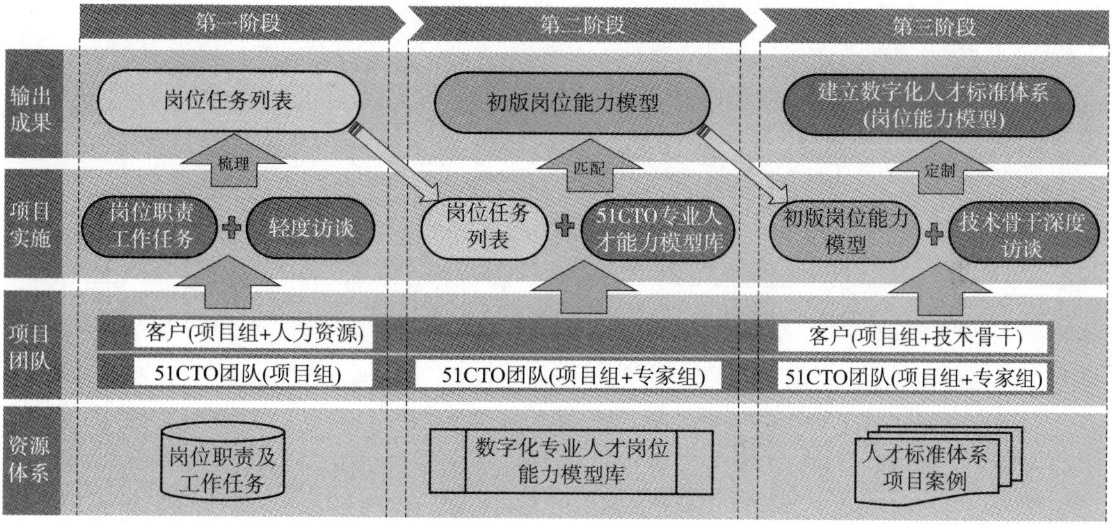

图 4　能力标准体系建设流程结构图

51CTO 经过多年的培训咨询经验，总结出一套科学的、行之有效的数字化专业人才能力模型构建方案，方案分三个阶段组织协调企业内外资源，萃取岗位标准能力模型所需的知识和技能，构建匹配企业岗位任职资格要求的专业人才能力模型。

阶段一：针对企业各技术岗位的岗位职责和要求，结合岗位人员访谈沟通，梳理采集的资料和信息并对岗位进行工作任务拆解，形成“岗位工作任务列表”。

阶段二：将阶段一形成的“岗位工作任务列表”和 51CTO“专业人才能力模型库”进行匹配，形成企业“初版岗位能力模型”。

阶段三：根据阶段二已经形成的“初版岗位能力模型”，结合对企业岗位技术骨干深度访谈，汇总整理定制输出“数字化人才标准体系（岗位能力模型）”。

2. 覆盖全行业的岗位能力模型库

51CTO 自成立以来持续赋能企业数字化专业人才标准建设、培养及评估，拥有覆盖全行业的 IT 技术岗位能力模型。51CTO 资源池拥有科技序列技术方向大类 18 个、细分技术方向 122 个（岗位分类详见图 5）的岗位能力模型，已经应用到多家企业和数十个高校院系的教学中。

	物联网	人工智能	云计算	运维	大数据	5G	UI设计	安全技术	移动端开发	软硬件测试	区块链	后端开发	游戏开发	架构设计	数据库	前端开发	项目管理	产品管理
技术方向(122)	工业人数据	机器学习	云架构	系统运维	数据分析	5D研发	平面设计	信息安全	Android开发	软件测试	区块链	需求分析	游戏策划	服务器架构	DBA	前端开发	项目经理	产品经理
	IoT解决方案架构	深度学习	云计算软件	DBA运维	数据挖掘	5G承载软件	3D设计	系统安全	IOS开发	安全测试	区块链+产品经理	后端开发	游戏开发	测试架构	数据库开发	前端架构		
	工业计算机/程序员	图像算法	云系统管理	大数据运维	机器学习算法	5G系统架构	网页设计	数据库安全	HS开发	移动测试	区块链运营	系统分析	游戏技术美术师	系统架构	数据库架构			
	工业用户界面(Ⅲ)	图像处理	云系统	系统集成	大数据可规化	5G承载研发	UI设计	数据安全	RN开发	硬件测试	区块链市场	配置管理	游戏特效设计	软件架构				
	用户体验设计(UX)	语音识别	云网络	网络运维	数据科学家	5G软件开发	UE设计	网络安全	移动安全	自动化测试	区块链交易员	数据教练						
	传感器应用	图像识别	云运维	网络安全	大数据开发	5G协议测试	UX设计	设备安全	微信小程序开发	软件质量	区块链记者							
	驱动移植	算法研究	OponStask	网络架构	Hadoop开发	SDN/NFV开发	视觉设计	机房安全										
	物联网系统设计架构	机器学习算法	云计算架构	网络	大数据存储	SDN/NFV架构												
	物联网系统管理	算法	云安全	网络管理	大数据架构	边缘计算研发												
	网络应用系统管理	自然语言算法	云计算管理	自动化运维														
	物联网应用系统开发	自然语言应用	云应用开发	DevOpe														
	嵌入式开发	人工智能研发																
	通信研发	智能机器人研发																
	通信网络光传输	Python研发																
	无线射频																	

图 5　51CTO IT 技术岗位能力模型库

根据岗位职责和任务，将岗位能力模型库与目标客户各岗位进行匹配，通过调研访谈等手段，提炼萃取出企业客户相应岗位人才能力模型。

3. 能力标准模型示例

岗位数字化专业能力标准模型最终体现的是岗位技能图谱（图 6）和技能量表（图 7），在技能图谱和量表中明确了该岗位需要掌握的知识和技能，并根据岗位不同层级的要求，对知识和技能的掌握程度进行详细的标注——了解、熟悉、掌握、精通。

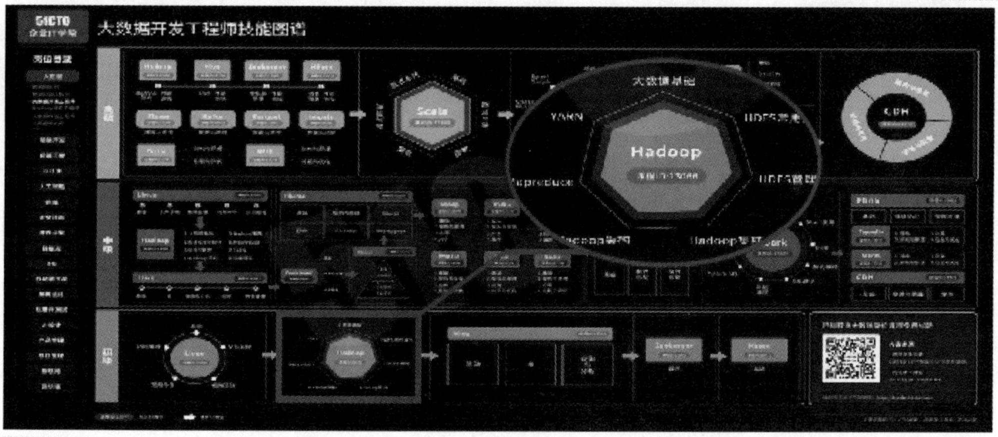

图 6　岗位技能图谱示例

（三）构建能力培养体系

针对本次项目，51CTO 将方案整体架构分为训前准备、训中实施以及训后服务三大阶段工作，其中训前准备阶段，包含了“组织报名、需求调研（训前评测）、学习小组组建及运营、学习计划制定、教学资源准备、辅助教学准备、管理事项准备、训前物料准备”八大部分工作；训中实施阶段，根据培训需求特点，设计了针对性的闭环体系；在训后服务阶段，包含了“培训效果检验、项目成果交付、讲师答疑服务、训后跟踪回访、后续培养建议、延伸学习服务”六大部分工作。

整体方案架构中，贯穿 51CTO 的“培训过程管理体系”以及“培训项目质量保证体系”，最终形成了此次项目的定制化解决方案架构，其架构图如图 8 所示。

数据分析 51CTO学院

岗位名称	数据分析
所在部门	
岗位定员	
岗位编号	SJFX
岗位方向	技术

岗位职责/工作任务（您要负责什么）

初级	中级	高级
1.结合业务知识、数据的特点进行建模 2.沉淀、清洗数据，对数据做基本的归类和计算 3.将统计好的数据导出，借助工具进行分析，并且使用图表进行直观的展示分析结果 4.与UI、项目经理/产品经理、后端等合作，输出符合要求的数据结果 5.撰写简单的数据分析报告 6.具备准确识别问题能力，在高级数据分析师的指导下提取简单数据并了解分析方法。 7.掌握基本掌握常见数据分析工具的使用。 8.具备传递分析结果的能力，并完成业务需求。	1.熟悉业务知识，对模型进行优化 2.根据数据的特点和分析目的选择适当数据挖掘算法进行数据分析 3.了解机器学习，利用编程语言进行处理和分析数据 4.结合所掌握的业务知识独立制作精准易懂的分析报告 5.具备独立清晰的识别问题能力，可以结合业务进行分析规划，熟练提取数据、应用分析方法。 6.具备提出具有条理性、逻辑性和表达清晰的推动建议的能力，并掌握协调跨团队的沟通技巧。	1.根据业务的发展、市场洞察能力、数据特点进行模型优化 2.了解和学习前瞻性技术 3.组织和管理数据分析团队 4.制作具有决策价值、战略指导意见的分析报告 5.具备对业务发展提出前瞻性的建议能力。 6.具备提炼问题并做好分析规划、熟练提取数据能力。 7.具备独立完成复杂性项目能力。 8.熟悉大数据分布式环境下的数据分析。

技能点（需要掌握的知识点等级）

技能编号	一级技能点	技能编号	二级技能点	具体技能点描述	初级	中级	高级
SJFX_A	统计分析	SJFX_A1	统计分析基础	*大数定律 *抽样检测定律 *秩和检验 *回归分析 *方差分析	√	√	√
SJFX_B	PPT	SJFX_B1	基本使用	*基本PPT数据展示	√	√	√
		SJFX_B2	高级特性	*PPT处理数据 *逻辑渲染	√	√	√
SJFX_C	统计分析工具	SJFX_C1	Excel	*数据批量导入导出 *常用函数：Sumif、Vlookup *VBA代码数据处理和分析	√	√	√
		SJFX_C2	tableau	*tableau链接数据源 *数据的可视化 *预测、数据操作和变换	√	√	√
		SJFX_C3	SPSS	*SPSS的基本操作 *统计分析功能：统计图、统计表、统计描述、单因素统计推断方法 *SPSS统计图形的生成和编辑 *描述性统计、均值比较、一般线性模型、相关分析、回归分析方法、对应的SPSS过程操作方式	√	√	√
SJFX_D	SQL	SJFX_D1	SQL基础	*SQL的基本语法 *SQL语句数据处理和数据分析	√	√	√
		SJFX_D2	SQL高阶	*SQL处理复杂的业务分析 *SQL的关键性能调优		√	√
SJFX_E	编程语言	SJFX_E1	Python	*Python的基本语法 *Python的数据处理 *Python类库数据处理和分析 *机器学习处理高级分析	√	√	√
		SJFX_E2	R语言	*R语言的基本语法 *R语言的数据处理和分析	√	√	√
		SJFX_E3	SAS	*SAS的基本语法 *SAS的数据处理和分析	√	√	√
SJFX_F	机器学习	SJFX_F1	算法	*聚类分析 *主成份分析（PCA） *K-Means *KNN *决策树 *随机森林 *贝叶斯			√
		SJFX_F2	tensorflow	*tensorflow技术框架 *tensorflow使用场景 *tensorflow难点攻破			√
SJFX_G	大数据	SJFX_G1	Hive	*HQL查询Hive *大数据的处理和分析		√	√
		SJFX_G2	Spark	*大数据的数据处理流程以及方法 *Scala语言编程 *大数据的机器学习技术 *Spark mllib下机器学习库的调用			√

图7　岗位技能量表示例

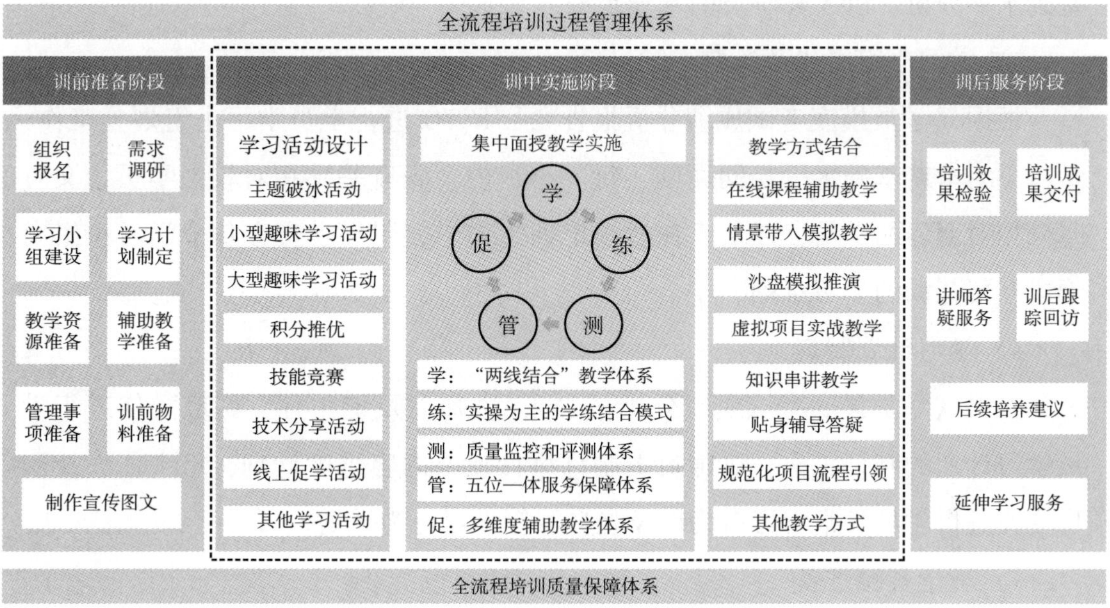

图 8　能力培养体系结构和构建流程

1. 训前准备工作阶段

训前准备工作包括组织报名、训前调研（训前评测）、学习小组组建及运营、学习计划制订、教学资源准备、辅助教学准备、管理事项准备、训前物料准备以及宣传物料准备九大部分工作，工作内容及目的如下。

1）组织报名

报名组织工作的目的是确定该门课程的学员人员名单，最终形成《学员花名册》。可以有效匹配学员授课资料准备（讲义、授课形式设定等）、进行班级内学习小组规划（同一单位学员小组划分优先、同一地域学员小组划分优先等）。

2）训前调研（训前评测）

51CTO 将从培训内容和目标出发，对所有学员进行摸底测评考试，对培训内容所对应的知识点、技能点的掌握现状进行考核，形成《学员摸底考试成绩分析报告》。

《学员摸底考试成绩分析报告》从学员个人、学员整体两个维度进行学员基础水平分析，以了解学员的基础水平。

3）学习小组组建及运营

根据《学员摸底考试成绩分析报告》，51CTO 进行学员学习小组划分工作，学习小组本着基础水平趋同原则，每一小组内，既有基础相对较强学员，又有基础相对薄弱的学员，以便于在后续培训工作中，引导学员在各个学习小组内形成互帮互助的学习氛围。

4）学习计划制订

根据《学员摸底考试成绩分析报告》，讲师以及班主任、副班主任进行学员学习计划的制订工作，讲师负责制订每日授课内容进度计划，班主任以及副班主任进行学员日常学习行为以及晚自习等学习行为计划。

5）教学资源准备

51CTO 在教学资源准备工作中，拟采用基于前测和调研的资源筹备体系，重在强调摸底调研和水平诊断的重要性，确保“所教即所需”。根据摸底测试和问卷结果，掌握学员的相关技术基础情况，再结合项目需求，量身定制培训方案、推荐讲师专家团队。讲师和教研组根据水平诊断结果，定制教学相关资料，包括：课程和案例研发、课程大纲和讲义制作、试题和知识清单等辅助学习资料的准备等。

6）其他

训前准备阶段其他重要的准备工作还包括：学习平台准备、培训环境搭建、管理事项准备、训前物料准备和宣传文案资料等。

2. 训中实施工作阶段

在“训中实施”阶段，51CTO 采用“学”“练”“测”“管”“促”的闭环体系化培养模式，完美覆盖专题研修的全部教学环节，架构示意图如图 9 所示。

1）学：基于在线平台的“两线结合”教学体系（教学体系）

“两线结合”教学体系是 51CTO 独有的先进的教学模式，目的是营造与线下面授相匹配的学习环境和学习资源。

51CTO 是资深的服务于 IT 技术人员的专业性平台，拥有自主知识产权的在

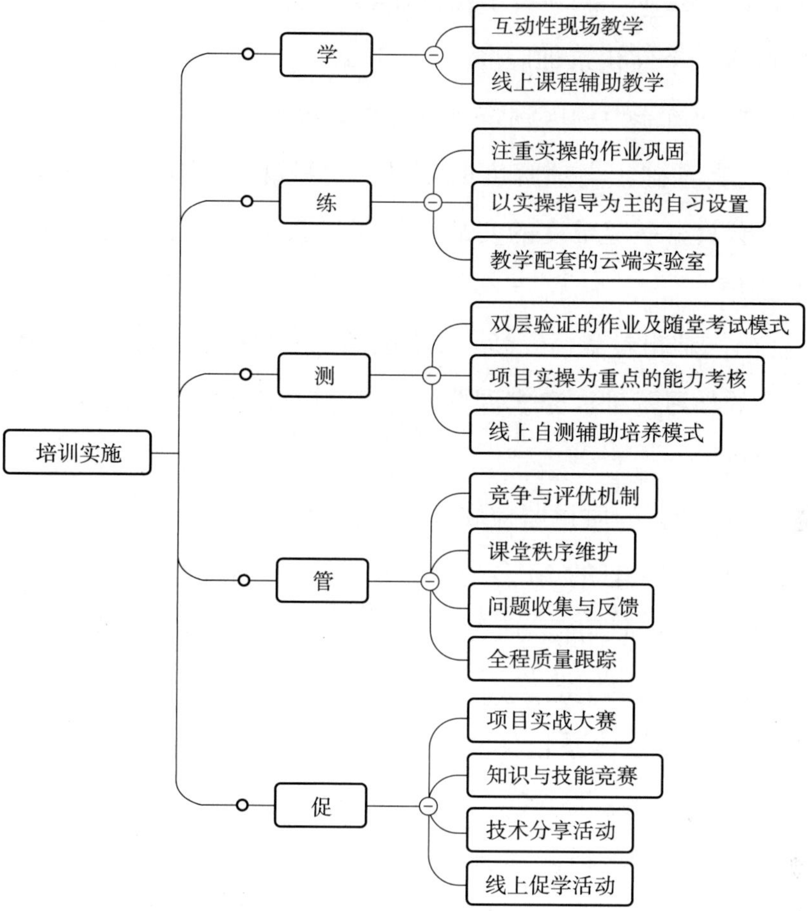

图 9　训中实施阶段方案架构示意图

线学习平台、在线测评平台、在线虚拟实验室和在线社群运营体系，线上课程等资源的积累已经超过 14 年，现有 11000 多门 IT 技术课程和数万道 IT 技术测试题，且均出自各大型企业的一线项目人员及实战派技术专家，可真正实现线上线下相结合的两线结合教学模式。

2）练：以实操为主的学练结合模式（学练结合）

（1）注重实操的作业巩固。

51CTO 整体课程方案设计强调动手实操演练，在作业环节将提供更为丰富实用的实战训练，以提升学员的实操水平。

51CTO 的题库中除了以选择题、判断题、问答题等题型的试卷作业外，同时可以做到几乎全部课程均提供需动手实操的实战课程作业，包括但不限于编程作业、平台搭建作业、命令行操作作业等。

（2）定制设计个性化培训服务。

51CTO 根据学员能力的区别定制设计培训课程。

（ⅰ）面向高基础、高理解度的学员，由授课讲师作为实战导师，设立培训提高班，配套具有一定难度的实战培训指导教学，使该部分学员能得到更高维度的能力提升。

（ⅱ）面向基础相对薄弱、学习理解度稍差的学员，设立培训基础补习班，重在补足学员的学习基础，夯实课堂内学习到的相关知识、技能，以实现该部分学员的能力拔高。

3）测：全程量化的质量监控和评测体系（质量保障体系）

51CTO 拥有业内独有的 20 多个主流技术方向的技能测评量表、IT 技能测评平台和海量 IT 技术测试题库。通过 51CTO 的在线技术评测体系，可快速实现业内独有的培训质量对比量化。

全程量化质量监控体系包括：随堂考试、随堂作业、项目实操能力考核、课程模块前后测试对比、整个项目前后测试对比，从平时测验、阶段性测评、最终考核对比等多个维度监测学员的学习效果，全程量化的测评体系包含的内容如图 10 所示。

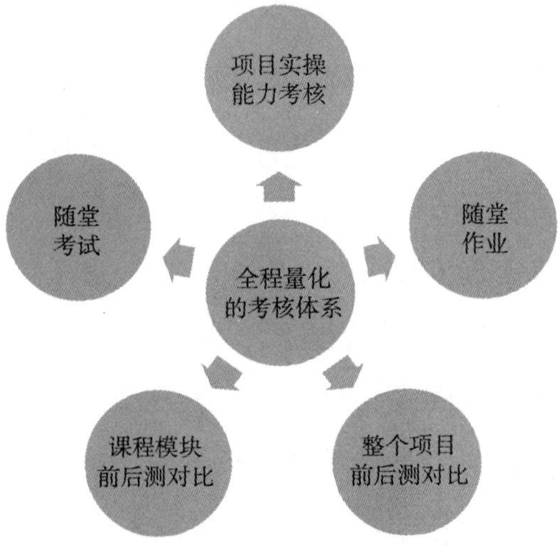

图 10　全程量化的质量监控和测评体系

4）管："五位一体"的服务保障体系（服务保障体系）

51CTO 在培训教学管理中采用五位一体的体系化服务模式。即按照角色服务类型，将整个项目团队分成教研专家团队、项目统筹团队、现场支持团队、教务团队和运营团队，每个团队各司其职、紧密配合，既独立运转、又相互依托，共同保障整个培训项目的前期准备、训中实施和训后服务的全过程。"五位一体"包含的内容如图 11 所示。

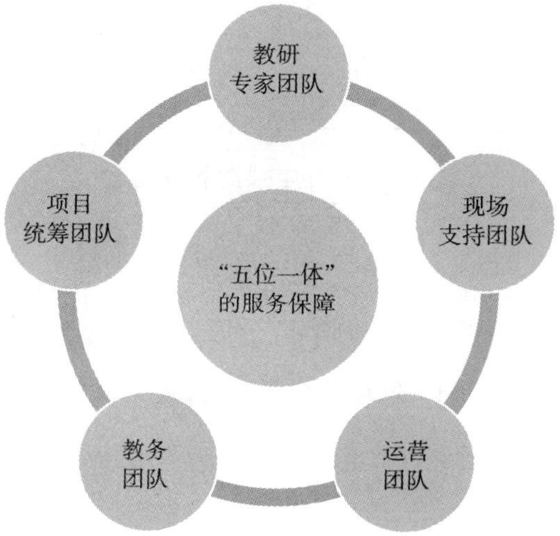

图 11　五位一体的服务保障体系

各团队负责的服务保障内容如表 1 所示。

表 1　各团队服务保障内容

团队名称	主要服务保障内容
项目统筹团队	项目资源统筹、协调；项目应急响应处理
教研专家团队	设计教学内容、教学形式；实施专业的调研和测评
现场支持团队	由班主任和副班主任组成，全程跟班；与讲师紧密配合
教务团队	教学活动和辅助活动的组织和安排；教务管理
运营团队	线上平台和课程管理；线上班群运营

5）促：以激励为核心的多维度辅助教学体系（辅助教学体系）

51CTO 根据往期项目中的经验总结，设计出以激励为核心的辅助教学模式，从课堂表现、活动表现、学习机会、线上资源等多个维度，通过激发学员的荣誉感和对学习机会的渴望，促进学员学习，拓展学员的知识面。各个维度的辅助教学活动如图 12 所示。

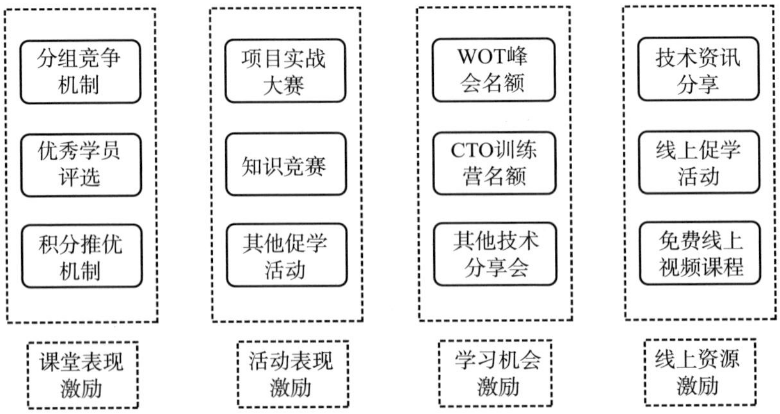

图 12　多维度辅助教学活动

（1）积分推优。

51CTO 将根据学员的综合表现情况予以打分，设立“学员积分制度”，学员在培训期间的日常作息、上课出勤率、上课纪律以及作业完成度、随堂考试成绩等多方面内容均实现量化。

（2）知识与技能竞赛。

51CTO 针对培训策划各种知识与技能类竞赛，调动学员学习热情，寓教于乐，一方面检查个人的阶段学习情况，另一方面也调动学员积极性，温习所学知识，从而达到更好的学习效果。

（3）技术分享活动。

技术分享会主要是通过学员对所学知识，从课程考核、作业实操等相关聚焦技术点出发，充分交流观点和意见，可以让学员们各抒己见，在碰撞中夯实学习效果。

（4）线上促学活动。

为了让学员能在课外时间持续学习，不断充实自己，提升技能。设置线上打卡学习等促学活动，让企业学员间互相追赶，互相促进。

3. 训后服务工作阶段

“训后服务”工作可以分为培训效果检验、项目成果交付、讲师答疑服务、训后跟踪回访、后续培养建议、延伸学习服务六大部分。

1）培训效果检验

整个培训方案的核心思路是通过项目实训工作，提升学员在知识的有效理解、技能的有效掌握以及灵活运用的基础上，实现整体能力层面的提升。因此，培训效果的检验自然成了关键。

51CTO 采用基于同等对比模型的效果检验体系。该体系着眼于学员培训前后的成长变化，得出学员的技能水平的提升程度，进而检验学员的培训效果。为了全面反映学员的情况，再综合学员的学习数据、学习表现、项目成果、考试成绩，综合得出学员的培训效果。效果检验体系包含的内容如图 13 所示。

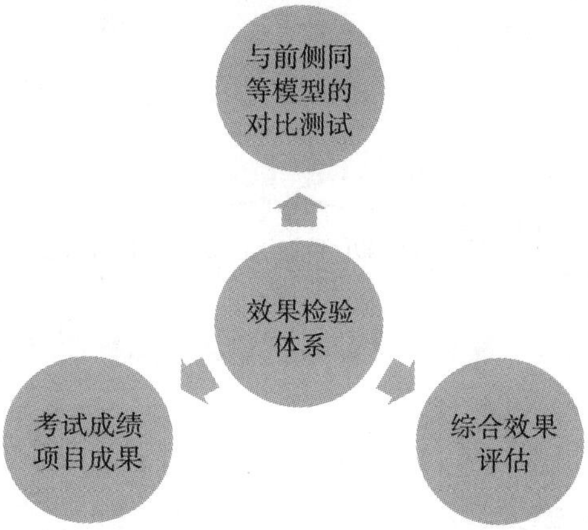

图 13　基于同等对比模型的效果检验体系

2）答疑、回访和建议

答疑——讲师将设置 3 个月的答疑期，在此期间讲师会持续为学员答疑解惑，解答学员提出的问题，保证培训效果的落地。

回访——课程结束后 3 个月内，51CTO 将会进行培训效果的回访调研，了解学员所学技能在实际工作中的应用情况、后续培训需求、进一步的培训建议等，并形成完整培训回访报告。

建议——为学员提供个性化学习路线指引，为后续整体人才培养指明方向。

（四）构建能力评估体系

能力评估体系的构建需要三个步骤：（1）在能力评估测试前，根据数字化专业人才能力模型完成岗位测评认证大纲的设计和试题库的建设；（2）能力评估测试实施阶段，完成组卷设计、认证考试组织实施和试卷评审；（3）能力评估测试后为企业客户提供成绩明细与答题情况明细，以便于学员成绩复核。在所有员工完成测评与补考后提供测评分析报告，如图 14 所示。

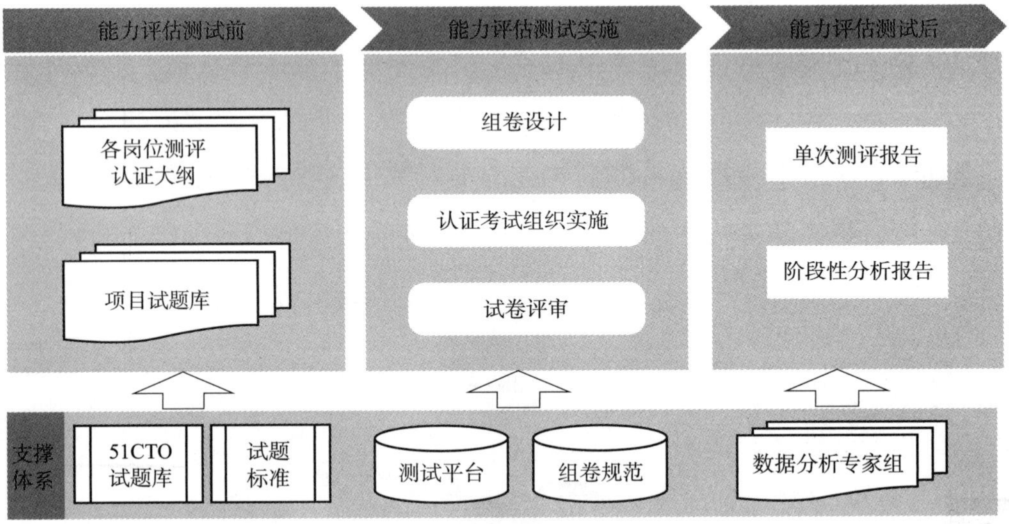

图 14　能力评估体系整体结构和构建流程

1. 设计认证考试大纲

以企业各岗位专业能力模型为基础，并基于各岗位不同层级（初级、中级、高级和资深）认证测评要求，对专业能力模型中的技能项和技能模块的测评考试占比进行标注，并定制形成岗位认证考试大纲，流程如图 15 所示。

2. 组卷设计

定制设计认证考试大纲完成后，51CTO 提供完善的组卷方案，来保证组卷环节的合规性和合理性。组卷设计方案分为两部分，首先是认证考试大纲的无缝接入；然后从试题数量、题型分布、难度调整一直到试卷终审定版，形成了完整的组卷流程，在组卷定版入库之前，如果发现差异较大或分布不均匀，可以进行迭代重置，其方案流程如图 16 所示。

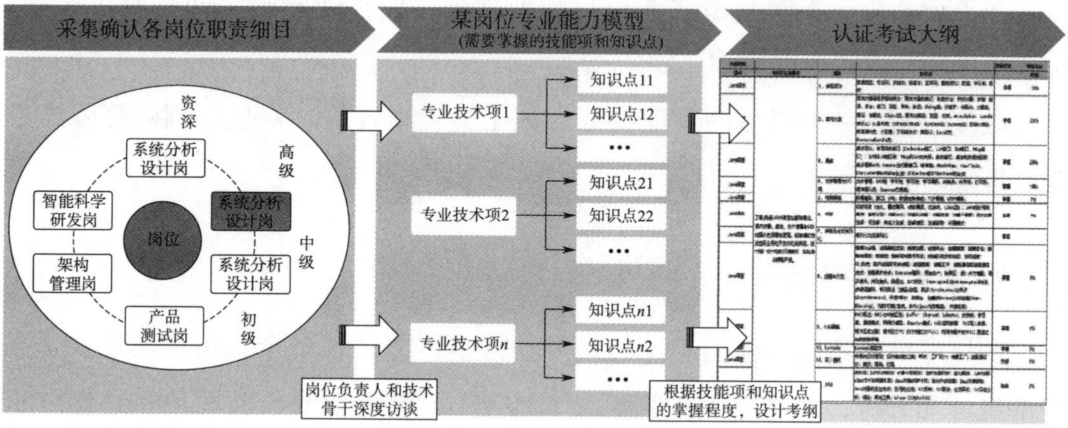

图 15　定制认证大纲流程

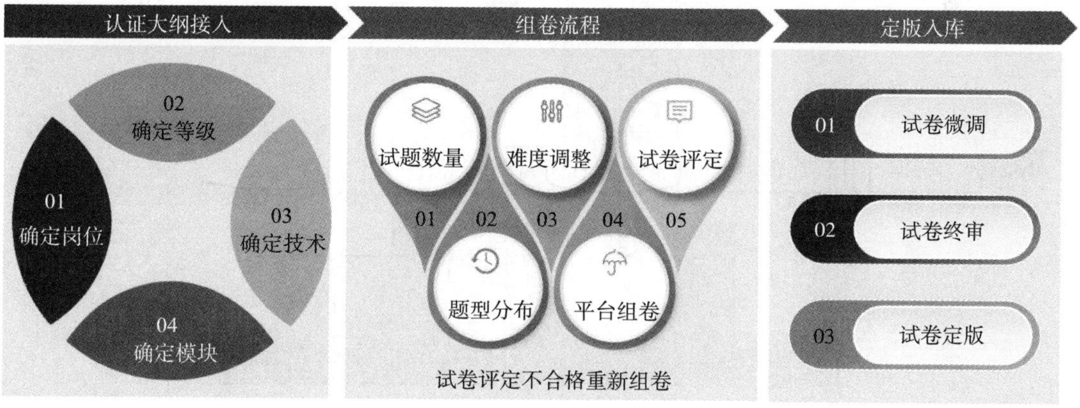

图 16　组卷设计方案流程

3. 试卷评审分析

认证测评结果的公平公正才能真正帮助企业识别优秀人才，通过测量学分析理论将不同试卷的分数放在同一量尺上进行对比，来确认验证考试结果的准确性（效度）和可靠性（信度）。试卷信效度分析包括：试卷信度与试题分析、临界分析、等值分析和效度分析。

试卷信度与试题分析——评价测量工具本身是否具有较大的测量误差，包括试卷信度和试题的难度、区分度。

临界分析——为本次测评划定通过分数线，常用的方法为专家评判方法和实证方法。

等值分析——不同测验之间进行等值处理，使不同测验之间具有可比性，公平判断考生是否通过考试。

效度分析——与考生的其他特征（如工龄、绩效等）对比，判断测验结果是否准确。

4. 测评结果分析

测评考试结束后，根据考试的结果进行整体考试及单个人员多角度、全方位的统计和分析，形成“测评考试分析报告”，包含得分、薄弱项、趋势分析以及其他相关分析，如图 17~图 19 所示。

1）得分分析

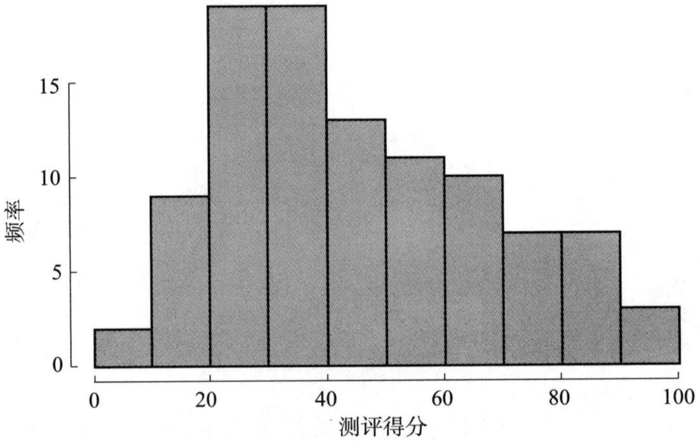

图 17　测评结果分析——得分分析

2）薄弱项分析

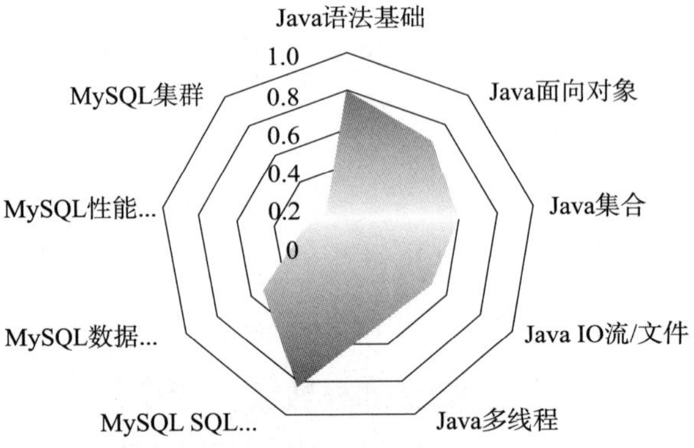

图 18　测评结果分析——薄弱项分析

3）趋势分析

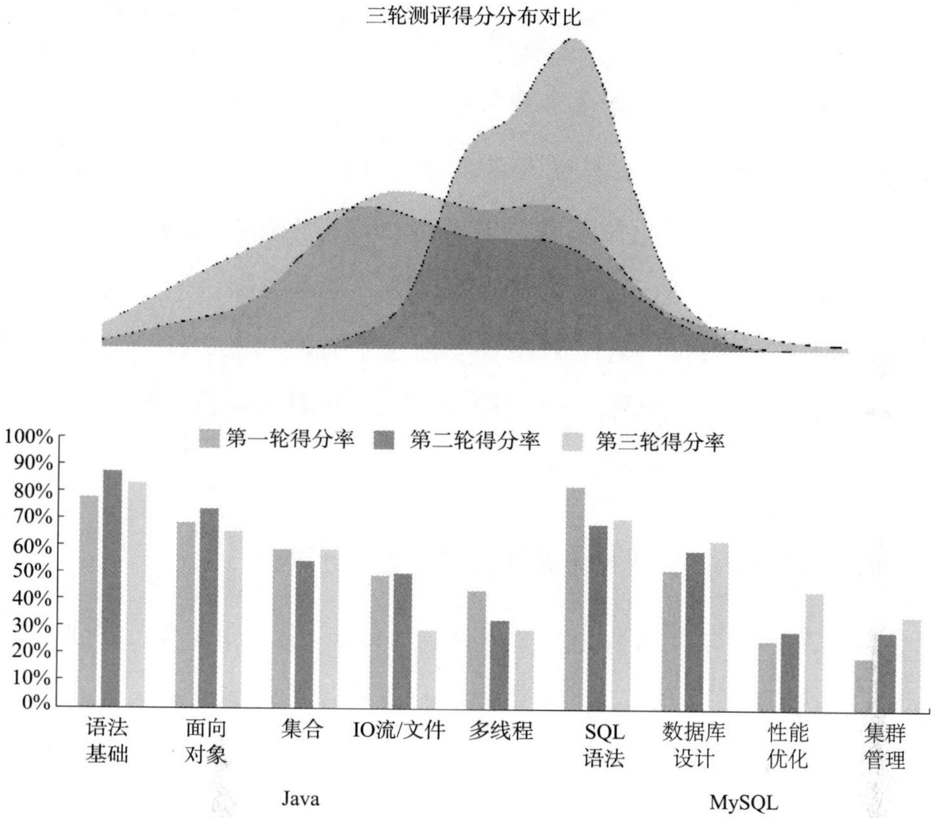

图 19　测评结果分析——趋势分析

三、创新成果效果

51CTO 在帮助企业客户构建数字化专业人才标准体系的基础上，有针对性的定制构建人才培养体系和测评体系，从人才标准体系到能力培养体系，再到人才测评体系形成流程闭环，且不断迭代优化，系列咨询培训服务不仅有强大、专业的支撑资源，而且根据岗位特点和需求量身定制，培训效果显著，受到各行业企业客户及学员的认可。以下从企业的组织收益和学员个人收益两个角度总结汇报培训效果。

（一）企业组织收益

1. 培训经理：员工能力培养有章可循

根据岗位体系要求以及目标岗位的岗位职责、工作内容、能力要求，对目标岗位及重点角色进行专业知识和技能萃取，设计匹配岗位职级的技能标准，进一步形成客户自身的“专业人才能力模型”，针对各岗位、不同层级的技术人才建立有效的学习路径，结合 51CTO 专业、丰富的线上、线下讲师资源和课程资源，帮助各岗位、不同层级的专业人员有效规划人才技能提升方向，明确人才提升发展通道，实现专业人才精准提升目标。

2. 人力资源团队：支持人才盘点、优选等人才管理

51CTO 根据人才标准模型，针对各岗位、不同层级的技术人才建立测评大纲，并结合 51CTO 试题资源、试卷资源以及业界知名的测评考试平台，帮助客户建立岗位技能测评体系，进而快速完成人才识别，为客户的岗位技术人才培养和晋升提供依据，实现定才、定岗、定级的高效目标。

3. 企业管理层面：建立学习型组织

51CTO 向企业提供数字化专业人才发展解决方案，不仅帮助企业完善和提升人才的“选”“育”“用”“留”体系，帮助员工明确职业发展路径、实现岗位技能提升，更重要的是帮助企业培养弥漫于整个组织的学习气氛、充分发挥员工的创造性思维能力而建立起来的一种有机的、高度柔性的、扁平的、能持续发展的学习型组织。促成终身学习、实现快速发展，为企业加强核心竞争力，为可持续发展提供动力源泉。

（二）学员个人收益

截至 6 月底，51CTO 正在实施和已经完成的 50 多个数字化专业人才发展项目，提供培训、测评的学员总体人数合计为 1.3 万人。培训教学过程中，学员

的培训学习积极性、主动性高涨，根据统计显示，有效学习人数和每日学习时间都比平时大幅提升。

根据学员前后测成绩比较可以发现，经过51CTO专业的（培训课程专业性强，培训讲师实战经验丰富）、有针对性的（培训内容紧密贴合岗位业务，实操演练直播课我主导）技能培训，学员专业技能知识和水平提升明显。前测摸底考试通过率30%，后测考试通过率79%，成绩大幅提升。

四、创新成果经验总结

51CTO向客户提供数字化专业人才发展解决方案价值不仅是构建数字化专业人才标准模型，向客户提供人才培养和人才评估，帮助客户做好人才的"选""育""用""留"工作，打造优秀的人才团队。同时经过51CTO数字化专业人才发展解决方案的闭环输入，已经帮助客户建立起初步的学习型组织，形成学习氛围，员工开始形成在学习中提升，通过学习和培训来解决工作中问题的学习习惯。

51CTO数字化专业人才发展解决方案的核心在于岗位关键能力模型的构建，51CTO岗位关键能力模型来源于e-CF欧盟ICT标准（共有6大类，23个子类ICT岗位能力模型），结合多年来本地化行业实践经验，形成适合中国企业需求的、可落地的岗位关键能力模型。

（1）在岗位关键能力模型基础上建立的能力培养体系——学习路径、培训课程等，紧贴岗位工作任务，针对性强，能够调动员工学习的积极性和主动性，培训学习提升效果显著；

（2）在岗位关键能力模型基础上建立的能力评估体系——针对不同岗位、不同层级的专业技术人才量身定制认证测评大纲，能够保证企业在人才管理中定才、定岗、定级以及人岗匹配时客观、公正。

连线人物

杨文飞 51CTO副总裁兼企业培训事业部总经理。曾供职于赛迪集团；51CTO创始团队成员，51CTO企业培训业务创始人和负责人，曾任51CTO总编、首席内容官等职务，现任51CTO副总裁兼企业培训事业部总经理；同时担任中国软件协会教育专委会专家组成员、2020《培训》杂志理事等社会职务。

长期负责企业培训、项目策划与执行、媒体运作、大型会展等工作。从业二十余年来参与和负责过数百个项目，领域包括大型企业/机构培训、产行业和企业项目咨询、企业人才体系项目咨询与实施等。

双轨培训模式（线上线下结合）的探索与研究

深圳市中旭企业管理股份有限公司

王笑菲　雷志平

【企业简介】

深圳市中旭企业管理股份有限公司（以下简称中旭）成立于2005年，总部位于中国深圳。目前全国拥有30多家子公司，员工上千人，汇集各行业一线专家师资百余人，现已成为培训咨询行业领军型企业。公司主营业务涵盖企业培训、管理咨询、人才委培、会务运营等板块，服务企业客户已达十万家。

中旭专注于企业实效管理16年，不断引进国内外先进的管理思想，结合中国企业本土实践，总结和归纳出系列培训课程和咨询解决方案，帮助中国成长型企业实现了管理规范、效率提升和组织成长。目前主要产品包括智和产品、英才委培、成长在线、定制内训、管理咨询、户外体验六大赋能体系，实现了多层级、多场景、全维度为企业成长赋能。

由《互联网周刊》联合eNet研究院发布的2018年度企业咨询服务行业世界百强排行榜中，中旭股份凭借在管理咨询培训不断创新的成绩以及在行业的领先地位与麦肯锡、普华永道、毕马威等国际知名机构共同上榜，名列全球第36位，国内排名第18位。

2018年为四川抗震救灾积极捐款；2010年成立“中旭教育基金”，捐资援建多所希望学校，为更多孩子圆上学梦；热心社会公益，积极组织开展“慈善助学义奖”；支援乡村贫困生等。

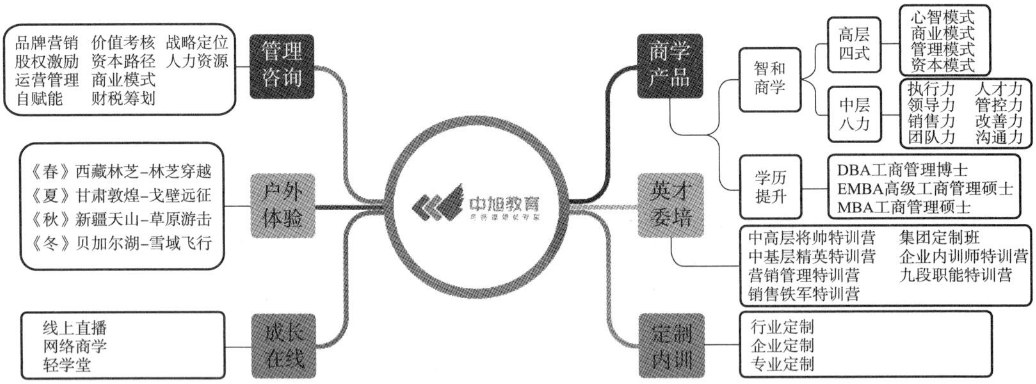

先后获得广东省商业联合会理事单位、改革开放30年中国十大品牌教育集团、深圳市管理咨询行业协会副会长单位、中国管理咨询行业最具竞争力领导品牌、中国培训行业十大领军品牌、中国执行力第一品牌、抗震救灾突出贡献奖、2011深圳企业文化建设优秀单位、2011年度中国教育行业领军、中国十佳公益培训机构、深圳市企业联合会&深圳市企业家协会副会长单位等。

中旭产品研发以国外先进管理思维为参照，依托多年一线企业指导服务经验，结合中国企业本土实践，总结和归纳出系列培训课程和咨询解决方案，形成中旭独有的特色，致力于帮助中国成长型企业实现管理规范、效率提升和组织成长。

一、创新成果背景

在充满易变性、不确定性、复杂性和模糊性的 VUCA 时代，市场各行业竞争加剧，而企业很多问题都是“人”的问题，对于发展中的企业来说，管理人才的梯队建设及培养尤其重要，但优秀人才引进难度却在不断加大。在此背景下，加强人才培养、完善人才梯队，以适应时代变化，激活个体和团队的活力，是非常重要的课题。

2020 年受疫情影响，各企业面临停工停产，员工人心慌乱，企业家焦虑不已。为打破地域空间等问题，中旭决定进行线上化革新，开发系列线上产品，“构建铁班底”是首堂线上线下联动进行的学习项目。项目通过对“人”能力的增长和技术的提升，将成果直接关联组织业务的成长，助力组织绩效的达成。项目作为给企业人才库提供储备人才培养计划，努力为企业人才库提供精品、优质的核心人才，为未来战略组织变革奠定基础。

二、创新成果设计过程

在项目整体设计上，回归人才能力发展的本质，从个人环节切入，聚焦学员个人管理意识、能力和水平的提升，帮助学员掌握自我管理的工具，让学员从认识自我，到最后成就自我，进而帮助企业稳定人心，重拾发展信心。

同时，通过对企业的需求调研及分析，最终确定了项目的三个目标：1）普及管理知识，理清管理误区；2）学习管理工具，提升工作效率；3）找到管理思路，推动团队建设。

（一）项目框架规划设计

1. 模块开发

通过前期线上调研、对标研究、问卷调研等形式，形成了总体围绕员工能力，基于“管理自己”“管理工作”“管理团队”三大模块类型，系统解决个人、团队、组织的核心素质内涵。

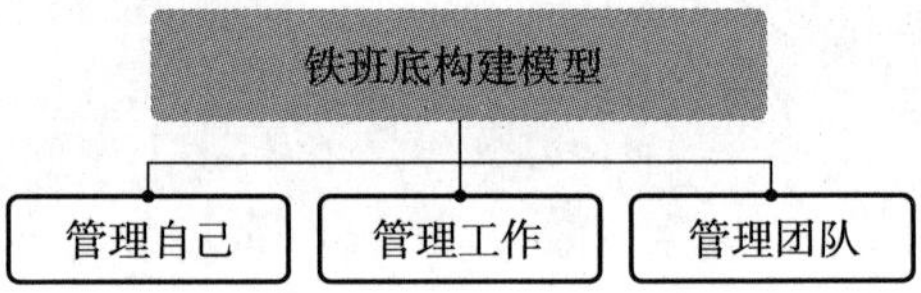

2. 课程匹配

从个人能力出发，通过对三大模块培训指标的分析，完成对现有中旭人才培训体系的改进和完善。按照科学设计、系统落地的思路，对各门课程的大纲及内容进行了补充和完善，形成系统化学习路径。

（二）项目内容规划设计

根据项目框架设计，项目内容依据“学习价值链”理论设计了三条线。

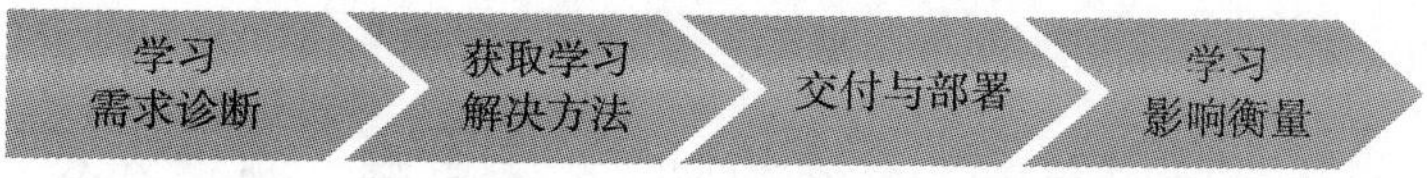

1. 内容线

基于构建铁班底的需求，依据 SBJP 模型，系统地设计学习内容，具体包括四大关键策略，即自我管理力、业务通识力、岗位胜任力，以及职业化素养。

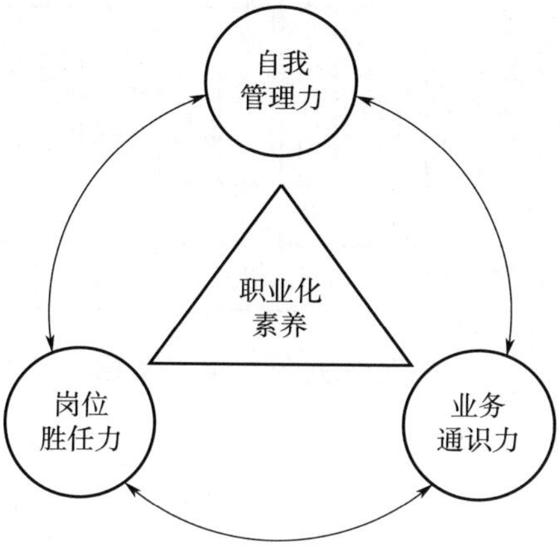

构建铁班底SBJP模型

2. 方法线

为更有效的向学员传递学习内容，构建铁班底结合职场人学习规律、学员群体特性，提供多元的教学和培训方式，包括理论学习、互动分享、线下讨论、翻转课堂等多种培训方式，确保学员在半年的定期培训过程中，能够保持全身心投入的状态。

3. 学习能量曲线

构建铁班底整体培训时间跨度较长，学员在长间隔的学习任务下，难免出现情绪与学习能量的波动。因此，在每个培训环节结束时，适当安排小环节，能够起到调动学员能量与情绪，保证项目顺利推进。

经过项目框架及内容规划，项目特点为能力培养多维化，学习方式多元化，学习效果实战化。总共涵盖如下 12 个不同的能力提升板块：

（1）管理自我：习惯养成、情商修炼、效率提升、职业素养。

（2）管理工作：目标管理、过程管理、结果管理、会议管理。

（3）管理团队：队伍建设、有效沟通、扩大影响、领导艺术。

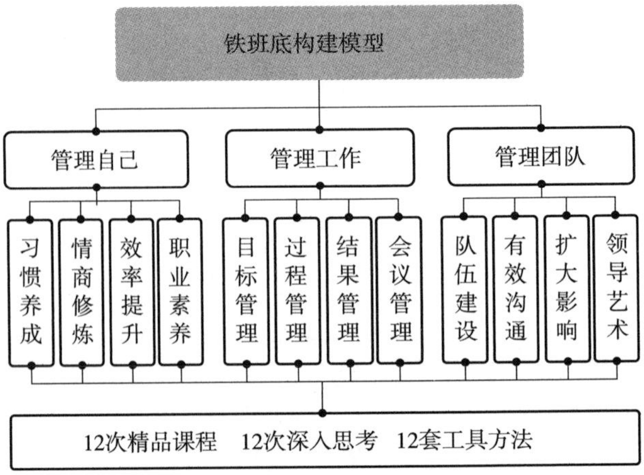

"构建铁班底"学习体系

三、创新成果措施

1. 系统化需求调研

通过电话访谈、微信会议、问卷等多种形式，先后调研了重点客户当下困境及需求、各分子公司一线员工反馈客户整体情况，收集了不同行业领域20家停工停产企业的培训需求。针对各类问题同专家讲师沟通，筛选重点需求。

2. 结果导向方案设计

根据专家讲师探讨结果，梳理出培训需要达成的如下三个方面的具体目标。继而将培训分为专业基础课程统一学习、具体问题重点探讨、线下方案设计、线上考试、课后评估等多个阶段板块。

其特点如下所述。

1）线上线下联合发力

将需要线下面授的学习内容，转移到线上，保留线下完成作业的传统习惯，

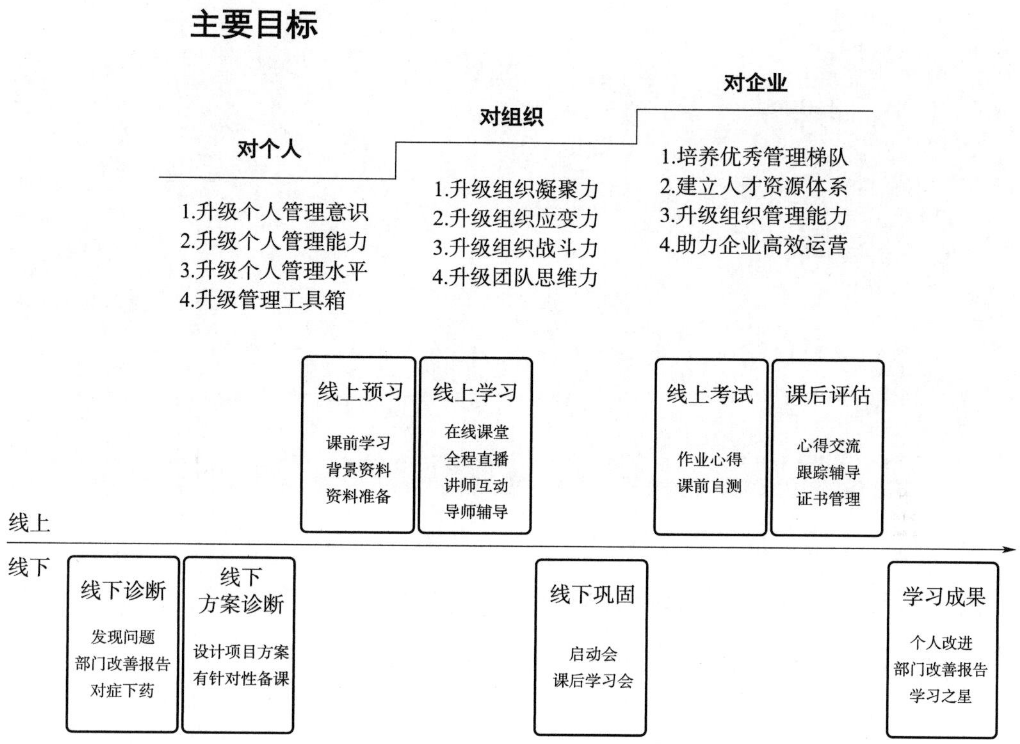

形成线上统一学习与线下分组探讨（疫情期间可进行移动端的微信探讨）的充分融合。

2）脱产在岗结合

除却集中学习的时间外，学员们回到工作岗位的时间还继续自学及研究交流，实现“班散心不散，训完课不完”，保证学员培训后，恢复日常工作仍能够熟练运用方法论并不断碰撞交流。

3）激励学习更持久

课程学习重视学员的主观能动性的引导，为最大程度激励学员学习热情，在每个主题学习集满打卡期数即可获得结业证书，有目标才有动力。在每个主题结束后还会评选“学习之星”，有竞争力才能持续。通过不同阶段的激励机制，不断鼓励学员用满分热情投入学习，确保培训效果。

3. 精益化师资遴选

为提升培训授课质量，项目采取多讲师共同培训的方式，每个讲师负责一个模块，从中旭近百位师资中，通过产品研发部门的调研和试讲筛选，选定三

位讲师进行三个模块的系统教学。

此方式让学员感受不同讲师的授课风格，避免学员倦怠的同时，保证讲师授课质量为最佳。

4. 方案实施途径

随着互联网技术的不断发展，“互联网+”已渗透到人们日常生活中，此次中旭“互联网+培训”项目正是依赖于在线培训平台的完善建设和功能开发的齐全，为了保证最好的学习效果和互动，经过对比多家直播平台，最终选定“小鹅通平台”，有效保障直播质量及学习体验。

参选理由如下。

（1）服务器安全：采用腾讯云服务器，稳定性有保障。

（2）产品并发高：支持百万级的同时访问/考试/学习。

（3）视频体验好：对于直播及回放视频，清晰度极高，用户观看视觉体验好。

（4）访问效果佳：应用行业领先技术，确保用户访问流畅。

四、创新成果效果

“构建铁班底”人才培训系列项目，课程结束时，累计学习人数超 100 万，为数百家企业带去疫情期间提升员工素养的方法论，强化了企业基层、管理层人才队伍。经后期回访调查，客户满意度达到98.3%。项目从四个方面实现了学习转化为生产力。

1. 学员能力提升和执行力改善

通过开展多维度的培养项目，学员的自我管理、工作管理、团队管理能力获得了不同程度的提升。能够将课程学习的知识、工具运用到日常工作中，并进行自我行为的改善。部分企业反应，员工执行力极大加强，上级在聆听员工意见、塑造共同决策和参与工作的氛围、重视对下属能力培养方面更加用心。

2. 加速组织人才培养

高层管理者经过这次项目培训，意识到人才培养和组织能力提升的重要意义，在项目进行期间就开始打造内部人才体系，建立员工培养方案。

3. 增加业绩和创造个人价值

项目帮助员工个人能力和工作水平的提升、团队氛围的优化和战斗力的增强，助力了整体业绩的增长。通过本项目培养，员工体会到个人价值实现的成就感，管理层意识到人才培养对于业绩提升的帮助。

五、创新成果经验总结

继2020年“构建铁班底”第一季项目收获好评后，应多家企业要求，中旭对原有1.0课程进行升级，将目光聚焦在管理层能力的跃升，经过半年的研发探讨，创新升级，于2021年1月正式推出“构建铁班底2.0”，聚焦于“承接战略、培育团队、拿到结果”三个模块，构建管理者从优秀到卓越的进阶之路。

此处简略提炼2.0版本创新内容。

（一）创新思路

针对受众群体，系统谋划，确定3S教学思路。

有别于“构建铁班底1.0”内容，升级的2.0版本将学员身份定位于“中高层管理者”，分析群体特殊性后，总结归纳出需要解决的问题如下：

（1）管理者的能力与岗位不匹配，难以胜任。

（2）管理者难以把握做最重要的事情，团队执行没有方向。

（3）管理者不具备选拔人才的技能，队伍难以扩大。

（4）管理者各自为政，缺乏团队合作意识。

就上述问题，中旭课程研发团队组织了多次讨论，最终达成共识，形成了“3S”教学思路，即“以学员为核心”的个性化内容学习体验；“以场景为核心”的技能实战方法；“以活动为核心”的业务增长路径。

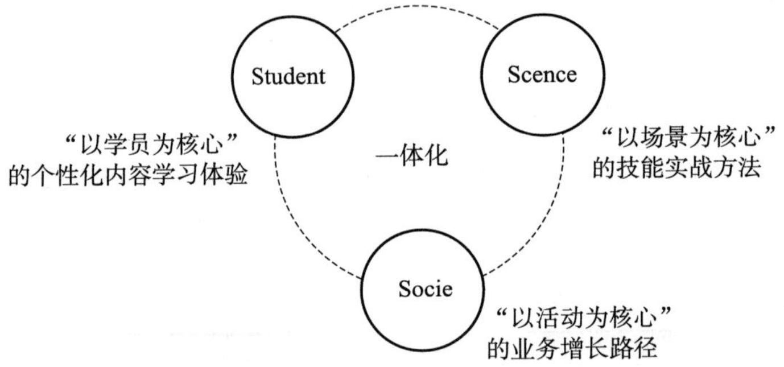

“3S”教学思路

1）“以学员为核心”的个性化内容学习体验

如何把握整体目标，达成团队战略目标的统一？以岗位“目标管理”能力提升为目的，基于学员生涯“目标管理、经营规划、商业洞察、战略理解”四个阶段不同个性化能力需求，打造智能化、定制化知识学习体验

2）“以场景为核心”的技能实战方法

如何将团队执行力最好发挥出来？项目通过具体管理场景，从“高效决策、项目管控、领导他人、教练辅导”四个方向给予具体场景应对指导意见，提升管理者对于团队执行力的管控。

3）“以活动为核心”的业务增长路径

如何基于业务导向，拿到商业结果的实战方法？项目通过让管理者了解“资源管理”的方式方法，提升团队业务目标的达成率。从“资源分配、人才培育、群策群力、冲突管理”四个方面与学员一同探讨方法，学习工具，最终超额完成岗位业绩。

“3S”教学思路是回归人才培养本质的一次思考。“3S”教学思路的确定，让“构建铁班底2.0”项目再次聚焦学员的学习体验，将不同形式的学习嵌入到各类场景中，使在线培训的接受度和培训效果大大提升。

（二）创新知识循环链

经过“构建铁班底1.0”的实践经验及学员反馈意见，创造“知识循环链”“构建铁班底2.0”加大“知识总结”“工具呈现”“实战案例”的内容占比，通过前期与讲师的探讨交流，2.0版本总结出“36个知识模块”“72套工具方法”“180个实战案例”，极大加强学员对于知识内容的掌握度，形成一条由学到用的知识循环链。

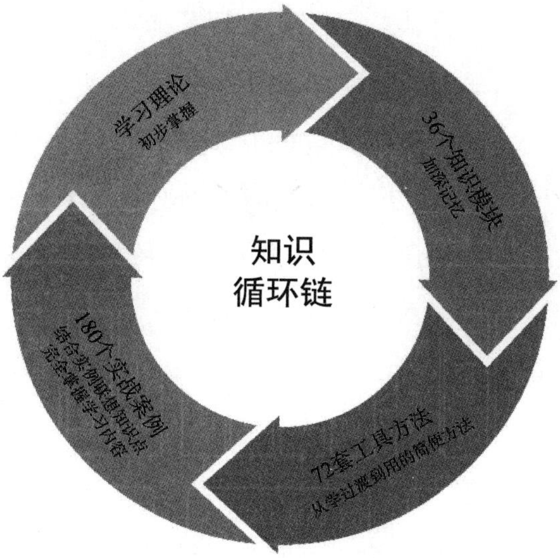

学习理论（初步掌握）——36个知识模块（加深记忆）——72套工具方法（从学过渡到用的简便方法）——180个实战案例（结合实例联想知识点，完全掌握学习内容）全新的知识应用链是回归学习本质的应用。依据人类学习技能的习惯，“知识循环链”的产生，让“构建铁班底2.0”项目以学习效果为目标，将“学—总结—应用—复习”四个环节相结合，循环往复，更好地保证学员能力的内化。

连线人物

王笑菲 中旭股份创始人、董事长，带领中旭股份为全国超10万家企业提供了企业培训、商业咨询、人才培养等服务，帮助企业实现正规化、持续化发展，提高企业经营管理效益。

著有《靠结果生存》《干出好结果》《客户价值》《员工快速成长》《商业人格》《怎样一呼百应》《百分百负责任》《执行的三大障碍》等多本管理培训书籍。

雷志平 中旭股份总裁、中旭英才创始人、清华道口董事，拥有十几年管理培训行业经验，在人才培养方面拥有独特的见解，帮助上万家企业搭建人才培养体系，主导创办“中旭英才”，专注为企业培养职业化、复合型、实战型的管理人才。

著有《圈层式人才进化》《跨越周期》《超越》多本分析企业成长过程、人才培养解决方案畅销书。

以党的政治建设为统领　开创党校工作新局面

中共中国航天科技集团有限公司第一研究院委员会党校
周　硕　黄文岩　李　路　邹　薇　王　玥

【企业简介】

中国航天科技集团有限公司第一研究院（以下简称“一院”），成立于1957年11月16日，隶属于中国航天科技集团有限公司，是中国航天事业的发祥地，是我国历史最久、规模最大的导弹武器和运载火箭研制、试验和生产基地。

一院培养造就了一批中国航天事业的领军人物，包括“两弹一星”元勋、两院院士、国家最高科学技术奖获得者以及“大国工匠”称号获得者，被誉为航天高科技人才和管理人才的“黄埔军校”。

中共中国航天科技集团有限公司第一研究院委员会党校（以下简称“一院党校”）成立于1985年9月11日。近年来，一院党校坚持以习近平新时代中国特色社会主义思想为指导，深入学习贯彻习近平总书记关于党校办学治校系列重要指示精神，坚持党校姓党根本原则、质量立校重要遵循和从严治校办学方针，紧紧围绕一院中心工作大局，充分发挥干部培训、思想引领、理论建设、决策咨询作用。特别是党的十八大以来，一院党校以学习习近平新时代中国特色社会主义思想为中心内容和首要任务，着眼于提高学员的政治能力和领导素质；以掌握理论创新最新成果为重点，夯实学员的理论基础；以坚定理想信念、增强宗旨观念和改进作风为重点，加强学员的党性修养；以强化全局观念和把握一院发展形势为重点，提高学员战略思维和科学决策能力，使一院党校成为出思想、出成果、出人才的主阵地。

一、创新成果背景

一院党校紧紧围绕“党校姓党”的根本要求，聚焦院自身的文化基因与领导人员队伍建设的发展优势，聚力提升治校办学水平，构建院党校工作新格局。

（一）新时代加强党的政治建设的需要

党的政治建设是党的根本性建设，加强党的政治建设是一院党校建设的本质要求。2019年10月25日新出台的《中国共产党党校（行政学院）工作条例》明确提出，党校（行政学院）工作必须落实新时代党的建设总要求。一院党校是院党委领导的培养党员领导人员的学校，是干部教育培训的主渠道，是党的思想理论建设的主阵地，是推动贯彻落实习近平总书记重要批示和院发展战略落地的重要平台，是深入学习领会航天“三大精神”的重要支柱，应严格按照中央关于党校工作的指示精神，大力加强党的政治建设，以党的政治建设统领党校各项工作，持续强化政治属性、坚持党校姓党，不断开创党校工作新局面。

（二）凝聚力量打造世界一流宇航公司的战略要求

“十四五”期间，世界政治经济格局深度变化，国家处于百年未有之大变局和重要战略机遇期，党的十九大明确提出“建设航天强国、建设世界一流军队、培育具有全球竞争力的世界一流企业”的目标。以此为指引，一院的发展战略提出“铸就国际一流宇航公司”的战略目标，提出了“人才强企”战略。一院领导人才队伍必须站在国家总体战略部署的全局高度，担负起建设世界一流企业以及推动一院改革发展的使命担当，发挥引领组织变革，驱动组织创新的重要作用。加强党校干部教育体系建设，面向未来全面建设一流高素质领导人才队伍，对支撑航天强国战略实现和世界一流宇航公司具有深远的重要意义。

（三）实现高素质专业化领导人才队伍的现实需要

高素质领导人才队伍始终是航天事业发展的强劲动力和宝贵财富。航天事业的成功离不开人才，航天事业也成为人才成长成才的摇篮。一院党委始终坚持党管人才原则，坚持人才兴院方针，把培养和造就高素质人才队伍作为重要工作，造就了一支具有自主创新能力的高素质领导人才队伍，为我国航天事业的蓬勃发展和取得的辉煌成就提供了有力的人才保证和智力支持。加强一院党校建设，有效发挥领导人才作用，不仅是落实党中央关于党校工作的重大决策部署的重要体现，也是推动党校事业新发展的重要举措。

二、创新成果措施

（一）坚持“党校姓党”，理论教育和党性教育突出时代性

一院党校始终坚持“党校姓党”原则，把习近平新时代中国特色社会主义思想作为教学的中心内容和首要任务。理论教育突出时代性，及时解读党和国家的重大战略部署，认真研究世情、国情的新变化，及时把握宏观、微观政策的新走势，帮助学员用习近平新时代中国特色社会主义思想武装头脑、指导实践、推动工作。根据不同班次、学员层级的特点，聚焦主业主课，“模块式”组课，提高培训内容的针对性和实效性。“党的理论教育”模块紧密结合最新的形势任务要求，增加对国家的方针政策、新发布的党内法规和条例等内容的学习，帮助学员以掌握理论创新最新成果为重点夯实学员的理论基础。通过对新增的制度、政策的深入解读，促进党员领导人员增强“四个意识”，坚定“四个自信”，做到“两个维护”，牢记“国之大者”。

坚持“请进来”“走出去”培训，大力拓展优质的党性教育资源，吸收现代教育培训理念。理论教学全部邀请中共中央党校（国家行政学院）知名教授授课，同时邀请中央团校、中国浦东干部学院等知名教授进行专题授课，激发了党校办学的活力。坚持开门办党校，积极构建开放共享的党校培训交流合作平台，与中共中央党校（国家行政学院）、中国浦东干部学院、中国延安干部学院、延安干部培训学院、红旗渠干部学院等开展深度合作，结合党的百年历程不同时期的特点和学员层级类别，精准实施开展党性特色教育，增强党校学习教育的互动性、实践性和实效性。

（二）构建分级分类的培养体系和项目体系，推进党校精准赋能

一院党校作为院党委领导的培养党员领导人才的学校、干部教育培训的主渠道，学习教育贯穿于领导人才队伍建设的始终。一院党校基于胜任力模型，按照“差异化培养、精准化赋能、专业化设计”的策略和“一体化”思路，开发了四级四类领导人才的领导力发展培训项目以及不同类别领导人员的领导力专题研修项目，完善了不同级别党务领导人员的相关培训项目，创新打造了党性教育培训项目“红鹰系列计划”和领导力发展培训项目“蓝鹰系列计划”，如图1所示。

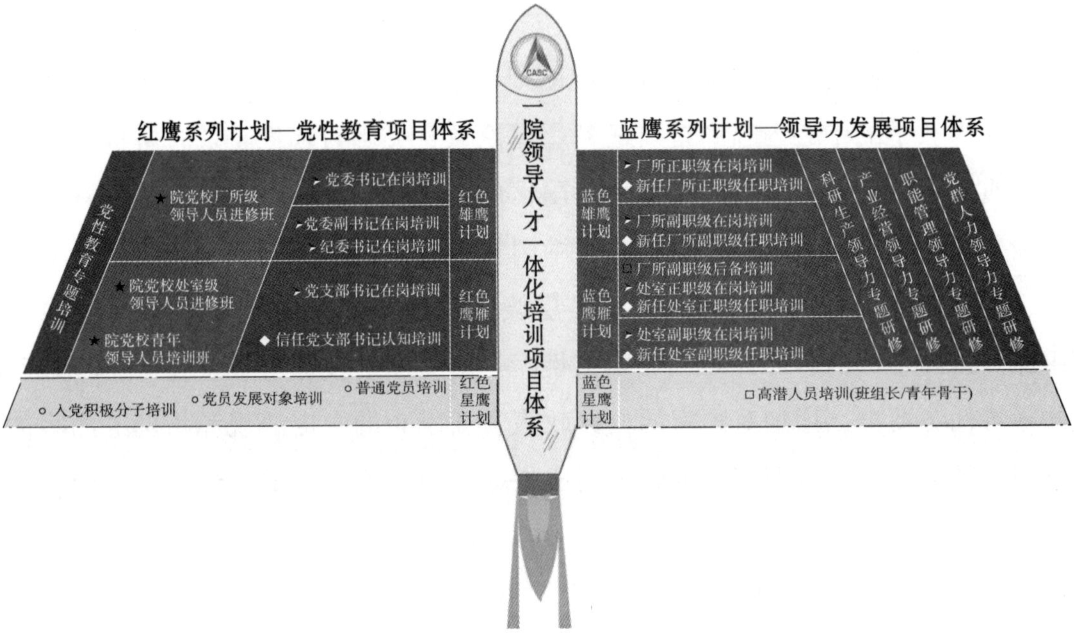

图1 一院领导人才一体化培训项目体系

党性教育项目体系命名为“红鹰系列计划”，领导力发展培训项目体系命名为“蓝鹰系列计划”，“鹰系列”的红蓝融合旨在将红色基因与蓝色航天强国梦相融合，作为领导人才培养的指引与方向，提升领导人才的综合素质能力，造就一支敢负责、勇担当、善作为、素质高、能力强、专业深的领导人才队伍。其中，“红鹰系列计划”党性教育项目体系，根据不同层级，设置为“红色雄鹰计划”“红色鹰雁计划”和“红色星鹰计划”系列培训项目。“蓝鹰系列计

划”领导力发展培训项目体系，按照领导人才的不同层级，以“任职培训—在岗培训—后备培训”为主线，设置为“蓝色雄鹰计划”“蓝色鹰雁计划”和“蓝色星鹰计划”系列培训项目；根据领导人才的岗位类别，设置科研生产、产业经营、职能管理和党群人力四类领导力专题研修项目。同时，在“红鹰系列计划”课程设计中，包含70%党性教育，20%领导力提升和10%的院内部特色管理课程。在“蓝鹰系列计划”课程设计中，包含70%领导力提升，20%的党性教育和10%的院内部特色管理课程，在“一体化”培养的思路下，根据侧重点的不同搭配不同比例的“课程包”，分类赋能，强化干部政治能力和履职能力，推进一院领导人才队伍教育培训的精准化。

2021年，一院党校将党校进修培训、党委书记（副书记）履职能力提升培训、纪委书记（院派驻纪检组组长）履职能力提升培训、党的十九届五中全会精神轮训、院厂所级领导人员领导力提升轮训、青年干部培训、青年马克思主义培养者工程、党支部书记轮训统一纳入党校体系系统谋划。从党务、技术到管理，从后备骨干、处室级到厂所级，由“点”带“面”，实现院党校项目体系一体化。同时构建政治理论、党性修养和领导力提升专题一体化培养模式，以党性教育和领导力提升的双引擎加速领导干部培养，全面提升各级领导人才的政治能力和领导能力。

（三）充分发挥“智库”作用，推进研究型党校建设

一院党校对标院全面深化改革和“三高”转型发展要求，坚持问题导向，深入研究一院改革发展新思路、新举措，重“形”更重“效”。

毕业论文（调研报告）是党校教学的重要研究成果。一院党校加强顶层设计，紧密结合院发展形势及在全面深化改革推进过程中遇到的难点、热点问题，不断完善调研选题库，选题方向覆盖科研型号、航天技术应用产业、创新发展、党建人力资源等领域。调研活动采取分组调研的形式，调研报告撰写严格运用党校所学理论和方法。实行导师制，邀请院领导及厂所级领导人员担任，组织开展毕业答辩评审会，由院主管领导担任评审组组长。调研成果汇编成册，发放给提出或参与命题的业务部门、面临实际问题的部门和单位。调研报告成果

聚焦院应急生产、加强党的领导与公司治理统一、新一代运载火箭发展思路、技术创新、航天商业化等重点问题深入研究，并提出后续工作的新思路、新方法和新举措，切实解决实际问题，更好地支撑服务于院科研生产任务，融入中心工作。同时，一院党校以价值创造为导向，组织课题组持续跟进调研成果的应用情况，完成调研成果应用报告，促进党校调研成果的绩效价值转化，更好地发挥党校智库作用。一院党校调研成果如图 2 所示。

图 2　一院党校调研成果

（四）以学员为中心，探索智慧党校建设，提高党校赋能水平

一院党校主动适应互联网时代学习方式和学习需求的新变化，坚持以学员为中心，创新培训模式，通过“专题讲座+体验式教学+案例分析+在线视频+互动研讨”，形成独具一格的办学特点。依托线上学习平台，推进党校培训在线化，把在线学习作为推进学习型党校建设的重要载体，打破党校学习的“围墙”，拓展学习时空，利用线上课堂的灵活性特点，专门为党校班次开展专题培训、定制培训、衔接培训和干部选学，实现了优质高端资源对接，为学员提供“线上自学”培训延伸服务，拓展了学习的新领域，提高党校培训教育的实效。推进党校培训数据化，通过对在线学习数据的动态追踪与分析，掌握学员学习规律，进而有针对性地设计开展重点专项培训。推进党校培训移动化，使固化的党校教学多样化，在线上开设党史学习专题、党建与党风廉政建设专题学习内容，设计“党校熔炉”线上课堂，以在线研读为基础，线上线下齐推进，把

更多的时间留给互动交流、分析现实问题上，提高党校赋能水平。

（五）建立学员管理联动机制，培训管理制度化、精细化

一院党校研究制定《中共中国航天科技集团有限公司第一研究院委员会党校工作规范》，并于2020年10月1日发布，有效推进院党校组织管理、培训实施的制度化、规范化。同时，院党校系统总结多年管理经验，编制《一院党校工作管理手册》，包含院党校工作流程全景图，项目策划、实施、评估各阶段工作概述及对重要环节和关键工作的详细阐释、常见问题解答，收录中组部、集团公司党校、院党校相关制度文件，党校工作文档模板等内容，推进一院党校管理专业化、流程化。建立学员管理联动机制，线上学习中，通过数据管理，追踪学员的学习动态，通过定期的数据分析与提醒机制，强化对学员的学习管理；在课堂教学中，深化讲师与学员的互动教学，引导学员主动参与教学，促进教学相长；在自主学习生活中，通过班级自主管理，党校简报、案例交流、主题研讨等，搭建学员学习交流的平台，发挥学员的主动性，促进学学相长，建立“培训管理—教学管理—自主管理”联动的学员管理机制，提高党校教学管理质量和水平。

三、创新成果效果

在新时代、新机遇、新挑战下，一院党校以习近平新时代中国特色社会主义思想为指导，贯彻落实党的十九大精神，落实全面从严治党的新部署和新要求，紧紧抓住“党校姓党”这个根本原则。围绕院全面深化改革和“三高”发展要求，完善培训体系，丰富培训内容，创新培训方法，拓展培训资源，夯实管理基础，构建全面从严治党新形势下院党校新格局，为院持续培养适应新时代改革发展要求的高层次领导人才，为实现航天强国建设提供坚强政治保证和思想、人才保障。

四、创新成果经验总结

（一）加强教学顶层设计，强化党员领导人员能力，支撑组织转型发展

围绕航天强国建设的战略部署，对标能力要求，加强教学顶层设计。以院领导人员胜任特征模型为输入，贯彻落实《2018—2022年全国干部教育培训规划》对于新时代领导人员教育培训的要求，围绕政治理论、党性教育、战略管理、改革创新等素质培育，开展教学设计，对党校培训内容体系进行优化，增强培训的系统性。设计政治必修理论课程、领导力与企业经营管理课程、一院发展与建设特色课程共三个课程模块，加强领导人员政治能力和履职能力培训。通过政治理论课程，引导帮助院党员领导人员不断提高政治判断力、政治领悟力、政治执行力。通过领导力与企业经营管理课程，引导院党员领导人员把握市场经济的客观规律和科学管理的方法，提高企业运营管理实践的能力。通过一院发展与建设特色课程，引导院党员领导人员从企业发展战略、规划等方面寻求创新、创造价值，着重提升院党员领导人员追求卓越，谋划全局，锐意改革的专业素养，不断提高适应院全面深化改革和航天强国建设发展要求的能力，支撑组织转型发展。

（二）立足培训实效，以“四个结合”为抓手，深化教学方式方法创新

一院党校教学始终立足培训实效，以“四个结合”为抓手，充分调动学员的主观能动性，以灵活多样的教学方法引导学员学习和思考。一是注重理论认知与感性体验相结合，灵活运用讲授式、案例式与体验式教学等多种教学方式相结合的方法，转变党的理论及党性教育课程“远”和“浅”的状态；二是系统化与模块化专题相结合，在系统策划的基础上，各专题模块各有侧重，增强培训内容的系统性和针对性；三是线上与线下相结合，通过“面授+移动学习”的模式，拓展教学时空，增强党校培训效果，进一步推进智慧党校建设，不断深化教学方式方法创新；四是理论基础与工作实际相结合，运用党的理论解决院改革创新等方面的实际问题，把理论成果转化为实践成果，进而转化为工作成果。

（三）构建党校培训绩效评估的“全链条”，强化智库作用

从党校培训全链条管理逻辑出发，以价值创造为导向，探索建立党校培训绩效评估机制，构建“需求调研—培训策划—教学实施—培训评估”的党校全链条管理模式。在教学实践方面，评估培训专题设置的科学性、教学方式的多样性、教学管理的严密性等。一院党校构建“选题优选—导师制—报告预审—答辩评审—成果应用”的党校调研模式全链条管理，最大化提高党校研究成果的质量。按照全链条管理模式，开展党校调研成果组织绩效评估，持续跟进成果应用情况，切实解决院在全面深化改革推进过程中和“三高”发展过程中遇到的问题，充分发挥党校的思想库作用。

连线人物

周　硕　研究员，中国运载火箭技术研究院长征学院副校长。长期从事人才开发与企业培训工作，专注企业人才培养、企业大学建设、创新型培训项目实践，拥有深厚的人才队伍建设工作背景和丰富扎实的培训教育、企业大学运营、航天精神与文化的弘扬传播等管理工作的经验。特别是统筹各方资源，持续创新推进党校系列培训、新员工入职培训（“雏鹰计划”）、理想信念轮训（“铸魂工程”二期）、海外培训等品牌项目，取得了“中国企业培训最有实践课程”“中国企业培训最佳学习项目”等多项荣誉。在火箭院领导人才培养体系建设中，坚持以航天强国建设战略目标下领导人员的核心能力素质提升为导向，创新性地提出了火箭院领导人才“党性教育+领导力”发展一体化的培训体系建设目标，打造了“红鹰”计划和“蓝鹰”计划，并付诸实践，极大地推进了航天一院各级各类人才培养的精准赋能。

中国共产党百年华诞“听我说”

鞍钢教育培训中心（党校）
张德全　杜学华　李国志　李太旭

【企业简介】

鞍钢教育培训中心（党校），作为鞍钢集团公司的教育培训机构，承担着为鞍钢的发展培养高素质人才队伍的重任，是鞍钢职工的政治理论培训基地、技能培训基地、思想素质提升基地、企业文化推广基地和创新活动基地。

该校现有在职人员252人，其中专职教师87人，设有中心领导、综合管理部、党委工作部、条件保障部、培训管理部职能部门，以及政治理论教研部、人文经济管理教研部、冶金与机电工程教研部、信息化技术与应用四个教学培训部。每年有近六万人次的党员和党员领导干部、管理人员、专业技术人员、生产操作岗位人员来校参加学习培训。

该校立足鞍钢、服务于鞍钢，为鞍钢高质量发展凝心聚力。该校正在实施未来五年的宏伟愿景：以习近平新时代中国特色社会主义思想为指导，全面贯彻党的十九大精神，以坚持和加强党的全面领导、践行新时代培训发展新要求为办学主线，着力提升培训创新、科研智库和市场开拓“三个能力”，实施精品培训、名师培养、管理创新和党建引领“四项工程”努力构筑理论传播、党性锤炼、实训实践、网络培训和价值创造“五大平台”，全面建成符合新时代教育培训工作要求，符合鞍钢高质量发展战略的一流中央企业党校和一流企业培训机构。荣获2020年度鞍钢集团先进单位和中国企业教育百强组委会颁发的“中国最具价值企业大学”荣誉称号。

一、创新成果背景

该校2020年各项工作取得新成绩为该项目提供了良好的发展环境。一是该校坚持以政治建设为统领，增强“四个意识”，坚定“四个自信”，做到“两个维护”，以实际行动巩固了“不忘初心，牢记使命”主题教育成果。二是该校推进综合改革，通过部门和管理职能整合，实现了培训管理的一体化运行和培训资源的集中协调。三是该校围绕服务鞍钢高质量发展，切实把政治性、系统性、精准性、实效性的培训工作要求贯穿于培训全过程。四是该校拓展培训模式成效显现。着眼“互联网+教育”新模式，规划设计新的多功能报告厅、虚拟演播室。推进鞍钢网络学习平台建设，打造鞍钢网络培训基地。五是该校注重科研智库作用的发挥。六是该校注重师资整体素质提高。在疫情停课期间，该校组织教师网络学习提升，通过举办名师培养大讲堂、教师课件制作大赛、青年教师教学观摩大赛提升教师业务能力。开展核心课程和新专题立项申报，为对口扶贫地区新疆塔县录制专题讲座。

该项目实施面临的突破环境：从集团层面看，培训工作标准越来越高，要求越来越严；从外部环境看，新冠肺炎疫情的不确定性和培训渠道的多样性对培训造成冲击；从该校自身实际看，培训覆盖面逐渐缩小，学员数量和专职教师数量持续减少，线上教学比重和成本压力越来越大。

该项目实施面临的有利环境和条件：2021年是“十四五”规划起步之年，是打造高质量发展新鞍钢的元年，是该校深化改革、转型发展的关键一年。鞍钢基本解决了历史遗留问题，发挥国有经济战略支撑作用、加快建设世界一流企业谋划“十四五”发展战略，打造高质量发展新鞍钢呈现出空前的活力，给该校带来了更加广阔的发展空间：该校强调要主动作为、继续奋斗，践行新发展理念、融入新发展格局，坚持服务集团战略、服务企业发展、服务员工赋能，提高政治性、系统性、精准性、实效性。中国共产党百年华诞“听我说”项目就是该校突破传统教学思路和理念，落实宏伟愿景中的一个创新培训项目。

二、创新成果措施

2021年是中国共产党百年华诞之年，对于中国共产党自身走过百年历程，总结经验以激发不忘初心、牢记使命，汲取党史中的智慧与力量，以开启新时代新的征程，这应是必有之意。该校主动策划以多种合适的方式来纪念我们伟大的中国共产党百年诞辰。年初，该校领导提出开展“中国共产党百年诞辰听我说”活动，并提出该项活动的要求要区别于传统的党史教育培训模式，主要在教学内容设计、教学内容的表现形式、教学组织形式以及教学宣传方式要创新。这个任务由该校政治理论教研部党史项目组来承接，党史项目组接到这个任务后，根据校领导的意图，在2021年初制定该项活动的设计方案，经过几次沟通讨论，最终在2021年2月初拿出方案。主要内容如下所述。

（一）在教学内容设计上创新

从党的百年历程中，提取“五个关键词”为经，以昨天、今天和明天三个时间段为纬，从不同角度来展现党的百年辉煌。

“五个关键词”是初心、路径、筑基、引领、复兴。分别从党的初心、成功路径、成功基础、指导思想和奋斗目标五个方面来讲述党的百年辉煌历程及伟大力量，这五个方面相互联系、相互补充，贯穿中国共产党的百年亮点，而又彰显马克思主义的历史唯物与辩证法的思维。

“昨天、今天和明天”为三个时间段，以每个关键词为核心点，以新中国成立以前为“昨天”，以新中国成立至党的十八大前为“今天”，党的十八大以来为“明天”，大体按照这样的时间段来展示中国共产党每个亮点在不同阶段的辉煌成就，整体上描绘出中国共产党百年发展轨迹。

“初心”——初心点亮夜空、初心闪耀中国、初心绽放光彩。为中国人民谋幸福、为中华民族谋复兴是中国共产党的初心，这个初心在“昨天”展现的是让中国人民看到，如同黑暗中看到希望；这个初心在“今天”是实实在在让中国人体会到了，感受到了；这个初心在“明天”是更好全面小康社会的建成，还有接下去的全面现代化的建设以及共同富裕的建成等。

“路径”——农村包围城市、改革与开放、“双循环”的新发展格局。中国共产党实现自己的初心需要成功战略路径的选择，这个战略路径在“昨天”是通过“农村包围城市，武装夺取政权”的战略选择达到成功的；这个战略路径在“今天”是通过“改革与开放”实现中国和平崛起的；这个战略路径在“明天”是通过“双循环”的新发展格局应对百年未有之大变局，实现向强起来飞跃。

“筑基”——立国之基、富民之基、强国之器。中国共产党的成功需要坚实的基础：这个坚实基础在“昨天”表现为“四项基本原则”的实践与确立，这个坚实的基础在“今天”表现为改变“一穷二白”让人民富起来需要党重视人民对生存资料和生活质量的诉求；这个坚实基础在“明天”表现为发展强国之器来保障中国人民的发展成果。

“引领”——中国之立、中国之建、中国之治。中国共产党的成功需要不断创新创造的思想理论引领：这个引领在“昨天”展示的是马克思主义中国化的第一个成果毛泽东思想，引领新中国屹立于世界东方和世界民族之林；这个引领在“今天”展示的是马克思主义中国化的三个成果（邓小平理论，“三个代表”重要思想和科学发展观），引领中国社会主义建设新时期；这个引领在“明天”展示的是马克思主义中国化的最新成果、习近平新时代中国特色社会主义思想，引领中国特色社会主义治理走向成熟。

“复兴”——希望在共产党、复兴在共产党、人类命运看中国。中国共产党的成功还在于党有个伟大的奋斗目标，这个奋斗目标在“昨天”展现的是民族独立，给黑暗中的中国人以希望；这个奋斗目标在“今天”展现的是共产党在新中国成立后正式担当起中华民族伟大复兴的使命时的各方面取得的成就；这个奋斗目标在“明天”展现的是中华民族伟大复兴即将实现以及在此基础上给世界人民带来的希望。

（二）在教学内容的表现形式创新

以生动的小故事讲述党的不懈奋斗史、理论创新创造史、自身建设史。

1）“初心”——初心点亮夜空、初心闪耀中国、初心绽放光彩

中国共产党的历史就是一部践行党的初心使命的历史，中国共产党为人民而生，为人民而来，百年来的辉煌历程，始终把人民放在至高无上的位置。

中国共产党的成立是中国开天辟地的大事件。在党的第一个纲领中旗帜鲜明地提出：“建立无产阶级专政，直至消灭阶级差别。”

无产阶级专政，意味着劳苦大众当家作主，昭示着中国共产党建党的核心任务，就是要实现李大钊在《团体的训练与革新的事业》等文章中所表达的思想：为中国人民谋幸福、为中华民族谋解放的建党核心思想，这一思想蕴涵的正是共产党人的初心。这初心犹如一轮朝阳，点亮了风雨如磐的旧中国的漆黑夜空，给水深火热的中国人民带来了希望的曙光。“不拿老百姓一个红薯的故事”让中国人民理解了中国共产党领导的武装是为了谁；“半条被子的故事”让中国老百姓懂得了中国共产党领导的红军就是自己的亲人；“毛泽东为一名普

通战士张思德开追悼会”让中国人民体会到了中国共产党“为人民服务”的宗旨思想。建党以来的 28 年奋斗让夜空中的初心更加光明。

中华人民共和国的成立是中国改天换地的大事件。中国共产党带领全国各族人民走上中国特色社会主义道路，开辟了“人民当家作主”的历史新纪元，人民扬眉吐气，践行为中国人民谋幸福、为中华民族屹立于世界民族之林的初心闪耀中国。“政治协商建国”是中国共产党民主政治的首创，让中国共产党成为中国特色社会主义事业的领导核心；“申纪兰的故事”让人民当家作主成为中国的一切权力属于人民的最靓丽的名片；“枫桥经验”让中国共产党对基层社会治理开辟了成功之路；“红旗渠的故事”让中国人在“一穷二白”的废墟上用自己的力量夯实了家富国强的基础；“深圳的故事”让中国人在经济上挺直了腰板。新中国成立以来，中国共产党没有丝毫懈怠，为中国人民谋幸福，为中华民族尊严的初心更加闪耀中国大地。

改革开放以来，中国发生翻天覆地的变化。中国人民富起来了，进入了新时代，中国人民对美好生活的期盼就是中国共产党的奋斗目标已经传遍祖国大江南北，“为中国人民谋幸福，为中华民族谋复兴”的初心绽放出绚丽的光彩，尤其是全面脱贫攻坚战取得了全面胜利，创造了又一个彪炳史册的人间奇迹！“17 条藤梯的故事”让边远的山村百姓走向幸福；“太行山上的新愚公”让贫困山区的百姓绽放出致富的笑脸；“大发渠的故事”让中国人看到了中国共产党为人民利益的执着追求。40 多年的改革开放历程，尤其是党的十八大以来的全面建成小康社会，让中国共产党的初心持续绽放异彩。

2）“路径”——农村包围城市、改革与开放、“双循环”的新发展格局

中国共产党的初心自诞生以来就在华夏大地熠熠生辉。为了彰显初心，首先是实现了新民主主义革命的伟大胜利。以毛泽东为核心的中国共产党人立足实际、实事求是，创造性地通过“农村包围城市”、武装夺取政权让中国人站了起来。“三大起义的故事”让“城市中心论”的思想破产；“红色根据地的故事”让中国红色政权有了坚实的后盾；“十六字”游击原则让农村发挥了战胜敌人的优势。

在探索全面建设社会主义过程中，中国共产党面临着如何让中国人民富起

来的路径选择。在破除了阶级斗争为纲的思想和“两个凡是”的思想之后，中国共产党以极大的勇气和智慧选择了“改革开放”的路径，带领人民走上了全面小康的道路。“副总理谷牧带队访欧”让高层下定决心对外开放；“小岗村的红手印”让中国共产党呼应百姓心声，决定对内改革；“诸城改革”让“姓资姓社”争论在实践中破产。在实践中检验真理，进行思想解放，改革开放让中国人民腰包鼓了起来，说话的底气足了起来。

进入新时代后，面对“强起来”道路上的严峻挑战，中国共产党再次集中全党智慧确定了“以国内大循环为主体、国内国际双循环相互促进的新发展格局”。依靠“三驾马车”已经遇阻；以实现中国国内投资、生产、消费良性循环为主体，以“进出口博览会”为平台促进国内国际双循环发展的新格局已经展开，必将为强起来的中国注入强劲动力。

3）“筑基”——立国之基、富民之基、强国之器

中华人民共和国成立表明：中国人民从此“站起来了”。为了使新中国行稳致远，必须牢固立国之基。“开国大典的故事”让中国人民选择了坚持中国共产党的领导之基不动摇；“山西省平顺县西沟村的故事”让中国人民坚持中国特色社会主义基本方向不动摇；“五四宪法制定的故事”让中国人民坚持人民民主专政的政治之基不动摇；“毛泽东思想的故事”让中国人民坚持马列主义毛泽东思想的指导思想之基不动摇。

改革开放表明：中国人民从此“富起来了”。富了不忘本，必须牢固富民之基。“土地革命的故事”让人民耕者有其田，解决人民生存之基；“三大改造的故事”让人民有了富起来的经济之基；“市场经济体制的故事”让人民有了富起来的政策之基。富了不忘本、不忘初心，才能在通往共同富裕的道路上行稳致远、再造辉煌。

习近平新时代中国特色社会主义，国富民强，引来世界目光，羡慕者有之，嫉妒者有之，觊觎者也有之，我们必须建设更强大的、更可靠的力量来捍卫国家主权安全和人民利益。“两弹一星”让国际上五次的核威胁、核讹诈破产；“北斗导航”充分体现了我国社会主义制度集中力量办大事的政治优势；强国之器使中国挺直了脊梁！天问一号逐梦而行，嫦娥五号奔月取壤，奋斗者号万

米探海，中国天眼巨目观天……

4）“引领”——中国之立、中国之建、中国之治

中国共产党的百年历史，就是党的理论创新创造的历史。邓小平曾经说过：“如果没有毛泽东同志的卓越领导，中国革命有极大的可能到现在还没有胜利。那样，中国各族人民就还处在帝国主义、封建主义、官僚资本主义的反动统治之下，我们党就还在黑暗中苦斗。”毛泽东思想指引了党和人民夺取了新民主主义革命的伟大胜利，指引了中华民族屹立于世界民族之林。

中国特色社会主义提出，开启了改革开放和社会主义现代化的伟大征程。

2013 年，在党的十八届三中全会上，习近平总书记创造性地提出“国家治理体系和治理能力现代化”这一重大命题，推动了中国特色社会主义走向“中国之治”，为党的长期执政地位和国家长治久安提供了根本保障。2020 年年初的新冠疫情大流行，让“中国之治”完胜“西方之乱”；2021 年 3 月下旬的“中美高层战略对话”彰显了中国之治的十足底气。

100 年来，党就是一个坚定的逐梦者，从中国之立，到中国之建，再到一步步完善中国之治，一代代薪火相传、一代代接力奔跑，带领着华夏儿女一步步走向中华民族的伟大复兴！

5）“复兴”——希望在共产党、复兴在共产党、人类命运看中国

中国共产党的成立，让中国人民看到了民族伟大复兴的希望；“野火烧不尽，春风吹又生”让中国人民看到了中国共产党的韧劲和强大的生命力；“睡在街道上而不侵犯民宅的军队”让中国人民看到了中国共产党成功的底气；“窑洞对”让中国人民看到了走出历史周期律的新路。敢问：中华民族伟大复兴的希望不寄托在中国共产党身上，还能寄托于谁呢？

“中华人民共和国成立、五星红旗在纽约联合国总部前冉冉升起”让世界认识了独立自主的中华人民共和国；“入世谈判”让中国发展插上了腾飞的翅膀，成为世界第二大经济体；“参观《复兴之路》”让中国人民凝聚了共识，坚定了信念——“中华民族的伟大复兴一定能实现！”

党的十八大以来，习近平总书记多次指出：“历史和现实都告诉世界，中国发展起来了绝不称霸，中国愿与世界各国并肩作战，推动构建人类命运共同体，在不同领域深化合作，不断化危为机、浴火重生，造福各国人民”。“新冠疫情的防治”让世界看到了中国的担当，让世界明白构建人类命运共同体、凝聚人类共识才是人间正道；“一带一路”让世界认识到践行人类命运共同体的中国方案和中国行动。

（三）从教学组织形式上创新

以生动活泼的小故事这种喜闻乐见的“听我说”系列短视频方式来组织教学。承担任务的教师每个小题目要录一段十分钟以内的小视频，统一片头和片尾，男女教师各自统一着装在演播厅里讲说，并加以 ppt 载入，辅之以字幕，学员可以在学习时间上、地点上以及学习的内容的先后顺序上灵活选择，考核方式上以党史达人赛的方式进行。

（四）教学宣传方式上创新

该项目充分利用现有的“互联网+”技术和综艺节目的借鉴将中国共产党百年华诞“听我说”活动小视频宣传出来，该项目目前通过课前十分钟、微信群、网络学习平台、党史知识达人赛、视频下基层等多种手段广泛推广，引起

高度关注和一致认可。

站在中国共产党百年历史的新起点，铭记党的初心使命，坚定政治站位，为实现“十四五”规划奋斗目标、打造高质量发展的新鞍钢——该校一直在行动。

三、创新成果经验总结

一是顶层设计推动。该校领导政治站位坚定，思想敏锐，前瞻性强，敢于走前任不敢走的新路，创新是顶层设计首要条件，在信息爆炸的时代，传统教学受到极大冲击，面对新生代的学习特点，只有创新别无选择；担当是顶层设计关键条件，有担当就会激励下级放开手脚做事，在实践中才能出新意、出新招、出新品。该校领导在建党百年来临之际超前策划了“中国共产党百年华诞‘听我说’活动”，旨在进一步弘扬建党百年的辉煌历程，感受思想伟力、汲取智慧力量，为打造高质量发展新鞍钢凝心聚力。

二是一个团结向上的团队。该项目由八位老师承担十六个小视频任务，他们多次放弃休假时间在一起研讨，相互启发，互通素材，由项目责任人确定推进项目实施计划与进程，并很好地完成各个小项目的任务。

三是与相关部门良好合作。该项目主要以八位教师承担的创作任务为主，但教学的载体是小视频，因此很重要的环节是小视频的录制剪辑，该校领导首先建立相互协调的机制，然后由该项目组长与相关部门沟通和合作，使不同部门向共同的方向使劲，才能做出好作品来。

四是教学推广是关键。教学产品出来后，如何让学员学得到、学得好是个大问题。鞍钢是生产企业，工学矛盾始终是个大问题，这次教学培训的创新，使得教学产品如何推广成为关键部门，俗话说“酒香不怕巷子深”在当下打了折扣，该项目既要“酒香”，还要巷子浅，一眼能看到，几分钟就看完，看完就有收获。该校教学推广部门下大力量走基层，通过“互联网+”推广手段，得到广大基层高度关注和广泛认可。

连线人物

张德全　鞍钢教育培训中心（党校）政治理论教研部党建副教授，2006年省党校党建研究生毕业以来，从事党史、党建教学13年，担任中心党史项目组组长，中心主任培训师、主管培训师、中心先进个人、中心优秀教师、优秀党员、入选鞍山市首批社科联智库专家名单、省党建研究会特邀研究员。开发讲授的“共产党员党性修养与党风建设”“‘三会一课’与党员的目标管理”“延安整风与马克思主义中国化”“大学·中庸”与现代企业伦理观等课程，深受学员欢迎。

近年来，张德全老师先后在省市级刊物上发表《加强和改进新形势下党员教育工作》及《关于提升国有企业党组织基层组织力若干问题的思考》等论文二十余篇，多次获得省、市、公司科研论文奖励等。

华大“大树”人才模型在人才发展中的应用

深圳华大集团战略与学习发展中心

朱岩梅　胡怡菲　朱艳芝

【企业简介】

华大成立于1999年，是全球领先的生命科学前沿机构。秉承“基因科技造福人类”的使命，怀抱“健康美丽，做生命时代的引领者”的愿景，华大以“产学研”一体化的发展模式引领基因组学的创新发展，通过遍布全球100多个国家和地区的分支机构，与产业链各方建立广泛的合作，将前沿的多组学科研成果应用于医学健康、资源保存、司法服务等领域。同时，为精准医疗、精准健康等关系国计民生的实际需求提供自主可控的先进设备、技术保障和解决方案。坚持走“自我实践、民生切入、科研拓展、产业放大、人才成长”的新型发展道路，做到五环联动、循序递进，切实推动基因科技成果转化，实现基因科技造福人类。

在国内外多起公共卫生事件、灾难援助中，华大始终冲锋在前。2003年，非典疫情暴发。华大仅用72小时就破译了四株SARS病毒全基因组序列，96个小时便成功研制出病毒检测试剂盒，并向全国防治非典型肺炎指挥部捐赠30万人份的SARS病毒酶联免疫试剂盒。2008年5月18日，“5·12”汶川特大地震后的第六天，由董事长汪建带队，华大的地震灾区疾控工作组成员在一两天内陆续赴四川灾区参与抗震抢险工作，监测震后可能出现的突发卫生和传染病事件。由于环境的改变，重大灾难之后常伴随有重大疫情的风险。2020年12月至今，为抗击疫情，华大成功研发出新冠病毒核酸检测试剂盒，并打造了一套高通量核酸检测的一体化解决方案：“火眼”实验室。此外，雅安地震救援、印度洋海啸救援、破译德国大肠杆菌、抗击 H7N9 等等，华大始终用实际行动践行“基因科技造福人类”的使命宣言。

一、创新成果背景

（一）人才模型缘起

2019 年西柏坡年中会，华大集团创始人汪建提出，组织在前行中葆有活力、持续增长，在内部人才评价机制上应具有标准和体系化，并提出人性与能力的动态评价与判定标准和“人才中心法则”。

华大“人才中心法则”，正如遗传学中心法则：“遗传信息从 DNA 转录给 RNA，再从 RNA 翻译到蛋白质”的整个过程，这里的“DNA”就像是个人的“本性与天赋”，是一种可表现于许多环境的、相对持久的、一致而稳定的思想、情感和动作，它通常表现一个人人格的特点和行为倾向。“本性与天赋”再“转录”成个人不同成长阶段表现出来的“学习力”，并持续“自我进化”，最终“翻译”出可被观察到的、与成功相关的“社会能力”“科技与创新能力”等技能、行为及经验。

华大“大树”人才模型正是基于华大“人才中心法则”，结合对冰山模型、Mercer 全人模型、稻盛和夫的思想、信任的速度等学习及思考，借鉴优秀企业的实际案例，具体在华大实践中总结提炼得出的符合华大特色的人才评价模型，强调大目标驱动和创新。该模型也必将随华大业务的不断发展而不断迭代升级并赋予新的内容。

（二）华大“大树”人才模型的创意

华大“大树”人才模型的创意来源于大树和雨林给华大的启示。

1）“大树”的成长条件

首先，华大知道要成为一棵大树，需要几个条件：时间、不动、根基、向上长、向阳光。华大用大树的这些成长条件，隐喻华大“大树”人才模型的内涵和属性。

时间。只有经过充分的时间积累，岁月磨炼，树苗才可以成为大树。作为青年干部要想成才，必须要有长时间扎根基层的决心和恒心。成长是一种经历，成熟是一种阅历，阅历和智慧需要长期训练和积累。认识到时间的重要性，这是华大之所以选择华大“大树”人才模型的一个非常重要的意义，树之所以成为大树，是因为时间积淀出来的能量。

不动。大树只有不频繁的挪动，坚定的经风霜、历风雨、岿然不动，方可成为参天大树。人才同样需要坚守信念、专注内功、入一行深一行。

根基。稳定的根基，扎根泥土，大树才可以历经风雨而不倒。大才需要不断学习，不断充实自己，锻炼基本功，为未来的成长发展奠定良好的根基。华大建立的根基有多深，华大未来可能所获得的成就才有多大。

向上长。大树为追求枝繁叶茂和更加广阔的发展空间，才会持续不断地向上生长，才会越长越高，越长越粗壮。华大的目标有多远大，华大才可能走得多远。

向阳光。阳光是大树健康成长必不可少的条件，阳光是树木生成的希望所在，必须为自己争取更多的阳光，才有希望长得更高。人要想成功，一定要树立正确的目标，始终坚持“阳光健康”的成长。

2）带有“植物特性”的组织生态

雨林里的植物最为丰富，是天然的生态圈，从高到低可分为五层：露生层、树冠层、中间层、林下层和地面层。每一层的植物特性都不同，都有各自的生存策略，也发挥着不同的作用，犹如企业组织这个生态。

露生层，是雨林独有的。很多巨树高达四五十米，少说也得奋发向上生长四五十年，一路和其他树木“争夺”阳光，处在最高处，阳光“资源”最多，风险也最大，既有强风暴雨，也有闪电雷劈。古话说，“木秀于林，风必摧之”，因此越到高处，越得低调，名气大了，要经得起强风和雷劈。当然，高处也有好处，风大，种子可以被吹得很远，就好像处于高位的人，名气大，影响力也大，好思想可以传播得很远，但千万要谨言慎行，不然也会身败名裂。

树冠层，是雨林的最上层平台，密密麻麻，像连成片的大伞，为下面的植物、动物遮风挡雨。这一层的叶子上小下大，阳光普照，利益均沾，好像人才梯队的“传帮带”。上层的小叶子不挡住全部阳光，下层的大叶子“接住”上面漏下来的阳光。越是高层，叶子越小，像不像组织中——越是高层领导，执行力越不能太强，不能什么事都亲力亲为，否则下属就没事做了，也就没了机会学会做事。

中间层，能够接受到的阳光就更少了，很多中小树木非常努力地向上生长、争取阳光。它们一边汲取水分、养分，一边等待哪棵大树枝叶被风雨折断、被雷劈倒，坍塌下来，就像开了天窗，阳光泻落下来。如果没有，它们就静静地等待，可能一等就是几十年。想到这里，华大就能明白组织的退休制度为何如此重要。只有这样，年轻人才有机会得到更多阳光雨露，才能快点成长，毕竟人活不了上百年。

林下层，基本上都处于阴影之中，加上树叶密不透风，水汽散不出去，阴暗又潮湿，形成了温室效应，适合育苗。同样，年轻人也适合从基层开始培养。

地面层，大多是厚厚的腐烂落叶、低矮的灌木、小苗，还有大树的板根。它们为雨林提供养分，稳固水土，只要不被动物吃掉、踩死，它们就有机会往上长，假以时日，终有出头之日。

可见，树，抓住机会，就孤注一掷，经历一轮又一轮春夏秋冬，不断积累、伸展。树，积极向上，又善于等待，懂得互惠共生，也能适应环境，不仅能实现生命的传承，也把自己活成一道风景。

二、成果构建及创新过程

（一）华大“大树”人才模型的核心内涵

华大“大树”人才模型（以下简称模型）是华大人未来获得更佳绩效所需要具备的关键能力和特质，它的根本目标是为了“刻画”华大卓越人才，从而有效牵引华大员工的能力发展。它包含 A（能力）、C（承诺）、G（目标驱动）、T（人格）四个维度。ACGT 取名采用华大人熟悉的生物语言，即生物 DNA 中的四个碱基字母缩写。

1）“ATCG”之 ability（能力）

第一维度 A 是“能力”。当我们来判断一个人是否是人才时，首先看到的是外在表现，即能力及相应的知识、经验，这些都是能够观察并易发展的，因不同类人才而不同。能力在华大主要包含社会能力和科技与创新能力、学习力。具体细化为执行力、管理力、组织能力、创新/创造力、学习力及自我进化、知识经验等。

在能力部分，我们重点强调，一个是知识，我们懂什么，一个是我们要不断经历生活和工作当中的挑战，最后是通过学习和自我进化让自己内化出很多通过显性学习无法获得的一些隐性能力，这种能力才是我们的核心竞争力。

2）“ATCG”之 commitment（承诺）

第二维度 C 是“承诺”。它是指为华大目标实现的工作意愿、忠诚及交付结果等。承诺的本质是一种自我驱动，是对人性中懒惰、放纵、逃避、难自律等劣根性，在心理动机层面的直接抵抗。我们认为，承诺越大、越正式、对象越重、范围越广，约束力就越强，可能达到的成就就越高。

“承诺”分两部分，“硬承诺”和“软承诺”。“硬承诺”是业绩交付的结果。每一个华大人都能够真正地兑现自己的硬承诺，华大这个组织才可能兑现对于社会的硬承诺，基因科技造福人类。“软承诺”分为承诺的忠诚、热忱、抗压和靠谱。（意愿、忠诚、韧性和自律）这些是支撑我们将基因科技造福人类这一宏伟目标坚持到底的根本力量。

3）“ATCG”之 goal（目标驱动/导向）

第三维度 G 是“目标驱动/导向”。以终为始，在华大支撑成功的驱动力，主要分个人驱动、事业驱动、使命驱动三个层次。这三个层次没有好坏之分，无论个体偏向哪一驱动层次从根本上要求一定要正直（Integrity），目标驱动的方向才是正确的。

个人驱动是以自己的成功为重要目标，主要可能表现在热衷于个人的经济收益、个人的职位晋升、个人的荣誉建立以及个人的成长机会，这符合人的天性，关注个人兴趣和愿望。事业驱动是以所在团队和集体所追求的成功为最重要目标，主要可能表现在关注集体事业的成功与否，关注集体创造的价值，关注集体荣誉，关注事业所拥有的社会财富、社会资源和社会地位。这个阶段已经涉及人生意义的问题，为某项事业的成功为最终的幸福点。使命驱动强调的是利他，将为人类或者社会带来的贡献作为目标，主要可能表现在关注所从事事业的社会价值，关注是否能够解决更广泛的人类或社会问题，更关注事业的社会功效，而不是经济收益。

4）“ATCG”之traits（人格）

最后一个维度T是“人格”。可以理解为人格特质，是识别华大人才的个性特质、品格（正直很重要）、胸怀格局、行事风格，为未来人才发展提供参考。因人格特质是在成长环境各因素下形成的结果，具有相对稳定性，但依然可以发生一定程度的改变。比如，格局具有层次和可塑性；风格中领导风格在不同情境下的运用和发展可通过刻意练习实现。从另一个角度看，在华大“人格”维度主要指两部分：一部分是本性与天赋，一部分是领导力特质。

A（能力）、C（承诺）、G（目标驱动）、T（人格）这四个方面是华大“大树”人才模型的核心要素及核心内容。华大“大树”模型还有一个核心的公式。这个公式有两个非常重要的特点：第一，它用的是乘法，而不是加法，也就是说如果在这四个方面有一项为0，结果就是0；第二，人格比能力、承诺、目标更为关键，因为在这四个要素中，只有人格要素是可以有负分的，即它是消极的、邪恶的。当它是负数的时候，会出现比如说能力越大，危害也就越大。

（二）华大“大树”人才模型中ACGT的有机联系

华大“大树”人才模型是在华大实践上总结提炼的，具有华大特点的，强调大目标驱动使命和创新的新的模型。相较冰山模型，没有生命，所有组成均是统一物质而言。华大“大树”人才模型更具有生命力，树木形成的生态更能隐喻组织形态，也更贴切。

模型中 A（能力）对应枝叶，C（承诺）对应花和果实，G（目标驱动）就像树干，而 T（人格）就像树根，是根基。相对来说 A 和 C 都是易于观察和发展，G 和 T 则相反。

1）G 与 T（目标与人格）的有机联系

根扎的深沉稳固，树干得到的支持更充分，更利于向上发展。人的发展一般无二，人格决定命运，是根基，发展目标受内在个性特质、品格、格局等的影响，有不同层次的表现，从而决定人发展走向和定位。

2）AC 与其他（能力、承诺与其他）的有机联系

枝叶通过光合作用，有利于开花长出果实和种子，种子繁衍传承。这像极了很多种能力，管理力、执行力、组织力、创新力等综合表达，显性体现在硬承诺，即结果交付上，隐形体现在承诺的意愿、忠诚、韧性、自律上，无论在组织内外，都能坚定、抗压。当然枝叶和根、树干之间都有互动和促进，对能力和人格、目标驱动都有呼应。

3）ATCG 与时间（华大“大树”人才模型与时间）的有机联系

随着时间的增加，树木渐成才，这是个进化的过程。人也是随着时间的推移，不断积淀丰富阅历，人格更加完善，能力增加，也可能从个人驱动走到使命驱动，能够承担更多的使命，给到更多的承诺。这些都昭示着人才的画像是个有机体，各个维度都息息相关，相辅相成。

4）ATCG 的四季发力

春夏秋冬，四季分明之地，树木大多春天发芽，夏秋开花结果，冬季落叶归根，周而复始，不同的时节不同点发力。像极了人的发展历程，人格塑造决定目标驱动，带动能力打造，反馈到行为和成就，进而正向循环，轮转开来。

5）人才与组织，以生态视角看人才“大树”模型

正如前面对雨林的观察一样，雨林有不同的树种，而不同的组织需要不同的人才，发挥不同的作用，均是可用之才，这样才形成具有可修复能力的生态环境。发生森林火灾，会有新的树木成才，构建新的体系，组织内危机也是给到未显露的人才机会。个人处在组织之间，假如你是高层领导，是露生层，那么你的叶子就要小，要让阳光照射到下面一层，需要谦逊领导力，而执行力就不一定是最重要的。而下层的树冠层就必须 fighting for the sunlight，竞争激烈，枝叶要大，执行力等就要跟上。单从枝叶的角度，我们就可体会人才与组织，树木与雨林的形象奥妙。

（三）建立华大“大树”人才模型的意义

从组织层面来看，什么样的人将会把华大带向成功？应该用什么样的人弥补大目标实现进程中的人才缺口？在日常的“选用育留”中，我们选的标准是什么？育的方向是什么？配置人才时应注意什么？我们留住人才最核心的要素在哪里？谁在华大人才梯队上已经就绪？面对这些问题时，华大“大树”人才模型的出现，让这些问题有了指引和清晰的逻辑分析。

从个人的发展角度，“Sequence myself，自我测序”是最重要的意义。通过更好地了解自身工作是获得成功的关键因素，而不断提高工作能力。为员工个人和业务主管之间提供了关于绩效评估和个人发展等方面的沟通基础。当对自

己进行“测序”后，掌握自身行为和才能，同时也有一次自省自身的机会，了解优势与差距，明晰发展方向。

三、创新成果实践及效果

华大“大树”人才模型建设是华大建立高效人才供应链的核心环节，将融合在华大人才“选用育留”的各环节；也是华大人才管理从经验驱动到数据驱动、提升人才管理效能关键的步骤。

1）华大“大树”人才模型在组织中的应用

组织层面华大“大树”人才模型将应用在以下方面：核心干部的现状评估，关键人才的画像，同行者回顾与选拔，干部晋升与发展干部引进等。

通常华大可以基于华大“大树”人才模型，从 ATCG 四个维度刻画出这个关键岗位的人才画像，从而更精准地选拔人才，而不是完全凭感觉。首先明晰一个岗位，或者一群体，它真正重要的要素是什么？然后再进行评估选拔。

2）华大“大树”人才模型在人才盘点与胜任力中的应用

基于华大“大树”人才模型，盘点看华大的内部人才，他们身上有哪些能力是极为突出的，哪些方面可能还有待补足。明确发展方向加速培养，最终实现人才快速成长与组织目标达成的共赢。

具体来看，评估之前需要先有标准，然后根据 ATCG 进行“sequence”。

“能力”华大分为三类：知识、经验和能力。知识通常可以从两个维度来评估，必备知识和辅助知识。必备知识缺了就不可以，就像必要条件一样；所谓的辅助知识，是说如果华大有这部分的知识会更好，没有也可以接受。对于知识的评估方式可以通过访谈考试、问卷调查，个人档案查询等获得。经验，即员工成功执行任务所需的精力、工作成果和培训等。经验的评估方式可以是访谈、问卷调查、个人档案查询。能力，即员工成功完成工作所需要展现的一系列的行为。在华大主要从学习力及自我进化、执行力、管理力、组织能力、创新创造力等来评估。能力可以通过访谈、问卷调查、专业人才测评工具、无领导小组讨论文本框等。

3）华大“大树”人才模型在员工中的应用

“承诺”中的硬承诺主要是参考过去几年的绩效、成功项目经历，这里主要看两部分：一个是近几年的绩效成绩，另一个是过去在所在项目中的表现。评估方式，通过绩效季度查询、个人档案查询都可以得到。软承诺，主要指的是对承诺的一种心理状态。主要是针对承诺意愿、忠诚、韧性、自律这 4 个方面。这个可以通过访谈、问卷调查，包括一些专业的测评工具等综合考量得出。

4）华大“大树”人才模型在大目标导向中的应用

关于“目标驱动”，华大对个人驱动和事业驱动以及使命驱动，已经做了明确的定义。可以通过设计的一些专业测评工具和问卷调查以及访谈获得评估结果。

5）华大“大树”人才模型在岗位与领导力中的应用

“人格”部分作为个性特质，包含必备个性，即在这个岗位上表现优秀的人必须要具备的个性、辅助个性以及个性阻力。针对不同岗位或群体，梳理出必备个性和个性阻力会有效阻止对人员的错配。而对于领导力特质，可以从情景出发，考察领导者的偏好和日常行为，通常可以从决策、信任、人才、变革、执行进行。评估方式可以通过访谈、专业测评工具、问卷调查以及无领导小组讨论来得出。

四、创新成果经验总结

以“展翼校招生”招聘选拔为例，华大“大树”人才模型在华大组织人才发展方面起着至关重要的作用。

基于“展翼校招生”岗位和华大“大树”人才模型，在胜任力词典中定位 27 个胜任力维度。开展对直属上级的问卷调研和访谈，华大将胜任力维度聚焦在了 11 个胜任力维度上。之后，华大对高绩效员工和低绩效员工进行了深入访谈，提取出了导致绩效差异的关键行为点，这些行为点不仅成为人才标准的注解，也将成为华大在面试过程中重点关注和考核的信息。以此，华大还将清晰

"AI 视频面试"和"人类面试官"如何进行配合，即 AI 视频面试评估哪些维度，HR 和技术面试官评估哪些维度，将选人环节落到实处，更加精准。

大树模型	华大管培生维度	得贤Talent-DNA维度	AI视频面试	HR	技术面试官
承诺-C	结果导向	责任心-结果导向	√		
能力-A	创造力	积极主动-主动思考	√		
能力-A	协同力	团队合作	√		
能力-A	执行力	细致认真-全面考虑	√		
能力-A	学习进化力	专业热忱	√		
能力-A	学习进化力	回顾反思	√		
人格-T	坚韧自驱	责任心-坚韧不拔	√		
内驱力-G	立大志	成就动机	√	√（管培生）	
承诺-C	文化认同	文化适配性		√	
能力-A	学习进化力	学习能力			√
能力-A	协同力	沟通表达		√	√
能力-A	专业力	专业知识/技能			√
人格-T	/	诚信正直		√	

连线人物

朱岩梅 同济大学，管理科学与工程博士，华大"大树"人才模型的创始者，现任华大集团执行董事，执行副总裁，猛犸公益基金会理事。民盟中央卫计委委员，深圳市第六届政协委员，深圳国际交流合作基金会理事。2012年加入华大，历任华大集团蓝色彩虹董事长，战略中心副主任、主任。加入华大前，曾先后担任南方证券投资银行总部内核部部长，同济大学经管学院副院长，同济大学中国科技管理研究院副院长，2005—2007年间前往瑞士联邦理工大学担任访问学者，2012年瑞典哥德堡大学讲座教授。

兵器特色红色现场教育课程的创新发展

中国兵器人才研究院

安伟时　徐余庆　高淑明　朱福明

付雪鹰　王　蔚　陈　凌

【企业简介】

中国兵器人才研究院（中国兵器工业集团人才研究中心、中国兵器党校，以下简称“人才院”）是中国兵器工业集团有限公司直管单位，是集团公司从事教育培训、战略研究、国企党建与企业文化研究、现代企业人力资源开发的专业机构，是中央机构编制委员会批准的事业法人单位。其前身是1999年成立的兵器工业人力资源开发中心。

人才院坚持“党校姓党”根本原则，以高质量发展为主题，坚持专业化发展，积极培育并初步形成了教育培训、战略研究、现代企业人力资源开发、职业技能等级认定评价四大核心业务，在干部人才教育培训、人才战略研究、国企党建研究、干部人事档案技术审核、现代企业人力资源开发、企业管理咨询、红色教育等方面具有较强的专业能力和较高的知名度，是“全国干部党性教育基地”“全国人才理论研究基地”“国家引才引智示范基地”“国家专业技术人员继续教育基地”“全国技能大师工作室第三方评估机构”“国家高技能人才培训基地”。

建院以来，先后有十余项课题获得国家各类研究成果一等奖，几十项课题荣获国家及省部级研究成果奖励。连续4年蝉联中国企业高管培训联盟“先进企业大学”称号，多次获得中国企业教育百强联盟“最具价值企业大学”称号。由人才院主办的《现代国企研究》杂志，入选国家哲学社会科学文献中心

2019年度经济学学科最受欢迎期刊和“学习强国”平台最受关注期刊。

设有领导力发展部、军民融合发展部、精益人才发展部、人才战略研究部、党建与企业文化研究部（《现代国企研究》编辑部）、人才评价部、引智工作部、教务部8个业务部门与北方至信人力资源评价（北京）有限公司，分别承担领导人员教育培训、专业人才培训、军民融合人才培训、战略研究、国企党建与企业文化研究、人才评价与开发、高端人才引进与聘用、教学综合组织与教务管理、职业技能等级认定评价等业务。现有正式员工96名，平均年龄32岁，其中博士5名，硕士77名，占85%。拥有中国兵器科技带头人1名，青年科技带头人1名，是一支富有朝气、充满活力、创新进取的优秀团队。

人才院面向国家和军队有关部门、社会组织、企事业单位承接各类干部人才教育培训、管理咨询、人才招聘与评价、人才猎取与开发、职业技能等级认定评价业务，竭诚提供优质规范的人力资源服务。

一、开发兵器特色红色现场教育课程的背景

（一）建党百年全党组织开展党史学习教育

2021年是中国共产党成立100周年。中共中央印发《关于在全党开展党史学习教育的通知》，就党史学习教育做出部署安排。习近平总书记强调，要在全党开展党史学习教育，是党中央立足党的百年历史新起点、统筹中华民族伟大复兴战略全局和世界百年未有之大变局、为动员全党全国满怀信心投身全面建设社会主义现代化国家而做出的重大决策。全党同志要做到学史明理、学史增信、学史崇德、学史力行，学党史、悟思想、办实事、开新局，以昂扬姿态奋力开启全面建设社会主义现代化国家新征程，以优异成绩迎接建党一百周年。

（二）国资委推动中管企业在党史学习教育中弘扬伟大精神

为深入学习领会习近平总书记在党史学习教育动员大会上的重要讲话精神，推动党史学习教育走深走实走心，突出央企特色、突出学史力行、突出担当作为，在中央企业范围内扎实开展党史学习教育实践活动，把党史学习教育成效

转化为推动高质量发展的强大动力和工作实效。要完成这项任务，关键在于勇于创新，抓住党史学习教育契机，在原有红色资源和伟大精神的基础上，提升党史学习教育培训综合质量，进一步激励中央企业干部职工新时代新担当新作为。

（三）人民兵工创建90周年开展兵器特色党史学习教育意义重大

今年是人民兵工创建90周年。自诞生之日起，人民兵工筚路蓝缕、浴血前行，用鲜血和生命铸就了人民兵工精神。人民兵工在90年的奋斗历程中，孕育形成了底蕴深厚的“把一切献给党”的崇高信念和“自力更生、艰苦奋斗、开拓进取、无私奉献”的优良传统，成为人民兵工性质宗旨的生动写照和世代传承的红色基因。按照兵器工业集团党史学习教育“弘扬人民兵工精神，发挥传承人民兵工精神的强大思想优势”要求，急需开发策划一系列具有兵器特色的党史学习教育主题课程。

二、以“官田兵工人的一天”为代表的兵器特色红色现场教育课程介绍

（一）“官田兵工人的一天”课程基本概况

“官田兵工人的一天”是中国兵器人才研究院深度挖掘“把一切献给党”的人民兵工精神，结合建党百年和人民兵工创建90周年，在全党开展党史学习教育的关键时期，研发策划形成的一门具有自主知识产权的兵器特色红色现场教育课程。以我们党在革命斗争过程中，建立的第一所规模最大的综合型兵工厂即官田中央兵工厂为历史背景，以官田兵工人的革命斗争精神为核心而创新开发的情景式、互动式、体验式课程，培训时长为3天，培训地点为江西省赣州市兴国县官田村官田中央兵工厂旧址。通过对人民兵工精神内核的深度挖掘，形成“把一切献给党”的人民兵工精神内驱力，将“把一切献给党”的崇高信念和“自力更生、艰苦奋斗、开拓进取、无私奉献”的优良传统融入每一个新时代兵工人的血液之中。

（二）官田中央兵工厂旧址基本概况

1. 官田中央兵工厂创建的历史背景

1931 年，中央红军取得了第三次反“围剿”的胜利，赣南和闽西地区连成一片，中央革命根据地得到进一步巩固和发展，在这种新的形势下，中央革命军事委员会决定，在原有修械所和修械处的基础上，组建一个规模较大的兵工厂。同年 10 月，朱德总司令将兵工厂厂址确定在江西省兴国县官田村。时任红四军军需处处长、军委总供给部财政处处长的吴汉杰带领几十个人，来到官田村创办官田中央兵工厂。

官田中央兵工厂是当时红军规模最大的兵工厂。当年兵工厂生产的弹药修配的枪支在战争中发挥了巨大作用。1933 年 10 月底，官田中央兵工厂奉命迁至瑞金冈面。官田中央兵工厂的成立，为土地革命做出了巨大贡献，更造就了一批技术骨干和管理人才，为我国军工事业打下了良好基础。

2. 官田中央兵工厂旧址简介

官田中央兵工厂旧址（以下简称旧址），位于江西省赣州市兴国县城东部 45 公里的兴莲乡官田村。旧址遗迹众多，现有总务科、弹药科、枪炮科、利铁科和工人俱乐部等5个旧址，还建设了集展览展示、教育培训、实践学习于一体的中国官田兵工特色小镇。官田中央兵工厂是我们党领导和创建的第一个综合性大型兵工厂，内称“中央军委兵工厂”（亦称“官田中央兵工厂”），外称“中央红军兵工厂”或“中央苏区红军兵工厂”，是苏区时期规模最大、人员最充实、技术力量最强、生产能力最大的兵工厂，开辟了党领导军事工业的先河，走过了一条从无到有、从小到大、从弱到强的艰苦创业之路。它的创建标志着我们党独立创办的第一家综合性大型兵工厂的形成和人民军事工业的发端，是“人民兵工的始祖”“人民兵工的摇篮”“中国红色工业的发祥地”和“人民兵工精神的策源地”。

（三）“官田兵工人的一天”课程体系构建

1. 体系构建方法

把党史学习教育与用好红色资源相结合，构建以“官田兵工人的一天”模块化课程为主体的培训内容体系。课程采用了全新的授课形式，结合实景教学、沙盘推演、主题戏剧编创等精彩纷呈的课堂内容，以行动式学习、项目式学习和体验式学习方法为基础，以学员为主体，以引导式学习为途径，通过对官田中央兵工厂发展历程的发掘和回顾，和对深度体验式学习方法的五大特征的有效运用，有步骤、有方法地让学员切身体会当年兵工人的创业艰难，深度思考在新时期新形势下作为兵工人的责任和使命，继承与发扬“把一切献给党”的人民兵工精神。

2. 课程核心要义

1）突出“把一切献给党”的人民兵工精神

奉献是中华民族的传统美德，是共产党人的精神特质，是人民兵工精神的灵魂。兵器工业先进代表人物“中国保尔”吴运铎用其毕生诠释了“奉献”的最高境界——“要做一个毫无自私自利之心的高尚的人、纯粹的人，把我们的力量、我们的智慧、我们的生命、我们的一切，都交给祖国、交给人民、交给党”！“把一切献给党”体现了人民兵工对党的无限崇敬、对党的事业的庄重呈献，是人民兵工忠诚于党、忠诚于革命事业崇高信念的内在表达，是保持人民兵工革命本色、激发前进动力、坚定不移听党话、跟党走的决定因素。

2）突出“自力更生、艰苦奋斗、开拓进取、无私奉献”的人民兵工优良传统

“自力更生、艰苦奋斗、开拓进取、无私奉献”是从全局高度和历史角度凝练概括了人民兵工发展史所展现的精神形态，是人民兵工的优良传统，是“把一切献给党”精神风貌的生动体现。自力更生，是独立自主创业精神，是人民兵工的一贯方针。人民兵工白手起家，从无到有，没有条件，自己创造；没有技术，自己探索；没有设备，自己制造。正是凭着这样一种志气和骨气，实现了我军武器装备从简单仿制到自给自足，到构建独立自主的武器装备体系。人民兵工的发展史，就是一部自力更生的创业史。艰苦奋斗，是不畏艰难困苦的斗争精神，体现了人民兵工的革命本色。无论是“中国保尔”吴运铎，还是“三代坦克总师”祝榆生，无论是被毛泽东称为中国式的“斯达汉诺夫”的陕甘宁边区特等劳动英雄赵占魁，还是获毛泽东“热心创造”的亲笔题词的化学家钱志道，无论是革命战争年代土法上马的“三大创造”，还是坚决走军民融合式发展道路的“再次创业”，都展现出人民兵工克服艰难险阻、英勇顽强的优良作风。开拓进取，是奋发有为的创新精神，反映了人民兵工豪迈气概。不

甘落后，锲而不舍，勇于超越，赢得主动，是人民兵工一步步发展壮大、跻身世界军事力量舞台的资本，是人民兵工实现强军报国理想的自信之基、自强之本。对科学的崇信，对创新的渴求，是人民兵工从无到有的最强大精神力量。无私奉献，是忠诚敬业的牺牲精神，诠释了人民兵工的崇高境界。从战争年代走来的人民兵工，始终坚持国家利益至上，无数兵工战士倒在长征路上，牺牲在浴血奋战的疆场；几十万兵工人义无反顾，奔赴三线建设，献了青春又献子孙，用热血与生命谱写的人民兵工，无一不饱含着奉献，无处不体现着奉献。

3. “官田兵工人的一天”模块化课程体系

1）“星火班”

培训对象：新员工及普通党员

课程安排：

序号	课程安排	具体内容
1	开班仪式	课程导入
2	情境教学	重温入党誓词、缅怀革命先烈、继承革命精神
3	主题教学	“中央苏区反围剿与官田兵工厂”
4	现场教学	参观官田兵工厂旧址和红色兴国现场教学点
5	行动学习	穿雷区、运弹药、“拆哑弹”、穿越封锁线，模拟体验当年兵工人的战斗生活
6	项目式学习	通过对问题的深入讨论，理解人民兵工精神的起源和内涵
7	戏剧编创	编创演出官田兵工人的故事，重返斗争岁月、传承兵工精神
8	结业仪式	提炼升华学习体验，传承弘扬人民兵工精神

部分思考题：

（1）你对官田了解吗？我们为什么来到官田？

（2）对于这次的课程，你有哪些期待？

（3）你带着哪些问题来到官田，回到人民兵工的诞生地？

2）“燎原班”

培训对象：中层管理人员及业务骨干

课程安排：

序号	课程安排	具体内容
1	开班仪式	课程导入
2	情境教学	重温入党誓词、缅怀革命先烈、继承革命精神
3	主题教学	“中央苏区反围剿与官田兵工厂”
4	现场教学	参观官田兵工厂旧址和红色兴国现场教学点
5	项目式学习	运用“四格漫画”形式，阐述人民兵工精神起源和内涵
6	红歌剧编创	用红歌剧形式进行排演填词，重温兵工故事
7	沙盘推演	按照沙盘规则完成任务，分组讨论，做策略
8	行动学习	以沙盘推演的形式真实体验官田兵工人的革命斗争精神
9	结业仪式	提炼升华学习体验，传承弘扬人民兵工精神

部分思考题：

（1）结合沙盘活动，试想一下当年的官田兵工厂遇到困难时，是什么支撑兵工人在如此艰苦的条件下坚定不移的发展兵工事业？

（2）回想一下刚才活动中我们遇到的阻碍，再与当年官田兵工人面对的困难相比较，你有什么想法？

（3）我们团队在沙盘推演活动中总结出了哪些经验？这些经验对未来的工作实践具有何种参考意义？

3）“耕心班”

培训对象：高级管理人员

课程安排：

序号	课程安排	具体内容
1	开班仪式	课程导入
2	情境教学	重温入党誓词、缅怀革命先烈、继承革命精神
3	主题教学	对“中央苏区反围剿与官田兵工厂”的课程核心进行深度探讨
4	现场教学	主题参观官田兵工厂旧址和红色兴国现场教学点
5	填词牌、讲历史	以当时中央苏区和中央兵工厂为背景，小组讨论，填词牌，回述历史
6	红歌剧编创	用红歌形式传达真实情感、重温斗争岁月、传承人民兵工精神
7	结业仪式	提炼升华学习体验，传承弘扬人民兵工精神

部分思考题：

在党的领导下，官田兵工厂涌现出很多至今讲起仍然令人动容的故事，这些小故事之中，往往蕴涵着大智慧。

（1）团委书记马文在见到毛泽东同志后，如实反映了兵工厂出现的问题，特别是关于上海技术工人的待遇问题，我们来分析一下毛泽东同志询问马文的几个问题。

（2）刘少奇同志在指导马文处理工厂工人矛盾问题时所关注的工作细节中蕴涵着什么道理？

（3）“三八制”的内核是什么？是什么调动了如此高的劳动热情？

4. “官田兵工人的一天”课程部分模块释义

1）现场教学模块

随着历史的车轮把时间拨回到90年前，回到那个战火纷飞的年代，探访共和国的兵工摇篮——官田中央兵工厂，寻访兵工印记，践行兵工精神。

2）行动式学习模块

根据官田中央兵工厂的历史，以毛泽东同志对红军队伍的建设、改造与训练的成功经验为蓝本，立足新时期、新形势下的党建工作创新思路，从强化革命信仰、克服一切困难到走向成功，开展一系列的情景体验式学习项目，即穿雷区、运弹药、“拆哑弹”、穿越封锁线，模拟体验当年兵工人的战斗生活。以此磨砺意志、强化作风，打造一支能打硬仗的队伍。

3）红歌剧模块

革命红歌，以脍炙人口的曲调，以独特的记事特点激励着老一辈兵工人。让我们用自己编创填词的红歌，唱出对党的一片赤诚，唱出继承苏区干部好作风的决心，唱出新时代兵工人的精神风貌。

4）沙盘推演模块

本模块将沙盘模拟和官田兵工厂的历史背景相结合。学员融入角色，模拟兵工厂创立之初，按照当年的工作生活条件在地图上进行推演，寻找制造弹药所必需的物资。出发时要准备物资，途中会遇到敌人的阻截，经历困难，通过不断做出团队决策来突破阻碍，最终获取胜利。在这个过程中团队将依靠不屈的信念和严谨的逻辑进行判断，体验“把一切献给党”的人民兵工精神。

5）戏剧编创模块

在参观官田兵工厂旧址的过程中，收集和了解战斗岁月中留下的感人至深的鲜活故事。再将这些故事与团队一起创排成戏剧脚本，自己当演员，自己做导演。在当年兵工厂工人俱乐部的舞台上，演绎官田兵工人的故事。通过自身对故事和角色的理解，沉浸式的学习体会“把一切献给党”的人民兵工精神。

6）填词牌、讲历史模块

以当年中央苏区和中央兵工厂为背景，用浪淘沙、西江月、沁园春、念奴娇、水调歌头、清平乐、浣溪沙、卜算子等词牌开展小组讨论，填词牌，回述历史。部分学员作品中下所示。

学员作品 1

唐多令·将军园

模范颂兴国，英烈多赣鄱，忆往昔渴饮冰河。

血卧沙场含笑去，殒无名，任凭说。

信念大于天，百战功勋卓，不曾料凤凰浴火。

九死一生衔为将，高山仰，泣可歌。

学员作品2

水调歌头·再到官田兵工厂

红旗握在手，风雨话洪流。

传承革命火种，信念在心头。

穿越枪林弹雨，转眼九十春秋。

威赫震云州，星火燎原势，披荆斩敌来。

潋江渡，莲塘捷，有奇谋。

钢枪不倒，哪怕硝烟灼双眸。

助力前方征战，时刻不忘使命；

砥柱与中流，一切献给党，铸剑护九州。

学员作品3

无　题

红船越十年，兵工起硝烟。

修枪造弹反围剿，家国新换天。

揽月嫦娥秀，金戈潜龙娴。

官田军民犹耳在，不忘初心来。

学员作品4

卜算子·到官田

漫步官田村，历史频闪现。

已是兵工九十年，遗迹今犹在。

导航梦之队，不忘找初心。

待到兵工一百年，我还来寻根。

（四）“官田兵工人的一天”课程主要创新点

1. 首次结合红色资源，打造党性教育兵器特色创新课程

系统研究了官田中央兵工厂成立的特殊背景，以中国兵器工业集团有限公司人民兵工精神教育基地“一校五址”之一——官田中央兵工厂为授课背景，结合党性教育，立足兵器工业集团发展实际，打造具有兵器特色的创新课程。

2. 首次引入多种授课模式，搭建“官田兵工人的一天”创新课程

“官田兵工人的一天”创新培训课程引入情景式、互动式、体验式、讲授式、行动式学习等多种授课模式，搭建了一整套具有兵器特色的培训课程。

3. 首次探索开发以模块化设计为基础适用于多层级干部职工的培训课程

结合兵器工业集团业务发展，依据各层级干部职工岗位特征等，以模块化设计为基础，开发针对高级管理人员（耕心班）、中层管理人员和业务骨干（燎原班）、新员工和其他党员（星火班）等三种不同层级的培训课程，结合各层级人员可以灵活安排有教育针对性的培训课程。

（五）“官田兵工人的一天”课程目标

1. 磨砺强大的自我

“官田兵工人的一天”创新培训课程以“人”为出发点，注重“个体”感受，结合兵工故事，在课程实践中，使学员实现锻炼自我、磨砺意志的目的。从“自我成长”的角度，对党史学习、党性修养、政治意识和理想信念等提出要求。通过运用体验式学习方式，加深对课程的深入学习，坚定理想信念，增强“四个意识”，坚定“四个自信”，做到“两个维护”。

2. 锤炼优秀的团队

“官田兵工人的一天”含有多项以“团队”为核心的创新培训课程，打造多堂团队交互式合作课程。团队协作是指通过团队完成某项制订的事件时所显现出来的自愿合作和协同努力的精神。在本课程中，团队协作运用得好，可以提升团队的向心力，助力团队在实践课程中更好更快地完成项目，引导学员找准方向、凝聚共识、形成合力，为兵器工业集团改革发展提供新支点。

3. 塑造卓越的文化

兵器工业集团的高质量发展离不开全体兵工人的共同努力。老一代兵工人

在军品科研生产、民品产业发展、军民融合、国际化经营等集团公司的优势业务发展等方面上层次、上水平，只有做出在国家层面具有影响力的大贡献，才是对人民兵工精神的最好诠释和传承。通过"官田兵工人的一天"创新培训课程，传播兵工故事，进一步加强学员对兵器工业发展建设成就的研究总结，升华凝练新时代兵器工业高质量发展阶段的精神理念，聚情铸魂，使人民兵工精神始终成为中华民族开拓奋进队伍前列的一面旗帜。

三、兵器特色红色现场教育课程的具体实践及效果

（一）坚持用好红色资源，把红色现场教育与兵器特色党性教育资源结合起来

人民兵工是我们党领导创建的第一个军事工业部门。在矢志践行初心使命的壮丽征程中，人民兵工孕育、形成和保留下了一大批兵器特色红色资源，如官田中央兵工厂、吴运铎纪念馆、黄崖洞兵工厂、山东兵工总厂、北方兵器展厅等"五址"。2019 年，以兵器党校为主教学区、以"五址"为现场教学区的人民兵工精神教育基地被中共中央组织部纳入首批干部党性教育基地备案目录，是入选的唯一一家国防军工教育基地。在全党开展党史学习教育之际，积极用好以"一校五址"为代表的人民兵工红色资源，助力党史学习教育不断深化。一方面靠前思考主动作为，着力推进人民兵工特色党性教育基地规范化建设。在调查研究基础上，撰写《加强人民兵工精神教育基地（兵器党校）规范化建设工作方案》，指导"一校五址"依托单位，以及太原机器局、国营庆阳化工厂、洞窝水电站、湖北 5133 厂、国营第二九八厂旧址等兵器工业所属"国家工业遗产"依托单位协同推进教育基地规范化建设，协同打造兵器干部党性教育特色品牌，为服务好党史学习教育打下坚实基础。另一方面统筹谋划认真组织，积极提升人民兵工特色红色资源教育培训效能。以"一校五址"为主要依托，与井冈山、延安等经典红色教育基地加强合作，充分发挥职能优势、师资优势、学科优势、资源优势，在党史学习教育启动后，丰富培训内容和形式，已累计组织开展红色现场教育活动 46 期，培训党员干部 4000 余人，引发积极良好的

反响，在全系统掀起了党史学习教育的热潮，兵器特色红色资源教育培训效能显著增强。

（二）坚持传承红色基因，把红色现场教育与传承弘扬“人民兵工精神”结合起来

人才院在人民兵工精神研究阐释和专题培训方面取得积极成效。一方面进一步加强人民兵工精神专题研究，发挥人才院科研主责，强化党史学习教育的系统性、规律性、学理性研究，结合兵器实际，组织开展《人民兵工精神新时代内涵研究》，出版发行《人民兵工精神（修订版）》《红色兵工——“一校五址”兵器党性教育体验式培训教程》等，进一步研究总结了人民兵工精神的形成特点和人民兵工的伟大贡献，为人民兵工精神专题教学提供了理论支撑。另一方面，进一步强化人民兵工精神专题教学，依托深厚的理论研究底蕴，开发了“人民兵工精神的新时代解码”等专题课程，“官田兵工人的一天”等情景式、互动式、体验式现场课程。

（三）坚持赓续精神血脉把红色现场教育与构筑中管企业系列精神谱系结合起来

“把一切献给党”的人民兵工精神是90年来兵工人非凡奋斗历程的真实写照，是我们始终保持兵工人的大无畏奋斗精神，鼓起迈进新征程、奋进新时代的精气神。2021年4月，“官田兵工人的一天”创新培训课程作为央企开展党史学习教育的典型代表之一，被国资委官方公众号“国资小新”刊发报道。2021年7月，由中国大连高级经理学院主办的中国企业高管培训发展联盟“理想信念的力量（第六期）——走进人民兵工”主题交流活动引用“官田兵工人的一天”课程培训项目，受到中大院相关领导和军工系统参训学员的高度评价。人才院领导带头讲课，并组织师资在财政部、兵器装备集团等单位以及兵器工业集团党史学习教育专题培训、红色现场教育等场合，为兵器工业集团系统内外的党员干部做人民兵工精神专题授课20余场，讲好人民兵工历史，传承弘扬人民兵工精神，树起了兵工人党性教育的一面旗帜，提升了人民兵工精神的影响力。

连线人物

安伟时 中国兵器人才研究院党委书记、副院长（兵器党校副校长），曾任兵器工业集团人力资源部副主任。先后荣获中宣部、中央党校等十部委“中国共产党党史教育计划活动”优秀青年干部称号，全国国民经济动员先进工作者荣誉称号和国家国防动员建设年度人物提名奖；带领工作团队两次荣获国家国防动员先进单位。著有《武器装备动员基础概论》《国防人力资源动员学》等学术著作，公开发表论文数十篇，获全国管理创新一等奖 1 项，部级管理创新一等奖 1 项、部级科技进步三等奖 2 项。